투자는 디테일에 있다 !

金 政 煥

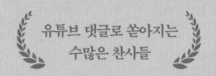

- "혼자 세 아이를 키우며 밤낮없이, 휴일도 없이 8년을 버텨왔네요. 투잡 쓰리잡을 해도 막막해서 수익창출을 위해 시작한 주식도 지난 3년동안 많은 손해를 보고 힘들었는데 우연히 만난 개형 덕분에 조금씩 주식공부에 눈을 뜨고 매매를 하며 손해를 줄여가고 있네요. 시간이 부족해서 강의를 따라가기 어렵지만 해보려고요. 경제적 자유를 위해. 훗날 감사함을 꼭 전달하기 위해. 누군가를 위해 베풀 수 있는 저를 위해. 지금 힘들어도 포기하지 않고 행복하게 지내겠습니다. 감사합니다." DO***

- "세상에 이런 분이 어디 있을까요? 베푸는 삶을 살아가시는 정환 대장님, 정말 오늘도 외칩니다. 존경합니다!" ben***

- "형님~ 전량매도 수익 49% 정말 감사합니다. 그리고 수익은 원금과 합쳐서 아파트 중도금 하려고 인출했습니다ㅠㅠ 형님께서 우리가족 살집에 보탬이 되셨어요! 덕분입니다!" 박상*

- "매달 친정엄마께 용돈을 드리고 있는데요, 이번엔 별도로 더 드렸어요. "엄마~ 나 주식으로 돈 벌었어요~" 하면서요. 개오빠, 정말 감사합니다~!!" 헨*

- "자기자신을 태워 세상을 밝히는 촛불처럼 주린이들의 앞길을 밝혀주시니 너무 감사해요. 참 든든합니다." 야옹이**

- "참 배울점 많고 멋진 분!! 시간낭비라 생각하고 유튜브는 보지 않았는데… 저의 첫 구독이자 가장 애정하는 나의 연예인¢½ 덕분에 책보는 시간은 줄었지만 정말 많은 걸 배웁니다!" 라일*

- "제 롤모델이십니다. 감사합니다 형님! 선한 영향력을 행사하는 마음 넓은 부자가 되겠습니다." 청**

- "역사에 남은 투자자가 되실 슈퍼K님과 함께하는 길이 정말 든든합니다. 더욱 공부하고 노력하겠습니다. 왜이리 울컥할까요?" 박**

- "사회초년생으로 주식 처음 접하고 아무거나 막 들어가서 손실봤는데 개형님 덕분에 좋은 기업 들어가서 기다리는 법도 알고 차근차근 배워가는 거 같습니다. 항상 저희를 위해 매일 애써주시고 신경써주셔서 감사합니다." 영문*

- "자신의 삶에 변화를 꾀하는 사람들의 정신적인 지주, 버팀목 멘토가 되어주신 울 개형 감사합니다." *슬

- "너무 의지하면 안 되는데 자꾸 의지가 되네요. 늘 감사드립니다." 박혜*

- "이런 강의를 들을 수 있음에 감사드려요!!!" pia**

- "외계인이 맞는 것 같아요~ 어찌 앞을 그리 잘 보시는지!" 이**

- "대장님의 대부분의 강의를 필사하면서 느끼지만 정말 우러러 볼 수밖에 없음을 다시한번 느낍니다. 아직도 한참 모자라지만 바른길로 이끌어 주셔서 감사합니다." 김태*

- "계좌에 불나고 있습니다. 소방차 좀 불러주세요." 허르**
- "부모님 다음으로 만난 인연 중, 최고인 개형(하트)" Kev*****
- "종목들이 쉬지도 않고 오릅니다ㅠ" 조지*
- "난생처음 경이로운 수익률!!" S**
- "일 하다 말고 춤출 수도 없고 실실 웃음은 나오고ᄊ 감사합니다 형님!" 박예*
- "대장님 덕에 살맛 나는 세상입니다♡ 건강히 오래오래 저희들 곁에 있어주세요♡♡♡" 로*
- "배운 대로 하다 보니 수량도 늘고 수익률도 늘고~ 감사합니다. 대장님♡" fa***
- "동굴 밖으로 나와 새로운 세계를 경험하게 해주시는 우리의 형님" 한양***
- "개형 덕분에 이제 주식이 재미나네요~ 숙제 또 열심히 공부할게요~ 쌩유 쌩유!ᄊ" **람
- "감사합니다. 생각할수록 놀랍습니다. 개형은 어쩜 이렇게 기가 막히게 다 꿰뚫고 계신지.." 김연*
- "이래서 "김정환~~ 김정환!! 하는 군요!"ㅎㅎ" th**
- "대박! 역시 개언니는 신이었어." 시**
- "형님 뷰는 정말 대단하심을 넘어 경이롭네요ㅜㅜ 주린이들은 존경할 수밖에 없네요~~" 별일**
- "요즘 신흥종교에 빠졌네요ㅋ 개형님! 말씀을 들어야 위안이 되고 글을 보아야 길이 보입니다." 창*
- "도대체 형님은 귀신이십니까? 신이십니까? 정환이형 최고!" **e1
- "외로운 투자생활에 개언니를 만나 너무 좋습니다. 감사합니다. 복 받으실 거에요." Eun******
- "개오빠 덕분에 상한가의 기쁨을 느껴봅니다. 만수무강하시길!" 윤엘**
- "와 내 인생에서 개언니를 만난 게 턴어라운드입니다. 앞으로도 같이 쭉 가요!" 주영*
- "형이 행복하게 만들어 줬잖아.. 우리가 한 게 뭐있어... 고마워!!" 해밀**
- "덕분입니다. 늘 손실만 보다가 이익이 나니까 어리둥절합니다." 김석*
- "이 시대 진정한 슈퍼리더~ 대표님 감사합니다. 따라한지 얼마 안됐는데 벌써부터 전에 겪어보지 못한 수익률이네요ᄊ" *주
- "형님 항상 감사합니다!! 이렇게 수익을 길게 끌고 와 본 적도 처음입니다." *M
- "형님 덕분에 100% 수익 저 생전 처음입니다!! 늘 감사합니다." 정규*
- "얼레~! 계좌를 보니 140% 수익이네요~~~ᄊ" 하늘고****
- "내가 슈퍼개미가 되면 유튜브에서 슈퍼개미 김정환 영상보며 공부했다고 인터뷰할게요. 10년 후에 뵙시다ᄊ" DH*
- "시황이 어떻게 될지, 이에 따라 전략을 어떻게 짜야 하는지 가르침을 주셔서 감사합니다." 크라**

- "소중한 재능기부 감사합니다. 이거야말로 진정한 노블리스 오블리주 아니겠습니까!"
  호시우****

- "늘 자신감은 바닥이고 다 키워 놓은 아이들 앞에서도 돈도 없고 초라한 내 자신이 부끄러워 숨고만 싶었어요. 이젠 조금씩 힘내 볼게요. 얼마나 많이 의지가 되는지 모르실 거예요. 제 노후를 위한 희망을 주셨습니다."
  hs**

- "처음에는 잘 몰라서 하루종일 불안했지만, 이제는 그냥 놔둬도 수익이 나네요! 항상 감사드립니다^^"
  Chang******

- "솔직히 맹목적 수익만 바라보며 구독을 시작했는데 함께 하는 시간이 길어질수록 잘못된 투자 습관을 잡아주시고, 공부시켜 주시고, 주린이 징징대는 것도 받아주시고, 처음으로 많은 수익도 경험하게 해주시고, 자신을 아끼고 사랑하는 법까지~ 너무 든든한 삶의 파트너 이십니다~^^ 함께하는 순간순간이 너무 소중하고 진심으로 감사드립니다!"
  이승*

- "특히 마인드 부분이 도움 많이 된 것 같습니다."
  겨울**

- "이번에 수익 난 걸로 엄마 팔순 금목걸이 해드렸어요. 뜻깊은 가족모임 즐겁게 하고 왔습니다. 그동안 막내라고 받고만 자랐는데 돈 버니 너무 좋네요. 자만하지 않고 돌다리도 두들겨가며 바르게 주식하겠습니다."
  브로**

- "경제계의 단 한 명의 스승! 선한 영향력을 주시는 슈퍼K님! 이 시대의 진정한 어른의 자화상이십니다."
  **셋

- "주식은 기본이고 마인드 업그레이드 해주시고, 좌불안석일까봐 삶의 방향도 제시해 주시고, 이정도면 그야말로 재능기부, 봉사, 사회환원 차원이라 생각되네요^^ 정말 선한영향력을 몸소 보여주시네요! 진심으로 존경을 표합니다."
  김태*

- "정환 형님, 제가 가진 모든 종목이 빨갛게 되었어요. 이 모든 게 제 능력이라고 보지는 않습니다. 형님의 큰 가르침 감사하고 저도 사회에 기여하고 도움을 주었던 주변 사람들에게 나누는 사람 되겠습니다."
  ****1105

- "참 힘든 한 해였는데 대표님 덕분에 잘 이겨내고 있습니다. 늦은 저녁 너무 감사해서 글 남깁니다. 정말 감사합니다… 살게 해줘서… 살아갈 수 있게 해줘서… 무언가 할 수 있게 해줘서 감사합니다. 힘내겠습니다!"
  바*

- "덕분에 한발한발 내딛고 있습니다. 감사합니다. 형님께 잘 배우고 아이에게도 배운 걸 잘 물려주는 것이 목표입니다."
  정**

- "25%씩 복리로 꾸준히 수익을 올리면 경제적 자유에 가까워진다는 말씀을 최근 들어 더 공감합니다. 초기에 한 종목으로 200%, 300% 얻었다는 사람들 얘기에 혹하여 어찌 보면 무리한 투자도 했는데 이제는 천천히, 그리고 덜 힘들게 합니다^^ 싸게 좋은 종목을 사서 하나씩 단계를 밟아 나가면 된다고 생각하니까요. 최근에 수익보다 좋은 습관이 조금씩 몸에 배는 것 같아 더 뿌듯합니다. 감사합니다!"
  ha***

슈퍼개미 김정환에게 배우는
나의 첫 투자수업

이 책의 수익금 중 일부는 저자의 뜻에 따라 도움이 필요한 이웃들에게 전달됩니다.

슈퍼개미 김정환에게 배우는

나의 첫 투자 수업

1
마인드편
(전2권)

김정환 · 김이안 지음

트러스트북스

주린이들
에게
보내는
편지

일단 시작하면 내일은 달라집니다

'주식투자'라는 단어를 들으면 어떤 생각이 가장 먼저 드나요?

둘 중 하나일 것입니다. 대박을 쳐서 돈을 많이 벌거나, 아니면 돈을 다 잃고 쪽박을 차는 것입니다. 맞는 말입니다. 주식투자는 야누스의 얼굴처럼 양면을 가지고 있습니다. 주식으로 돈을 번 사람들은 주식투자를 하라고 권합니다.

"내가 OOO 회사 주식을 사서 1년 만에 OOOO원을 벌었다"라고 구체적으로 알려주기도 합니다. 그런데 어찌된 일인지 그런 사람은 극히 드물고 주변을 보면 모두 돈을 잃었다는 사람들뿐입니다. 도대체 누구 말을 들어야 할까요? 그 전에 더욱 중요한 질문은 '과연 주식투자란 무엇인가?'입니다. 이 질문에 대한 답이 이 책에 올곧이 담겨 있습니다.

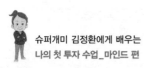

슈퍼개미 김정환에게 배우는
나의 첫 투자 수업_마인드 편

세상 사람들은 저를 '슈퍼개미'라 부릅니다. 전세방 얻을 돈 7000만 원으로 시작해 지금은 수백억 원을 운용하는 투자자가 되었습니다. 7000만 원이 100억이 되는 데 걸린 시간은 불과 5년이었습니다. 그 이후에도 기하급수적으로 돈이 불어났습니다. 대략 10여 년에 걸친 그 성공 과정이 이 책에 고스란히 담겨 있습니다. 이제 그 여정을 여러분에게 모두 들려드리고자 합니다.

그동안 제가 만든 블로그나 어플을 통해 수년 동안 주식에 대한 기본기와 투자 과정을 모두 공개했습니다. 투자가 쉽지도, 어렵지도 않다는 사실을 더하지도 빼지도 않고 액면 그대로 보여주고 싶었기 때문입니다. 이제는 누구라도 인터넷을 검색하면 모든 정보가 나옵니다. 그것을 자기 것으로 만들 수 있느냐 없느냐는 믿음의 차이입니다. 저는 과정을 보여줌으로써 많은 초보자와 투자자들이 성장하기를 간절히 바랍니다.

금융 약소국으로 국부 유출이 심한 상황에서 많은 투자자들이 투자 방식과 철학에 대해 혼란스러워 하고 있습니다. 대부분의 투자자들은 내일 5% 수익을 위해 공부할 뿐 1년 후 100%, 200% 수익을 위해 공부하지 않습니다. 주식투자에서 성공하려면 그저 남들보다 조금 더 집요하고 끈기 있게 공부하며 때를 기다려야 합니다. 물론 좋은 기업을 먼저 찾아내는 능력도 있습니다. 이것이 전부입니다. 즉 빨리 발견하고, 사 모으고, 추적 관찰하고, 기다리는 것이 바로 투자입니다.

누구나 주식투자로 성공할 수 있습니다. 경제적 자유도 자연스레 따라옵니다. 투자 초창기 때 퇴근 후 집에 와서 새벽까지 종목을 분석하고 재무제표를 보던 시절이 떠오릅니다. 너무 절박했습니다. 정말 부자 되고 싶었습니다. 그러나 그때만 해도 이렇게 잘될 줄 몰랐습니다. 대단한 것이 아니라 하루하루 반복적 경험이 인생을 바꿉니다.

저의 결과나 제 투자 종목만 따라하지 말고 저의 노력과 과정을 지켜봐 주십시오. 그리고 그 과정을 습득하셔야 합니다. 제 글만 읽지도 마시고 세상의 바다로 나가 다양한 글들을 읽어보시길 바랍니다. 투자자로 살아가겠다면 지금 당장부터 나태해진 자신을 바꾸십시오. 환경, 성향, 여건…. 핑계는 얼마든지 댈 수 있습니다. 그러나 누군가는 한계를 깨고 스스로 바꿔나갑니다. 그렇다고 자책할 필요는 없습니다. 그저 오늘부터 태도를 바꾸면 됩니다. 일단 시작하면 내일은 달라집니다.

여러분이 지금 주식투자를 시작한다면 가능할까요? 아니면 실패할까요? 믿음에 따라 달라집니다. 그럼에도 분명한 것은 지금이 가장 좋은 기회의 시간이라는 사실입니다. 흐름을 타면 가능해집니다. 그만큼 시장 상황과 노력이 따라주어야 합니다. 우리나라 코스피는 장기 저평가 상태에 머물다 10년 만에 이제 막 3000포인트를 넘었고, 코스닥은 1000포인트에도 못 미칩니다. 그만큼 기회가 많습니다. 제발 너무 쉽게 겁을 먹지도, 이미 패배자처럼 행동하지도 마십시오. 충분히 성공할 수 있습니다.

주식투자, 어렵지만 개인투자자가 이길 수 없는 것은 아닙니다. 물론 노력을 먼저 해야 합니다. 우선 거울을 보고 얼굴 표정부터 바꾸세요. 그리고 움직이세요. 이제 다시 시작입니다! 그러면 나와 우리 가족 모두 바뀝니다. 행복의 보금자리를 만들고 멋진 인생을 살 수 있습니다.

제 딸은 11살이던 2018년부터 기초적 경제공부를 시작했고 2019년 여름부터 주식투자에 관심을 가지기 시작했습니다. 가족과 해외여행을 갔을 때 잠깐 주식 창을 켜고 직접 매매하는 아빠의 모습을 곁에서 보고 관심을 갖게 된 것입니다. 부모는 자녀에게 거울입니다. 자녀에게 어떤 모습을 보여주고 싶으신가요? 사랑하는 자녀에게 무조건 '국영수'만 강조하지 마시고, 어렸을 때부터 자연스럽게 경제교육을 해주는 부모가 되어보세요. 자녀의 인생이 달라집니다. 이 책은 저와 제 소중한 딸의 주식투자 수업을 공유한 책입니다.

한국도 이제 금융 문맹국에서 벗어나 똑똑하고 재능 많은 아이들이 글로벌 무대에서 당당하게 활약하는 진정한 선진국이 되어야 합니다. 그 길이 바로 주식투자에 있습니다. 망설이지 마시고 지금 바로 주식투자의 길에 뛰어들어 행복한 삶을 사시기 바랍니다.

모든 개미투자자들을 응원하는

슈퍼개미 김정환

슈퍼개미 김정환에게 배우는

나의 첫 투자 수업

CONTENTS

"일단 시작하면 내일은 달라집니다

• 제1부 •

주식 공부 시작하기
성공할 수 있다는 믿음을 갖자

• 제2부 •

투자 마인드
성공하는 투자자의 습관

꿈을
이루어가는
짧은 소설

사람의 세 가지 자유

집을 감추는 아이

시계는 어느덧 7시 30분을 가리키고 있었다. 정훈은 가방을 든 채 마당을 두어 걸음 걸었다. 마당이라고 해봐야 이쪽 끝에서 저쪽 끝까지 10걸음이 채 되지 않았다. 파란 대문은 페인트가 벗겨져 보기 흉했다. 정훈은 문득, 집안에 새 것은 하나도 없고 전부 낡은 것뿐이라는 사실을 깨달았다. 지금 입고 있는 교복조차 낡았다. 마루에 걸린 시계는 7시 40분을 지나고 있었다. 이제는 집을 나서야 할 시간이었다. 대문을 슬며시 밀고 고개만 내밀어 좁은 골목 오른쪽 끝을 보았다. 울퉁불퉁 보도블록이 깔린 길이 S자로 꺾어졌고, 아이들은 보이지 않았다.

"휴~"

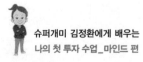

안도의 숨을 내쉬고 왼쪽 끝을 보았다. 아무도 없었다. 오른발을 내딛으려는 순간, 왁자한 소리가 들려왔다. 골목 끝에서 교복을 입은 또래 아이들 서너 명이 재재거리며 몰려오고 있었다. 정훈은 후다닥 집 안으로 들어가 대문을 잡아당겼다. 아이들은 떠들면서 대문 앞을 스쳐갔다. 그 소리가 귀에 들리지 않을 때까지 기다리다가 다시 고개를 내밀었다.

'이때다.'

재빨리 대문 밖으로 튀어나가 빠르게 걸었다. 뒤에서 발자국 소리가 들렸다.

"정훈아!"

고개를 돌려 바라보니 같은 반 영철과 인수였다. 아이들은 정훈을 향해 씩, 웃었다. 영철은 다가오며 대뜸 물었다.

"너 수학 숙제했니?" "했지."

"그럼, 학교 가면 좀 보여줘라. 난 안 했거든."

"그래."

정훈은 쾌히 고개를 끄덕였다. 이번엔 인수가 물었다.

"그런데 말이다…, 넌 집이 도대체 어디니?"

가슴이 콱 막혀왔다. 심장이 벌렁거렸다. 귓볼까지 빨개지는 것 같아 왼쪽으로 고개를 돌리며 맥없이 하늘을 쳐다보았다.

"아… 우리집은… 저 위에."

그러나 인수는 끈질겼다.

"저 위에 어디? 벌써 5월인데 니네 집 한 번도 못 가봤어. 니네 집은 비밀 아지트냐? 뭐, 국가 주요시설이라도 되냐?"

영철은 아무 말 없이 걷기만 했다. 수학 숙제에만 정신이 팔려있는 듯했다. 인수는 계속 따졌다. 마치 오늘 아침 끝장을 내려는 듯했다.

"너, 우리 집에 와봤지?"

"응."

"영철이 집에도 가봤지?"

"응."

"그런데 왜 너희 집에는 못 놀러오게 하는 거야?"

세간살이를 다 실어도 1톤 트럭이 꽉 차지 않았다. TV와 전축, 피아노는 이미 팔려갔고 남은 것은 생활에 꼭 필요한 소소한 물건들뿐이었다. 운전기사는 휘휘 휘파람을 불며 엄마에게 확인을 받았다.

"짐이 많건 적건 한 번 움직이는데 10만 원입니다요."

엄마는 이마의 땀을 닦아내며 하소연했다.

"그건 그렇지만…, 짐이 이렇게 적으면 일도 편하고, 빨리 끝나면 다른 곳 짐을 또 실을 수 있으니까 8만 원에 해요."

"안 됩니다. 한 번 움직이는 데 10만 원입니다."

"그러면 9만 원."

아버지는 저만치에서 허공만 바라보았다. 정훈은 그런 엄마가 측은해졌고, 아버지에게 화가 났다. 여동생은 재촉하듯 엄마 손을 잡아

당겼다. 이 모습을 동네 친구들에게 보이고 싶지 않아서였다. 운전기사는 엄마와 여동생과 정훈을 차례로 보다가 마지못해 고개를 끄덕였다.

"참, 그러시구려. 아이들 봐서 만 원 깎아드리리다."

"고맙습니다."

만 원 때문에 어머니가 고개를 숙이는 모습이 처량했다. 정훈은 주먹을 불끈 쥐었다. 갑자기 '나는 커서 부자가 되겠어'라고 결심하는 것은, 지금 이 시각 우습기 짝이 없었다. 자신이 할 수 있는 것은 아무것도 없었다. 공부를 열심히 하는 것 외에는.

트럭은 털털거리며 사거리를 지나 골목을 여러 번 꺾어 낡은 집 앞에 멈추었다. 이제 새로 살아가야 할 집이 눈앞에 을씨년스레 펼쳐져 있었다. 20평이 채 되지 않는 낡은 슬레이트집이었다. 비가 내리면 천장에서 빗물이 똑- 똑- 떨어질 것 같았다. 저 멀리 수려한 고층 아파트 단지가 눈에 들어왔다. 저 아파트 19층에서 이 동네를 바라보는 느낌은 어떨까? 정훈은 자신이 그 기분을 느끼는 날은 오지 않을지도 모른다는 암울한 생각이 들었다.

불과 서너 달 전, 사람들은 아버지를 보면 고개를 숙이며 공손히 인사했다. 아버지는 능력있는 사업가였다. 어머니는 인자하고 품위있는 가정주부이자 현명한 자녀교육자였다. 그러나 하루아침에 그 모든 것들이 사라졌다. 아버지는 실패한 사업가가 되었고, 어머니는 생활전선에 뛰어든 노동자가 되었다. 사람들은 아버지를 더 이상 사장님이라 부르지 않았고, 어머니를 사모님이라 부르지 않았다. 가난한 아저씨, 아줌마가 되었다.

좁고 낡은 집에 산다는 사실은 창피한 현실이었다. 학교 친구 누구에게도 자신의 사는 모습을 보여주고 싶지 않았다. 매일 아침 골목에 또래 아이들이 없는 것을 확인한 다음에야 집을 나섰고, 수업이 끝나면 교실에 남아 숙제를 하거나 운동장에서 축구를 하다가 어둑해져서야 슬며시 집으로 돌아왔다. 정훈은 중학교를 졸업하던 날 일기에 이렇게 적었다.

"나는 불편한 진실을 숨기면서 살아왔다. 내게 언제 자유가 올까?"

가난은, 가난을 알아야 떨쳐낼 수 있다

선생님은 분필을 들어 칠판에 적었다.

10.16~19. 수학여행, 충주-포항-경주-부산

126,000원

아이들은 환호성을 올렸다. 금액에는 관심이 없었다. 고등학교 2학년 아이 중에 그 누가 126,000원에 의미를 둘 것인가! 정훈은 그 숫자를 막연히 바라보았다. 선생님은 교탁을 두어 번 두드렸다.

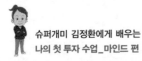

"프린트물 나누어 줄 테니까. 집에 가서 엄마 보여주고, 수학여행비는 10월 12일까지 납부해야 한다. 알겠니?"

"네~"

우렁찬 목소리들이 교실을 가득 채웠다. 며칠 후 선생님은 정훈을 교무실로 불렀다.

"공부 잘 되지? 너는 성적이 좋으니 그것에 대해서는 딱히 지적할 게 없는데…, 수학여행비가 입금되지 않았구나."

"… …"

선생님은 고개를 끄덕였다. 10년 전이나 지금이나 수학여행을 가지 못하는 아이는 반에 1~2명은 꼭 있었다. 중학생 때 같으면 부모를 원망했겠지만 이제 정훈은 그런 나이는 아니었다. 아이들이 관광버스를 타고 왁자하게 떠난 뒤 남은 아이들은 2학년 1반 교실에 모여 자습을 했다. 문과생 7명, 이과생 8명이었다. 전교생 421명 중에 2%였다. 그것은 하위 2%였다.

아이들은 서로를 바라보지 않고, 아무런 이야기도 나누지 않고 조용히 책을 펼쳤다. 정훈은 미분방정식을 풀기 시작했다. 4교시 종이 울릴 때까지 24문제를 풀었다. 아이들이 하나둘 집으로 돌아간 후 정훈은 홀로 도시락을 먹고 적분방정식을 풀기 시작했다. 다음날도 그다음날도 똑같은 책상에 앉아 말없이 방정식을 풀었다.

"S대 경제학과에 가고 싶다고?"

선생님은 점수배치표를 펼쳐놓고 정훈의 성적표를 죽 훑어보았다. 1학년부터 3학년까지 성적은 상위 2%였다.

"네 성적이면 충분한데…. 사범대학이나 행정학과가 어떻겠니?"

정훈은 고개를 가로저었다. 교사나 공무원이 되어 안정적인 직업을 가지라는 권유였다. 집이 가난한 아이들은 대부분 그 권유를 따랐다. 정훈은 단호하게 말했다. "경제학과 아니면 경영학과에 가겠습니다."

사실 정훈은 경제학과가 정확히 무엇을 하는 학과인지 알지 못했다. 다만 법대 다음으로 인기가 있었고 돈과 관련된 학문을 배우는 것이라고 막연히 생각했다. 정훈은 숙제 하나를 풀고 싶었다. 왜 어떤 사람은 가난하고, 어떤 사람은 부자인지 그 수수께끼를 풀고 싶었다. 자신은 가난했기에 가난에 대해 어느 정도는 알고 있다고 생각했다. 남은 것은, 가난한 사람이 부자가 되려면 어떻게 해야 하는지였다. 과연 그 방법이나 원칙, 해결책이 있는지 알고 싶었다. 그래서 가난으로 인해 소외받는 사람이 없는 사회를 만들고 싶었다.

승승장구했지만, 무엇을 위해서?

아름드리 은행나무들이 줄지어 선 캠퍼스는 낭만적이면서도 근엄했다. 대학은 정훈에게 제2의 삶을 살게 해주었다. 낡은 옷을 입고 다녀도, 미팅을 한 번도 하지 않아도 간섭하는 사람이 없었다. 자신이 좋

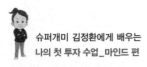

아하는 학문을 한다는 것도 열정이 들게 했다. 또 다행인 것은 어머니의 왕성한 경제활동으로 집안 형편은 나날이 좋아지고 있었다. 졸업 후 경영대학원에 들어가 공부를 계속했다. 특히 마케팅 과목이 재미있었다. 딱히 정의 내리기 어려운 마케팅이라는 학문에서 직관력과 크리에이티브 분야가 마음을 사로잡았다.

대학원 수업이 끝난 어느 날 선배에게 핸드폰 메시지를 보냈다.

"바쁘지 않으시면 학교 앞 2층 은행나무카페에서 커피 한 잔 하기를 바랍니다."

창가에 앉아 어둠이 내리는 거리를 응시할 때 선배가 들어왔다. 이런저런 이야기를 나누다가 본론을 꺼냈다.

"저와 함께 웹컨설팅 회사를 차리면 어떨까요?"

뜻밖의 제안에 선배는 당황했다. 웹컨설팅(web consulting)은 웹사이트를 통한 고객의 목표 달성을 위해 시작부터 끝까지의 사전계획과 결과, 수정 보완을 위한 일련의 과정이었다. 그때만 해도 이 단어를 이해하는 사람은 드물었으며, 사업 시스템도 명확히 구축되지 않은 시절이었다. 그러나 성공 가능성은 높았다. 선배는 잠시 생각하다가 답했다.

"IT 전문가가 필요하고…, 더 중요한 것은 사업의 아웃라인을 잡는 일이야."

"그것은 저와 선배님이 힘을 합하면 가능합니다."

의기투합한 두 사람은 웹컨설팅 전문회사를 차렸다. 아침에 눈을 뜨면서부터 저녁까지 일에 집중했다. 돈을 번다는 사실보다 더 뿌듯한 것은 작은 액수나마 어머니에게 생활비를 드린다는 점이었다. 3년후 회사는 중국으로 진출했다. 정훈은 중국어를 배워 베이징으로 건너갔다. 낯선 땅이었지만 사업은 잘 유지되었다. 어느 날 삼성의 고위직 한 명이 회사를 방문했다. 그는 웹과 관련된 산업에 깊은 관심을 갖고 있었다. 그가 정훈에게 제안했다.

"우리 회사에 들어와서 일할 생각이 없나요?"

"우리 회사란, 어느 곳을 말하는 것입니까?"

"e삼성차이나입니다. 과장 직급을 드리겠습니다."

정훈은 고민에 빠졌다. 사실 그는 대기업에서 조직생활을 해본 적이 없었다. 훗날 큰 회사를 경영하려면 젊은 날에 조직생활을 해볼 필요가 있었다. 또 자신은 아직 앞길이 창창했다. 다양한 경험을 쌓을 필요가 있었다. 정훈은 선배와 상의한 뒤 스카우트를 제안한 삼성 고위직에 조건을 내걸었다.

"부장 직급을 주면 가겠습니다."

사실 과도한 조건이었으나 고위직은 하하, 웃었다.

"그렇게 하지요. 앞으로 잘 부탁드립니다."

정훈은 30대에 삼성의 부장이 되었다. 어머니와 아버지는 무척 기뻐했다. 사업의 위험성을 잘 아는 아버지는 아들이 안정된 직장에서 일하게 되자 여한이 없을 정도였다. 그러나 너무 이른 나이에 간부가된 것에 대해 걱정하는 마음도 있었다. 그 걱정에 아랑곳없이 정훈은 질주했다. 그리고 몇 년 후 전화 한 통이 걸려왔다. SK그룹의 고위직이었다.

"우리가 이번에 eSKetch라는 회사를 설립합니다. 이 회사로 오셨으면 합니다."

"아! 제가 가게 되면 어떤 일을 하나요?"

"대표이사 자리를 맡아 주세요."

정훈은 대학을 졸업한 지 10년이 지나지 않아 대표이사가 되었다. 그것도 대그룹 계열사의 사장이었다. 중학교 시절, 낡은 집을 보여주기 싫어 친구들을 피했던 창피함은 이제 추억이 되었다. 간혹 '그때 내가 왜 당당하지 못했을까' 하는 자책감도 들었다. 하지만 사장 자리는 그에게 만족감을 주지 못했다. 열심히 일해서 회사 실적을 올리면 그 돈은 회사가 가져갔다. 정훈은 월급을 받을 뿐이었다. 10년 동안 승승장구했으나 실제 남은 것은 별로 없었다. 그의 이력서에 몇 줄의 이력만 늘어났을 뿐이었다. 정훈은 삶의 방식을 바꾸기로 결심했다.

"남을 위해 살지 말고, 나를 위해서 살자."

7천만 원으로 얼마를 벌 수 있을까

중학교 때 썼던 일기 한 토막이 떠올랐다.

"내게 언제 자유가 올까?"

삶에는 여러 가지가 필요했다. 그중 중요한 것은 돈이었다. 당연히 돈이 인생의 전부는 아니었으나 자유를 주는 가장 커다란 바탕이었다. 돈을 버는 방법에도 여러 가지가 있었다. 유산 상속, 노동, 복권, 부동산투자, 주식투자, 도박, 사기….

정훈은 주식에 동그라미를 쳤다. 그러려면 종자돈이 있어야 했다. 아내에게 물었다.

"우리가 가진 재산이 전부 얼마지요?"

"갑자기 그건 왜 물어요?"

"내가 투자해서 돈을 벌려고."

"…. 어디에 어떻게 투자하려고 하는데요?"

"여하튼 얼마나 돼요?"

"전셋돈 7천만 원이 전부예요."

정훈은 허탈한 마음이 들었다. 10년 동안 부지런히 달려왔는데 내 집조차 없이 7천만 원이 전부라니! 조심스레 물었다.

"그동안 나도 벌고, 당신도 벌고…, 적지 않게 벌었다고 생각하는데…. 그 돈은 다 어디?"

아내는 정훈을 빤히 바라보았다.

"어머니 집 사시는 데 보태고, 혜정 아가씨 미국 유학비용 보내주고."

정훈은 고개를 숙였다.

"그래요. 고마워요. 여하튼 7천만 원은 나에게 주어요."

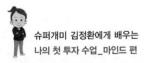

"무슨 투자인지는 모르겠으나 다시 한번 생각해봐요. 7천만 원 가지고는 조그만 라면집 차리기도 벅차요."

아내의 말이 맞았다. 그럼에도 그 돈이면 충분하다고 생각했다. 전셋돈을 빼 본가로 들어갔다. 어머니는 아들 내외와 함께 사는 것을 오히려 기뻐했다. 하지만 삶의 방편에 대해서는 걱정하지 않을 수 없었다. 아내는 정색을 하고 물었다.

"무엇을 할 거예요?"

"이런저런 일을 하면서 돈을 벌고, 7천만 원으로는 주식투자를 하겠어요."

"… …"

아내의 얼굴이 일그러졌다. 어머니와 아버지도 마찬가지였다. 여동생은 미국에서 전화를 걸어왔다.

"그냥 평범하게 직장생활 해. 새언니가 얼마나 걱정하겠어. 엄마 아빠도 그렇고, 자칫, 집안 망하면…. 우리 어렸을 때 생각 안 나?"

그러한 반대는 당연히 예상하고 있었다. 하지만 정훈은 돈에 억눌리는 삶은 더 이상 살고 싶지 않았다. 그리고 자신을 믿었다. 주식 책을 사서 공부하면서 기업들을 세밀히 분석하기 시작했다.

"그래. 이 회사다."

7천만 원은 그대로 둔 채 저축해 둔 돈에서 시험 삼아 300만 원을 투자했으나 결과는 실패였다. 기술적 분석, 정보매매, 상한가 따라잡기 등 개미투자자들이 하는 다양한 방법을 구사했다. 그럼에도 손에

쥐는 돈은 없었다. 아내는 여전히 주식을 반대였다.

"지금이라도 그만두고 제대로 된 사업을 하거나, 취직을 해요."

"걱정하지 마요."

몇 번의 실패와 연구 끝에 저평가된 종목에 투자하는 가치투자가 올바른 길임을 확신했다. 그러한 기업 하나가 눈에 들어왔다. 7천만 원으로 A사 주식을 몽땅 샀다. 1주에 4,200원씩 16,000주를 샀다. 전문가들이 보았다면 어리석기 짝이 없는 짓이었다. 그러나 느긋하게 기다렸다. 11개월 후 주식은 18,400원으로 올랐다. 정훈은 망설이지 않고 전량 팔았다. 2억 9천만 원이 입금되었다. 그제야 가족들의 얼굴에서 근심이 사라졌다. 하지만 안심하기는 일렀다. 하루아침에 그 돈을 모두 날릴 수 있는 것이 주식판이기 때문이었다. 또 가치투자에 대해서는 전문가들의 의견이 충돌했다. 그럼에도 정훈은 승승장구했다. 인생에서 두 번째 승승장구 시기를 맞고 있었다.

성장가치를 보고 투자한 H주식을 12,000원에 매입해 24,000원에 처분했고, 자산가치를 보고 투자한 N사는 7,000원에 사서 14,000원에 팔았으며, G사는 1,200원에 사서 3,600원에 팔았다. 5년이 지나지 않아 정훈은 수십억 원의 투자금을 운용하는 슈퍼개미의 길목에 있었다. 그때 기회 하나를 발견했다.

가치투자의 길을 발견하다

"가장 존경하는 사람이 누구인가?"

이런 질문은 주로 고등학교 이하의 청소년에게 해당한다. 물론 어른에게도 할 수 있지만 대답하는 사람은 그다지 많지 않다. 이미 자신의 삶은 결정되었다고 생각하기 때문이다. 정훈은 그런 질문을 받으면 망설이지 않고 대답했다.

"워렌 버핏입니다."

"그가 돈이 많아서인가요?"

"그것보다는 가치투자의 모범을 보여주었고, 또 투자회사를 세워 사람들을 부자의 길로 인도하는 실천력이 있기 때문입니다."

정훈은 버핏이 세운 버크셔헤서웨이 같은 회사를 설립하겠다는 꿈을 갖고 있었다. 그러려면 더 많은 돈이 필요했고, 갑론을박이 치열한 자신의 실력을 보여주어야 했다. 햇볕이 따스한 5월, 끊임없이 공부하다가 지친 정훈은 한강 둔치로 산책을 나갔다. 벤치에 앉아 오가던 사람들을 바라보던 그의 눈에 색다른 풍경이 들어왔다. 걷거나 뛰는 사람도 많았지만 자전거를 탄 사람들이 부쩍 늘었다는 사실이었다. 자전거도 각양각색이었다.

"바로 저거다."

부지런히 사무실로 돌아와 C자전거 회사를 검색했다. 주가는 2,730원이었으며 하락세였다. 정훈은 기다리다가 2,200원에 매입해 몇 달후 5,000원에 처분했다. 꼭 2배가 올랐으며 이익은 5억 원이 넘었다. 그러나 여기에서 멈추지 않았다. 다음해 주가가 3,520원으로 하락했을 때 35만3220주를 사들였다. 지분이 5.27%를 넘었기에 지분공시를 했다. 그리고 2차로 8만9477주를 더 매입해 보유 주식을 44만2697주로 늘렸다. 지분은 6.60%로 상승했다. 투입된 총금액은 15억 5800만 원에 달했다.

정훈은 동시에 사람들에게 C자전거 회사에 투자할 것을 권유했다. 믿고 따르는 개미투자자도 있었으나 믿지 못하는 사람들이 더 많았다. 투자자들과 자칭 전문가들 중에는 여전히 가치투자를 불신하고 있었다. 그들에게 정훈은 가치투자의 진수를 입증하고 싶었다.

6개월 후 정훈은 44만2697주 모두를 팔았다. 1주당 6,000원으로 차익만 11억 원에 달했다. 불과 반 년만에 70% 가까운 놀라운 수익률을 기록했다. 두 번의 매매로 정훈은 30억 원을 벌었고 7천만 원이었던 투자금은 5년 만에 80억 원을 넘어섰다. 정훈의 성공으로 인해 주식판에서는 가치투자에 대한 인식이 달라졌다. 사람들의 질문은 한결같았다.

"투자 방법은 여러 가지인데 왜 하필 가치투자를 고집하나요?"

"주식투자는 지극히 어려운 일입니다. 저는 초기에 밤잠도 못자고 미국 나스닥을 지켜보고, 한국과 세계의 모든 경제지표, 뉴스, 각종 정보를 챙기느라 정신이 없었습니다. 물론 지금도 그러하지요. 그런데 초기에는 주식투자가 행복하지 않았습니다. 어떻게 하면 편안한 마음으로 투자할 수 있을까 고민하다가 가치투자를 시작하게 됐습니다. 그리고 그것이 적중했습니다. 어찌 가치투자를 안 할 수 있겠습니까!"

정훈의 자산은 계속 늘어나 200억 원이 되었다. 필연적으로 '슈퍼개미' 호칭이 이름 앞에 붙었다. 포털 검색창에 슈퍼개미를 치면 정훈의 이름이 가장 먼저 나왔다. 그의 이름을 사칭해 사기를 치는 사람도 생겨났다. 그것을 방지하고, 평범한 사람들에게 주식으로 부자될 수 있는 방법을 들려주기 위해 여러 방법을 사용했다. 처음에는 인터넷에 투자가이드를 올렸으나 실효성이 높지 않아 유튜브로 전환했다. 곧 구독자가 백만 단위로 늘어났다. 진지한 것보다는 진솔하게 들려주는 것이 훨씬 효과가 높았다. 구체적으로 "이 종목을 사라, 저 종목을 사라"라고 말하지 않았다. 그것을 원하는 투자자가 더 많다는 것을 알지만 그것은 올바른 방법이 아니었다. 성공한 사람의 말만 듣고 무작정 따르는 사람은 성공할 수 없다는 것을 잘 알고 있었다.

"왜 주식투자를 하는지 그 목적이 분명해야 합니다. 그리고 자신만의 매매원칙과 철학을 가져야 합니다. 그것이 완벽할 수는 없으나 스스로 공부하면서 원칙을 세워나가야 합니다. 자신만의 원칙을 지키며 흔들리지 않는다면 결코 실패하지 않는 행복한 투자자가 될 수 있습니다."

정훈이 강조하는 것은 '행복한 투자자'였다. 돈을 버는 이유는 자신의 능력을 증명하고, 그 결과로 자기 자신과 사랑하는 가족들에게 행복을 안겨주기 위해서이다. 주식으로 돈을 왕창 벌면 최고급 외제 승

용차를 사고, 친구들을 불러 초호화판 술을 마시고, 강남에 넓고 번드르르한 아파트를 산다. 정훈도 그런 과정을 거쳤다. 하지만 제자리로 돌아왔다. 고급 외제차가 행복의 지표는 아니었기 때문이었다. 다른 사람들의 행복을 위해 헌신할 수 있는 것이 진정한 행복이었다.

선진 경영학을 배우기 위해 미국 스탠퍼드대학교에서 최고경영자 과정을 수료한 것은 부의 의미를 다시금 인식하게 했다. 미국의 부유한 청년들을 만나 그들이 가진 부의 개념, 품위, 사회적 공헌에 대해 알게 되었다. 무작정 공부만 잘하는 것이 중요한 것이 아니라 어렸을 때부터 경제관념을 세워가는 것이 중요하다는 사실도 깨달았다. 딸이 13살이 되자 학교공부와 병행해 경제와 투자 개념을 제대로 익히도록 자연스레 이끌었다. 다행히 딸도 아빠를 따라 돈에 대한 올바른 마인드를 쌓아가기 시작했다.

정훈은 주식투자로 세 가지 자유를 얻었다. 경제적 자유, 시간적 자유, 관계적 자유였다. 자신이 하고 싶은 일은 ―악의 목적이 아닌 선의 목적― 무엇이든 할 수 있었다. 시간으로부터도 자유로웠다. 아침이든 한밤중이든 구속받지 않았다. 또 사람들의 관계에서도 자유로워졌다. 만나고 싶지 않은 사람은 만나지 않으면 그만이었다. 일체의 구속에서 벗어난 자유를 정훈은 행복하게 누렸다.

그럼에도 지난 시절을 잊지 않았다. 여전히 가난에 머물러 있고, 가난을 탓하면서 신세 한탄만 하고, 부자가 되고 싶음에도 그 방법을 몰라 방황하고, 열심히 모은 돈을 잘못된 투자로 인해 하루아침에 날려

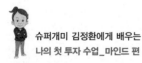

버리는 사람들에게 실제적 도움을 주는 일을 소명으로 삼았다. 그래서 그는 행복했다. 그가 사람들에게 강조하는 것은 하나였다.

"지금이라도 늦지 않았습니다. 부자가 되어 세 가지 자유를 누리세요. 누구나 할 수 있습니다."

● 이 소설은 소설가 김호경님이 '슈퍼개미 김정환'의 삶을 실화를 바탕으로 묘사했습니다. 일부 기사는 〈한국경제신문〉에서 차용했으며, 일부 내용은 작가의 소설적 상상이 추가되었습니다.

제1부

주식 공부 시작하기

성공할 수 있다는 믿음을 갖자

1 사랑하는 딸에게 경제 수업을 들려주는 이유

아빠, 우리는 왜 경제에 대해 배워야 해요? 어려서부터 경제에 대한 마인드를 갖는 것이 인생에 어떤 영향을 끼치나요?

• ○ •

사람은 어느 한 곳에 앉아 있지 않고, 앞으로 나아가야 한다. 앞으로 나아가는 사람에게는 행복이 따르고, 멈추는 사람에게는 행복도 멈춘다.

에머슨

사랑하는 자녀에게 투자 편지를 써보세요

가장 먼저, 제가 13살 딸 '김이안'에게 오래전에 썼던 편지를 공개합니다. 아빠와 딸의 사적인 편지이지만 이 책을 읽는 부모의 마음을 대변할 수 있다고 생각되어 올립니다. 여러분도 이 책을 읽고 자녀에게 투자 편지를 써보시기 바랍니다.

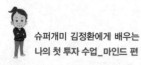

딸에게 쓰는 투자 편지

아가야.

주식은 인생이란다.

오르막이 있으면 내리막도 있듯이 굴곡 없는 삶은 없기 때문이란다. 하나가 좋으면 하나가 나쁘고 인생이란 게 그런 맛에 사는 것이란다.

너도 크면 투자를 하겠지. 그때가 되면 이 편지를 잘 보고 투자에 참고하렴.

그런데 투자를 실천하기 전에 해야 할 일이 있단다. 그것은 바로 직업을 갖는 것이지. 사람은 직업을 가져야 안정적 소득을 올리고 또 사회 발전에 이바지할 수 있어. 나아가 그 돈이 많건 적건 정기적인 수입이 있어야 투자할 때 안정감이 들지. 불안함에 빠지면 투자 판단이 흐려질 수도 있고.

그리고 투자에 대한 공부를 열심히 해야 해. 예를 들면, 재무제표나 차트 공부 같은 것이지. 무엇을 어떻게 공부해야 하는지는 나중에 구체적으로 알려줄게. 어쨌든 우리 딸에게 처음 보내는 편지니 어렵지 않게 말해줘야지.

주식은 인생과 비슷해. 인생을 살아가는 것도 만만치 않듯 주식 투자를 하는 것도 만만치 않단다. 그럼에도 쉬운 편에 속하는 것이 투자다.

그건 한 가지 비밀이 있기 때문이야.

네가 학교에서 퀵보드를 가장 잘 타지? 쉬지 않고 열심히 탔기 때문이지. 퀵보드를 잘 타려면 겁도 없어야 하지만 넘어지지 않기 위해서 처음 고른 세발 퀵보드. 그건 다치지 않기 위함이지. 물론 처음부터 두발짜리를 살 수도 있었지만 그건 배우는 데 위험할 수도 있어. 그렇게 너는 무섭지 않은 세발 퀵보드로 학교를 평정했지. 그제야 친구들도 세발 퀵보드를 산다고 하잖아.

이게 바로 기본이야.

주식투자를 하는데 많은 사람들이 자기한테 맞지 않는 두발 퀵보드로 시작하지. 다치고 다쳐 그 무서움에 쉽게 포기해 버리지.

처음엔 속도보다 다치지 않는 게 중요해.

그래서 원칙이 중요한 거야.

주식시장엔 퀵보드를 못타는 90%와 처음부터 두발 퀵보드를 타는 9%가 있어. 그리고 너처럼 세발부터 안전하게 시작해 두발로 옮겨가는 1%가 있단다. 주식시장은 그 1%가 다 이기는 시장이야.

그걸 명심해.

그러니 조급하지 말고 무리하지 말고 항상 준비하렴.

퀵보드를 배우던 순간을 기억해.

2013년 6월 10일

아빠가 사랑하는 딸 이안에게

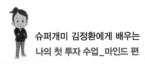

슈퍼개미 김정환에게 배우는
나의 첫 투자 수업_마인드 편

투자 편지를 쓸 때는 어려운 단어나 전문용어를 사용해서는 안 됩니다. 아들이나 딸의 나이, 생각의 수준에 맞게 편하게 쓰면 됩니다. 경제공부를 하라고 강요해서는 안 되며, 아버지 혹은 어머니로서 자녀의 미래가 잘되기를 바란다는 격려를 담아야 합니다.

그리고 그 편지에 맞게 부모가 솔선하는 모습을 보여주어야 합니다. 나이를 먹어서도 꾸준히 공부하고 노력하는 사람이 성공할 수 있고, 꿈을 이룰 수 있다는 사실을 보여주시기 바랍니다.

아빠의 포인트 레슨

○● 주식투자를 하기 위해서는 제대로 된 직업을 갖는 것이 중요하다. 안정된 수입이 바탕되어야 행복한 투자를 할 수 있다. 나아가 꾸준히 공부를 해야 성과를 올릴 수 있다.

[Q & A] 묻고 답해 보세요!

ⓠ 경제 공부가 무엇이라고 생각하니?
ⓠ 학교 공부와 경제 공부의 차이점은 무엇일까?
ⓠ 진정한 실력을 쌓으려면 어떻게 해야 할까?

2 | 아빠, 주식투자가 뭐예요?

주식투자로 돈을 번다는 것이 무슨 뜻이에요? 주식으로 돈을 벌 수 있다면, 왜 그것을 하지 않는 사람들이 더 많은 거죠?

● ○ ●

자본주의 시대에 인간은 여러 가지 지적 수단을 발전시켜 왔지만 감정과 심리의 벽은 여전히 높기만 하다.

워렌 버핏

행복을 위한 최고, 최선의 투자법

현대인에게 주식투자는 필수입니다. 실물 경제에 대한 감각을 일깨워주기 때문에 모든 면에 도움이 됩니다. 소비, 생활, 사업, 상식, 인간관계, 미래설계 등에서 큰 힘을 발휘합니다. 주식은 투기가 아닙니다. 자본시장(자본주의)에서 영위할 수 있는 가장 효율적이고 빠른 투자이며, 노력으로 쟁취할 수 있는 당당한 부의 사다리입니다. 좋은 기업에 투자하는 것, 즉 주주가 된다는 것은 그 기업과 동행하는 것입니다.

주식투자를 하지 않는 사람에게 물어보면 대답은 열 가지가 넘습니다. 그것을 요약하면 보통 두 가지 커다란 이유로 줄어듭니다. 첫째는

"나는 돈이 없다."

이고, 둘째는

"내 주위에 주식투자로 돈을 번 사람이 없다. 모두 망하기만 했다."

입니다. 그렇습니다! 맞는 말입니다. 돈이 없어서, 주식으로 망하는 사람만을 보아서 주식투자를 하고 싶은 마음이 결코 생기지 않습니다. 그 외에 방법을 몰라서, 겁이 나서, 시간이 없어서, 주식으로 돈을 벌지 않아도 이미 많은 돈이 있어서, 애초부터 관심이 없어서⋯ 등의 갖은 이유를 말합니다. 그들에게 또 물어봅니다.

"넓고 좋은 집 혹은 아파트에서 돈에 쪼들리지 않고, 가족들과 행복하게 살고 싶습니까?"

100명 중에 90명은 '그렇다'고 대답합니다. '그렇지 않다'고 하는 10명의 마인드에 대해서는 굳이 논할 필요가 없습니다. 그 90명에게 또 묻습니다.

"넓고 좋은 아파트를 살 돈이 있나요? 좋은 차를 살 돈이 있나요? 가족들과 1년에 한 번 이상 해외여행을 할 돈이 있나요? 취미생활을 할 돈이 있나요? 어려운 사람들을 도와줄 돈이 있나요? 학교에 장학금을 낼 돈이 있나요?"

'없다'고 대답합니다.

"그 돈을 버는 방법 중에 최고의 방법은 주식투자입니다. 해보겠습니까?"

"… 해보고 싶기는 한데… 돈이 없습니다."

이러한 질문과 대답은 끝없이 돌고 돕니다. 마치 시지프스(Sisyphus)의 신화와 같습니다. 〈그리스로마 신화〉에 등장하는 시지프스는 커다란 바위를 산 아래에서 힘들게 끌고 올라가지만 바위는 산 꼭대기에서 아래로 굴러 떨어집니다. 시지프스는 산 아래로 내려와 다시 힘들게 끌고 올라갑니다. 바위는 또 굴러 떨어집니다. 시지프스는 그 형벌을 영원히 반복합니다. 가난은 어쩌면 그 형벌과 같습니다. 이제 그 형벌을 끊어야 합니다. 자신은 물론 사랑하는 가족을 위해!

최고의 그리고 최선의 방법은 주식투자입니다.

왜 주식투자를 해야 하는가

주식투자에 성공하기 위해서는 '어떻게 하는가?'보다 더 중요한 것이 있습니다. '왜 하는가?'입니다. 이는 삶의 모든 분야에 적용됩니다. '결혼을 어떻게 하는가?' 이전에 '결혼을 왜 하는가?'를 먼저 마음에 새겨야 하고 '대학에 어떻게 갈 것인가?' 이전에 '왜 대학에 가야 하는가?'를 정해야 합니다. 대학에 갈 뚜렷한 이유나 목표, 목적이 없다면

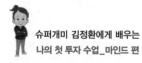

가지 않아도 됩니다. 마찬가지로 주식투자에 대한 올바른 마인드를 먼저 가져야 합니다. 사람마다 다르지만 저는 10가지를 권합니다.

1. 나를 열심히 살게 하는 원동력

주식투자는 시간이 오래 걸립니다. 100미터 달리기가 아니라 마라톤입니다. 결코 단기간에 승부가 나지 않습니다. 그 시간을 버티고 지키는 사람만이 행복의 결실을 맺을 수 있습니다. 인내심을 가지고 차근차근 공부해야 성공합니다. 그 원동력은 행복한 미래 그리고 나의 사랑하는 가족입니다.

2. 인생 뭐 있나! 나도 떵떵거리며 살 수 있다

현대 사회에서 사람의 자유는 두 가지입니다. '경제적 자유'와 '시간적 자유'입니다. 내가 하고 싶은 것을 하는 자유, 내가 일하고 싶을 때 일하고, 놀고 싶을 때 놀 자유. 이 자유를 위해 얼마가 필요할까요? 현재 처해진 위치와 자신의 그릇, 추구하는 목표에 따라 달라집니다.

우선 '나는 안 돼, 나는 돈과 인연이 없어'라는 못난 생각을 버리세요. 콤플렉스를 없애고 극복하기 위해 꾸준히 노력해서 자신감을 가지세요. 매년 1억 정도 현금이 들어오는 경제적 자유를 이루겠다는 목표를 세우면 그 꿈을 이룰 수 있습니다. 돈을 벌어가면서 욕망과 목표도 커집니다. 그에 맞는 자기의 그릇을 키워 나가면 됩니다. 그리고 부모의 그릇이 커지면 자녀의 그릇도 그에 비례해 커집니다.

우리는 간절하게 열심히 노력해서 떵떵거리고 살아야 합니다. 조급해하지 않아도 복리의 마법으로 연달아 수익을 쌓을 수 있습니다. 여기에는 조건이 있는데, 한 번이라도 실패하면 안 된다는 것입니다. 그리고 그것은 가능합니다. 부자의 마인드와 성공하는 사람들의 마인드를 복제해서 자기 것으로 만드세요. 자기관리와 부지런함은 배신하지 않습니다. 특별히 자녀의 미래는 길고도 깁니다. 조급할 이유가 없습니다. 복리의 힘을 믿고 뚜벅뚜벅 투자의 길을 가도록 도와주면 됩니다.

덧붙여, 사람의 자유에는 한 가지가 더 있습니다. '관계의 자유'입니다. 내가 경제적으로 여유로워지면 관계에서도 자유로워집니다. 만나고 싶지 않은 사람을 억지로 만나지 않아도 됩니다. 쉽게 말해 내가 다니는 회사의 부장 때문에 엄청 스트레스를 받는데, 만일 내가 큰 부자라면 그를 만나지 않아도 됩니다. 관계에서 자유를 누릴 수 있는 것입니다.

3. 첫발을 내딛을 때 주변인들의 반응을 이겨내자

"주식을 하겠다"고 말하면, 미혼이라면 부모가 먼저 반대합니다. 그냥 "쪽박 찬다"고 하면서 만류하지요. 친구도 반대합니다. "나중에 나에게 도와달라고 하지 마"라고 말하지요. 결혼을 했다면 배우자가 극력 반대합니다. 심지어 "이혼하겠다"고 말하는 배우자도 있습니다.

그 반대에 꺾이지 마세요. 믿음을 가지고 주식시장에 뛰어드세요.

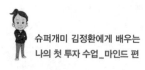

슈퍼개미 김정환에게 배우는
나의 첫 투자 수업_마인드 편

당당하게 성공을 보여주면 됩니다. 주위 사람들의 말에 휘둘리면 평생 아무것도 하지 못하다가 60이 넘어 지독하게 후회합니다. 주식투자에 성공해서 가족과 행복한 삶을 보내는 멋진 현대인이 되기를 바랍니다. 그리고 그 소중한 유산을 자녀에게 고스란히 물려주십시오.

4. 길고 긴 시간 인내심을 가져라

주식은 쉽게 말하면 '돈 놓고 돈 먹기'입니다. 이 개념이 강해서 유교적 전통이 지배하고 있는 한국사회에서 주식투자는 다른 선진국들에 비해 활성화되지 못하고 있습니다. '사농공상(士農工商)'이라는 단어는 조선시대에 만들어졌는데 불과 30년 전까지만 해도 이 사자성어를 신봉하는 사람이 적지 않았습니다. 그래서 장사로 돈 버는 것을 천하게 여기는 나쁜 인식이 있었습니다. 다행히 이 인식은 사라졌지만 완전히 사라지지는 않았습니다. 그 인식을 떨쳐버리고 돈 버는 길에 뛰어드세요. 운좋게도 한국에서는 돈 벌 기회가 많습니다.

전 세계에서 한국은 러시아에 이어 두 번째로 기업들이 저평가 받고 있는 나라입니다. 우리나라에는 세계에서 인정받는 훌륭한 기업들이 많습니다. 그런 만큼 주식은 성장 가능성이 아주 높습니다. 그러나 주식투자는 시간과의 싸움입니다. 오늘 10,000원을 주고 산 주식이 내일모레 15,000원으로 올라가는 일은 없습니다(간혹 있기는 하지요). 긴 시간을 두고 나 자신과 승부를 겨루어야 합니다.

누구든 큰 수익을 얻고자 한다면 시간과의 싸움에서 이겨야 합니다. 아울러 자신의 본업에 충실해야 합니다. 주식투자의 목적은 돈을 버는 행위 자체가 아니라 좀 더 풍요롭고 행복하게 살기 위함임을 잊지 마세요.

5. 자기 자신을 밸류에이션하기

밸류에이션(Valuation)이라는 단어는 이 책에 자주 등장합니다. 그만큼 중요합니다. 밸류에이션은 현재 기업의 가치를 판단해 적정 주가를 산정해내는 기업가치평가 작업입니다. 실적에 대비한 주가 수준을 가늠하는 것으로 주식 대비 기업의 매출, 이익, 자산이나 현금흐름 등 다양한 경영지표의 변화를 분석해 종합적으로 산출합니다. 이 작업은 대단히 어렵습니다. 가치는 평가자(투자자)마다 달라서 정답이 있는 게 아니기 때문이지요. 그리고 그 예측이 자주 빗나갑니다. 그러나 꼭 해야 합니다. 주식투자를 함에 있어 가장 중요한 것은 주가가 싼지 비싼지 투자자 스스로 평가할 수 있느냐입니다. 그러려면 밸류에이션을 계산할 수 있어야 합니다.

투자자는 본격적으로 주식투자에 뛰어들기 전에 자기 자신을 먼저 밸류에이션해야 합니다. 앞으로 어떻게 주식투자를 할 것인지 계획(자기와의 약속)을 세우고, 예측하고 그것을 기록하면서 점검해야 합니다. 당연히 끊임없이 공부하고 노력해야 하는데 그 자체가 자신에 대한 밸류에이션입니다. 정치, 경제, 기업, 세계정세, 글로벌경제, 사람의 심리 등을 연구하면 나 자신의 가치가 저절로 올라갑니다. 조직에서 인정받는 사람이 되고 사회적으로도 존경받는 사람이 될 수 있습니다.

그리고 돈을 벌면 품위있는 사람이 되어야 합니다. 돈만 아는 사람이 아니라 돈도 많고, 교양도 풍부하고, 지식도 넓은 사람이 되어야 합니다. 주식투자를 하면서 자신을 밸류에이션하면 저절로 그러한 사람이 됩니다.

6. 기도하듯이 주식투자하라

종목을 선정하고 주식을 샀다면 '그 회사는 내 회사'라는 마음을 가져야 합니다. 보유 기업에 대해 시나리오를 그려보고, 누구보다 기업에 대해 깊이 공부해야 합니다. 실적을 체크하고 미래도 예측해야 합니다. 단, 이때 과대망상에 빠지면 안 됩니다. 건방진 투자자가 되지 말아야 하고 객관적으로 살필 줄 알아야 합니다. 투자 덕목 1순위는 '겸손'입니다.

철저한 분석이 바탕이 된 투자라면 내 종목이 '오르지 말아 달라'고 기도하게 됩니다. 앞으로 꾸준히 종목을 더 사 모을 수 있게 주가가 빠져달라고 기도하는 투자자가 되지요. 이처럼 기도할 수 있는 좋은 종목을 찾아내야 합니다. 가슴이 떨리도록 '떨어져 달라'고 기도하는 종목이 있어야 합니다. 가치투자와 장기투자는 다르다는 것을 명심하세요. 좋은 종목을 사서 그 가치를 넘어서면 매도하는 것이 투자의 기본입니다.

7. 왜?에 답하라

'왜 그 주식을 샀는가?'라고 스스로에게 물었을 때 스스로 답할 수 있어야 합니다. 내가 왜 투자했고, 앞으로 어떻게 투자할 것인지 명확한 답을 내릴 수 있어야 합니다. 언제쯤 그 회사가 좋아질 것인지 확실히 알아야 합니다. 모르면 투자해서는 안 됩니다. 이 종목에 전 재산과 인생을 올인할 수 있는지 스스로에게 묻고, 대답이 나오지 않으면 투자하지 마세요. 그렇다고 올인하라는 이야기는 아닙니다. 투자에 있어 올인은 하지 마세요.

주식투자는 유연해야 합니다. 자신이 분석한 기업이 아무리 좋아도 시장에서 알아주지 않으면 소용이 없습니다. 시장이 평가할 때 그 처분과 결과를 기다려야 합니다. 즉 기업을 보는 눈뿐만 아니라 시장을 보는 눈을 길러야 하는 것이죠. 시장을 보는 눈은 바뀔 수 있습니다. 그 시각이 정확하기 위해서는 공부만이 살 길입니다.

8. 또 하나의 기업을 운영하듯이

주식투자는 자신이 그 기업을 운영한다는 오너 마인드를 가지고 해야 합니다. 나의 본업 외에 또 하나의 사업을 운영하는 것입니다. 명심할 것은 본업을 결코 소홀히 해서는 안 됩니다. 본업에 충실하되 하나의 사업을 더 운영한다는 마음을 가지세요. 하루에 30분 더 공부하면 충분합니다. 매일 하는 것이 더 중요합니다. 좌고우면하지 말고 성실하게 달려야 합니다. 스텝바이스텝으로 달려서 데드포인트*를 넘어 세컨드윈드[**]를 느껴보세요.

9. 정보의 비대칭성과 기울어진 운동장에 대처하자

주식시장에는 엄청난 정보가 넘쳐납니다. 횡재할 수 있는 정보가 있고, 운좋게 나만 알게 되는 정보가 있고, 나쁜 정보도 있습니다. 그 정보들의 대부분은 엉터리입니다. 진짜 좋은 정보는 내 귀에 들어오지 않습니다. 내가 들었을 때는 이미 모든 사람들이 알고 있다고 생각하면 됩니다. 정보의 비대칭, 즉 기울어진 운동장에 내가 서있는 것입니다. 이를 극복하는 방법은 시장의 소음에 휘둘리지 않을 좋은 종목을 가지고 버티는 것입니다. 그때그때 리스크를 줄여가면서 대응해야 합니다.

저는 평소 슈퍼거미 투자법을 자주 이야기합니다. 슈퍼거미 투자법은 어렵지 않습니다. 거미는 먹이를 잡기 위해 그물을 치는 일에 더 많은 시간을 할애합니다. 링컨은 이렇게 말했습니다.

"나에게 나무를 자르는 데 6시간이 주어진다면 나는 도끼를 날카롭게 가는 일에 4시간을 쓰겠다."

- **데드포인트**(Dead point, 死點) 격심한 운동을 하고 있을 때, 개시 후 얼마 안 되어 매우 고통스럽게 되는 시기. 이때를 극복하면 세컨드윈드가 온다.
- [**] **세컨드윈드**(Second wind) 운동하는 중에 고통이 줄어들고 운동을 계속하고 싶은 의욕이 생기는 상태.

맞습니다. 슈퍼개미가 되려면 철저히 준비해야 합니다. 슈퍼거미는 튼튼하게 그물을 친 다음에는 느긋하게 기다립니다. 먹이가 걸리면 바로 먹는 게 아니라 자기가 먹고 싶을 때 언제든 즐기면서 먹습니다. 정보가 적다고 한탄하지 말고, 공부를 통해 그 정보를 스스로 만들어 가는 노력을 해야 합니다.

10. 기관 및 외국인 투자자를 이길 수 있다

기관과 외국인은 당연히 보통의 투자자들보다 돈이 월등히 많습니다. 두뇌가 뛰어난 인재들도 많습니다. 기업정보와 시장정보, 글로벌정보도 개인 투자자보다 빨리 얻습니다. 그래서 시장 전체를 이끌어 갑니다. 대부분의 개미투자자들은 그들을 이길 수 없다고 생각합니다. 그러나 노력하면 그들을 이길 수 있습니다.

투자는 디테일에 있습니다. 그들보다 ①빠르게, ②디테일하게 들어가고, ③공부하고, ④밸류에이션하면 분명 더 높은 수익을 얻을 수 있습니다. 자기 자산으로 하는 것과 남의 자산으로 하는 것은 차이가 있습니다. 자신의 돈으로 투자하는 사람은 더 신중하고, 철두철미해야 합니다. 그것이 기관과 외국인을 이기는 힘이 됩니다. 투자하기 전부터 기업에 대한 밸류에이션과 목표주가를 정해놓고 출발하면 승산이 있습니다. 백화점식 투자가 아니라 특정 종목을 깊이 파야 합니다. 누구나 보는 눈은 비슷합니다. 기관과 외국인이 좋아하는 기업을 보고 길목을 잡고 있으면 그들보다 높은 수익을 올릴

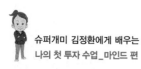

수 있습니다.

지금까지 10가지 투자 마인드에 대해 이야기했습니다. 주식투자는 쉽지 않습니다. 서점에 가보면 주식투자 성공법에 대한 책이 즐비하고, 인터넷에도 성공 가이드가 헤아릴 수 없을 만큼 많습니다. 유튜브에도 성공비법이 넘쳐납니다.

그러나 너무 이것저것 많이 볼 필요 없습니다. 멘토를 정했다면 그 사람의 방식을 깊게 분석해보고 따라가 보십시오. 그렇게 몇 권, 몇 명을 팠다면 투자 경험과 결합해서 이제 자신만의 원칙을 만들면 됩니다. 반드시 자신만의 투자 마인드를 만들어보세요. 성공한 사람의 비법이라 해서 100% 믿을 것은 못됩니다. 각자의 성향도 다르고 시장 환경도 달라져 있기 때문입니다. 투자의 길은 스스로 만들어가야 합니다. 그럼에도 성공한 투자자들에게는 공통된 비법이 있습니다. 공부를 해야 한다는 것, 길게 보아야 한다는 것, 믿음을 가져야 한다는 것 등입니다. 그 무엇이든 자신의 투자마인드에 따라 앞으로 나아가면 성공할 수 있습니다.

∘● 현대 사회에서 사람의 자유는 세 가지이다. 경제적 자유와 시간적
자유, 관계적 자유이다. 내가 하는 싶은 것을 하는 자유, 내가 일하고
싶을 때 일하고, 놀고 싶을 때 놀 자유, 만나고 싶지 않은 사람을 만
나지 않는 것. 이 자유를 달성하기 위한 가장 좋은 방법은 올바른 주
식투자이다.

[Q & A] 묻고 답해 보세요! ●

Q 꼭 해야 할 일을 하지 않을 때 어떤 핑계를 대니?

Q 주식투자로 인생이 바뀔 수 있다고 생각하니?

3 뜻을 세우고 그 길을 가려면 어떻게 해야 하나요?

주식투자를 하면 만류하는 사람도 많고, 충고하는 사람도 많다고 하던데, 자신만의 투자의 길을 걸으려면 어떻게 해야 하나요?

• ○ •

그대가 가는 길의 끝에 이르면 만족이 있다. 그러나 처음에 만족한 자는 앞으로 나아가지를 못한다.
뤼케르트

이리저리 기웃거리지 마라

"1에서 1000이 되는 것보다 0에서 1을 만드는 과정이 더욱 힘들다." 이 말은 진리입니다. 0은 실체가 없는 정수입니다. 자연수가 아닙니다. 대부분의 투자자들이 자신의 투자 실력은 0인데 그것을 극대화시키려 합니다. 0에 불과한 실력에 투자자금을 조금씩 더해 갑니다.

$$0 + 100 + 100 \cdots = ?$$

금액을 더해 가면서 그 끝에 엄청나게 큰 숫자가 있기를 기대합니다. 그러나 수식은 이렇게 변합니다.

$$0 \times (100 + 100 + \cdots) = 0$$

아무리 많은 금액을 더해도 0이 되는 것입니다. 따라서 일단 자신의 투자 실력을 1 이상으로 만들어야 합니다. 1보다 미만의 소수점을 곱한다 해도 자신의 투자금액은 줄어들기 때문입니다. 초창기에 0.1의 실력에 작은 돈을 넣어 운좋게 큰 행운을 얻을 수 있지만 실력을 쌓지 않으면 불어난 투자금은 매번 1/10로 줄어듭니다. 반면 투자 실력이 1이 넘어가고 2가 되고 10이 된다면 투자수익은 복리로 무섭게 늘어납니다.

투자 실력에는 기본이 있습니다. 재무제표, 산업, 기업, 거시경제, 기술적 분석 등…. 이런 것들을 다 습득하고 실력이 1이 넘었을 때 본격적으로 자금을 투입해야 합니다. 시험 볼 때 커닝한 것은 자기 실력이 되지 않습니다. 옳은 답안을 써냈을지라도 그 풀이과정은 자신에게 남지 않습니다. 스스로 분석하는 능력을 키워야 합니다. 답을 커닝했을지라도 후에라도 반드시 그 풀이를 해보아야 합니다. 그것을 복기(復棋)라 합니다.

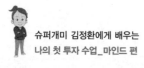

투자하는 과정과 아이디어를 현실화시키는 프로세스를 디테일하게 익히고 스스로 되돌아보고 1을 만드는 작업에 무던히 열중해야 합니다. 이곳저곳 기웃거리며 남들 따라 매수해봐야 종목만 많아지고 집중도 할 수 없게 됩니다. 본인이 집중할 종목을 선택할 수 있고 투자 종목을 2~3종목으로 압축할 수 있어야 1이 만들어집니다. 1이 만들어져야 2가 되고 3이 될 수 있습니다.

당신은 지금 1이 되었습니까?

이곳저곳 기웃거리면서 남의 생각을 훔칠 시간이 있다면 그 생각들을 훔쳐 자신의 것으로 가공하는 시간을 배로 사용해야 합니다. 그리고 그 경험들이 쌓여 스스로 종목을 찾게 되고 반복적인 승리로 공력을 1씩 늘려나가는 것이 주식투자입니다. 정신 바짝 차려야 합니다. 눈을 감고 있으면 코 베어가는 세상입니다. 눈을 번쩍 뜨고 있어도 코를 베어 갑니다.

○● 투자 실력에는 기본이 있다. 재무제표, 산업, 기업, 거시경제, 기술적 분석 등. 이런 것들을 다 습득하고 실력이 1이 넘었을 때 본격적으로 자금을 투입해야 한다. 시험 볼 때 커닝한 것은 자기 실력이 되지 않는다. 스스로 분석하는 능력을 키워야 한다.

[Q & A] 묻고 답해 보세요!

Q 뜻을 세운다는 것은 무슨 의미일까?

Q 뜻을 세운 후 주위 사람들이 이러쿵저러쿵 잔소리를 하고, 충고를 하면 어떻게 받아들여야 할까?

저는 2020년 초에 제 13살 딸인 '김이안'에게 책 《Invested》를 읽어보라고 권유했습니다. 《Invested》의 저자는 대니얼 타운(Danielle Town)과 필 타운(Phil Town)이며, 2018년 1월에 발간되어 〈뉴욕타임스〉 베스트셀러에 올랐습니다. 우리나라에서는 《아빠와 딸의 주식 투자 레슨》으로 소개되었고, 부제는 '가치투자자 아빠에게 워런 버핏과 찰리 멍거의 지혜를 배우다'입니다.

딸의 관점에서 책을 읽게 한 후 함께 이런저런 이야기를 나누었습니다. 어렸을 때부터 부의 개념과 접근 방법, 주식투자에 대해 스스로 깨우치게 하면, 성인이 되어서도 올바른 부의 관점을 가질 수 있고, 투자마인드를 쌓아갈 수 있기 때문입니다.

---

* 제 딸은 한국에서 태어났지만 국제학교를 다니며 영어를 익혔고 영어적 사고가 편한 아이라 원서로 읽었습니다. 저와 딸의 대화를 보실 때 참고해서 봐주세요. 이안이는 자신이 책을 읽는 모습이나 저와의 대화 시간을 영상으로 남겨 자신의 유튜브에 올리는 전형적인 밀레니얼 세대입니다. 궁금하신 분들은 영상으로 보셔도 공부 방법에 대하여 도움이 많이 될 것입니다. [유튜브채널 : iANTrillionaire]

** 자녀와의 대화나 경제교육 문제로 고민하시는 부모님이 계시다면 참고해보세요. 또 딸과의 대화지만 다루는 개념은 꽤 수준이 있기 때문에 투자를 시작한 '주린이' 분들에게도 많은 도움이 될 내용입니다. 실제 나눈 대화를 바탕으로 구성되었으며 영상으로 듣고 싶은 분들은 코너 하단의 QR코드를 확인해 주세요.

인생을 자유롭게 가꾸어가며 살자

이 책을 읽어보니까 어떤 내용이니? 아빠와 딸이 하는 투자 이야기잖아. 오늘 읽었던 부분을 간단하게 한번 설명해줄래?

좋은 대학 나오고 유능한 변호사로 일하는 딸이 그럼에도 삶이 힘들고 스트레스를 많이 받아 몸도 너무 안 좋아지고 행복하지 않아.

스트레스를 엄청 많이 받았구나? 이안이는 이제 13살인데 이 언니는 대학도 졸업했으니 24~25살 정도 됐겠네? 근데 이 언니는 왜 스트레스를 그렇게 많이 받는 거야?

돈도 없고 자유도 없어서 현재 자신과 미래의 자신이 불안하기 때문이지.

아~ 그러니까 열심히 공부해서 법대 나오고 이제는 돈도 여유롭게 벌 줄 알았는데 현실은 적은 임금에 시간은 너무 바쁘고 미래는 잘 보이지 않고, 돈은 모이지 않으니 스트레스 받고 있구나. 그런 고민들을 아빠와 얘기하는 것으로 책이 시작되는구나. 그런데 이 책에는 주인공뿐 아니라 주변 친구들도 비슷하게 많은 스트레스를 받고 있는 것 같던데?

응. 친구들도 비슷한 어려움을 겪고 몇몇은 병원 신세도 지는 모습을 보면서 자신은 그렇게 심하지 않은 것 같다고도 말해.

그러면 이안이는 지금 13살인데, 보통 13살쯤 사춘기가 많이 오잖아? 이안이는 언제? 아직 안 온 거야? 아님 지나갔어?

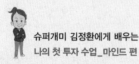

난 지나갔어.

정말? 그런데 이안이는 스트레스가 있니?

수학!

왜? 잘 안 풀려서? 아니면 남들에게 지기 싫어서?

수학은 너무 어려워. 그것 때문에 스트레스 받아.

그렇구나. 주인공 언니가 스트레스를 풀기 위해 가장 필요한 게 뭐라고 책에 써있니?

경제적 자유라고 말하고 있어.

아빠가 평소 강의할 때 경제적 자유 외에도 이야기하는 것이 있지?

응. 시간적 자유와 관계적 자유.

책에 나오는 'Money Freedom', 즉 경제적 자유는 결국 돈을 이야기하지. 돈이 이 세상에서 중요한 하나의 요소임은 틀림없어. 이안이는 경제적 자유를 가지고 있다고 생각하니?

응.

왜? 어떻게?

돈에 신경 쓰지 않아도 되니까.

그건 누구 때문이야?

아빠 덕분이지.

그래. 그건 네가 태어날 때부터 아빠가 부를 가지고 있었기 때문이지 너의 노력은 아니야. 그래서 정확히 그것은 너의 것이 아니야. 그렇지?

응.

이안이 주변에도 부자 친구들이 많잖아? 친구들의 소비 패턴을 보면 어떤 것 같아? 옷을 사거나 할 때 말이야.

어떤 애들은 적당하게 사는데 어떤 애들은 너무 비싸거나 많은 옷을 사는 것 같아.

그런 것에 대해 어떻게 생각해? 그건 그 친구들이 스스로 번 돈이 아니잖아. 아빠나 엄마의 돈을 많이 사용하는 것에 대해서.

음… 자기가 벌었다면 그만큼 성취감 때문에 자기 행복을 위해 어느 정도 소비할 수 있는데 스스로 벌지 않고 엄마나 아빠의 돈으로 그렇게는…

친구들 사이에 유행하는 브랜드도 많고 친구들 보면 이안이도 가지고 싶지 않아?

응. 한번 사봤는데 기분이 좋은 것은 잠깐이고 막 그렇게 행복하진 않았어.

맞아. 우리가 돈이 없어서 못 사는 건 아니잖아. 필요가 없으니까 안 사는 거잖아.

응.

That is Financial freedom. 살 수 있는 것과 못 사는 것은 엄청 다른 거야. 선택권, 아빠는 그게 경제적 자유라 생각해. 언제든 가고 싶을 때 여행하고, 하고 싶은 것을 할 수 있는 것. 그런데 이 책의 언니는 어땠어?

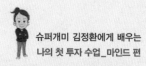

경제적 자유가 없었어.

덧붙여 시간적 자유도 없었지. 법대를 졸업하고 로펌에서 일하면서 너무 바쁘게 일하는데 돈은 생각보다 적게 벌어.

하루에 10시간 일했어. 일주일에 80시간을 일했지.

80시간?! 그렇게 일하는 데도 돈은 벌리지 않고 시간까지 없네. 친구 만날 시간도 없고… 아무리 돈이 많아도, 예컨대 의사나 변호사 같은 전문직이라도 시간적 자유가 없다면 진정한 경제적 자유를 가졌다고 할 수 없지. 그래서 아빠가 생각하는 것은 경제적 자유와 시간적 자유 가 있어야 해. 그것이 진정한 자유라는 거야. Real freedom! 그리고 마지막으로 Meet up freedom. 이안이도 친구들 때문에 스트레스 받 은 적이 있었지? 관계적인 문제들. 누구와는 친하고 누구와는 사이가 안 좋고 이런 일들.

한번 겪어봐야 알 수 있는 것 같아.

우리가 직장에 다니면 내가 만나기 싫은 사람들도 계속 봐야 해. 왜냐 면 일을 해야 하기 때문이지. 만나기 싫은데도 계속 만나야 한다는 거 야. 근데 아빠는 어때? 자유롭잖아. 아빠는 비즈니스로 엮인 관계가 하나도 없기 때문에 원치 않으면 안 만나도 돼. 그래서 세 가지 모두 중요해. 이안이는 이 중에서 무엇이 가장 중요한 것 같아?

시간적 자유.

왜? 맨날 놀고 싶어서?

아니. 시간이 있어야 경제적 자유가 있고, 시간적 자유가 있어야 관계 로부터도 자유로워질 수 있으니까.

그래. 그 생각은 시간이 지나면서, 또 공부를 더 하면서 바뀔 수도 있지, 오늘 아빠와 경제 공부 어땠어?

너무 재미있어.

이안이의 꿈과 목표는 뭐야? 인생의 목표가 있어?

아직은 없어. 그냥 하고 싶은 거 다 하고 싶어.

그래. 자신이 하고 싶은 것을 모두 할 수 있는 인생을 가꾸어가는 것이 중요하지.

나는 아빠가 열심히 사는 게 너무 좋아 보여! 나도 그렇게 열심히 살 거야.

아빠와 딸의 대화영상 보러가기 ▶

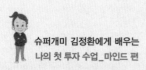

4 | 가치투자가 뭐예요?

주식투자 방법은 여러 가지가 있다고 하는데, 아빠는 왜 가치투자를 주장하는 거예요? 가치투자는 공부도 엄청 해야 하고, 시간도 많이 걸린다고 하던데…

• ○ •

당신이 할인된 가격에 좋은 기업가치를 산다면 단기 가격 변동이 문제가 되겠는가? 장기적으로 볼 때 별 문제가 안 된다. 궁극적으로 가치가 증권 가격에 반영될 것이다.   세스 클라먼

원칙을 지키되 유연하라

주식투자에는 여러 방법이 있습니다. 그중 하나가 '가치투자'입니다. 주식투자의 방법에 대해 설명하기 전에 가치투자에 대해 먼저 들려주는 이유는 그만큼 중요하기 때문입니다. 가치투자에 대해서는 의견이 분분합니다. 그러나 단언컨대 가장 성공할 확률이 높은 방법입니다.

가치투자*는 마음이 편한 포트폴리오**를 말합니다. 기업 가치에 훼손이 없다면 굳이 손절***할 이유가 없는 투자이며 투자하는 기업에 대한 그릇을 키워나가는 투자를 말합니다. 사람들이 관심을 두지 않을 때 '저평가되고 소외된 기업'을 미리 발견하고, 가치를 찾아 주가가 올라갈 때까지 시간을 기다리는 것입니다. 그렇다고 가치투자가 무작정 기다리는 것은 아닙니다. 전략적으로 행동하면서 비중을 조정

- **가치투자** 기업의 가치에 믿음을 둔 주식 현물 투자이다. 기업의 가치를 구성하는 요소는 ①순자산가치, ②성장가치, ③수익가치, ④기타 무형의 가치들이 있다. 이에 따라 순자산가치에 중점을 두는 자산가치 투자자, 성장가치에 중점을 두는 성장가치 투자자 등으로 다양하게 나눈다. 가치투자의 창시자인 벤저민 그레이엄은 처음으로 '주식의 가격은 회사의 가치와 관계가 있다'는 사실을 알아냈고, 회사 가치는 회사가 벌어들이는 돈과 회사가 가지고 있는 순자산가치에 따른다고 보았다. 이후 주식 시장에서 가치투자자들이 주류로 떠올랐다. 회사 지분의 일부를 사서 회사를 소유한다는 마인드로 투자하는 사람들이 많고 비교적 장기투자를 한다. 가치투자에서 가장 중요한 요소는 안전마진이다. 안전마진은 회사 주가와 실제 기업가치의 괴리율을 뜻한다. 괴리율이 크면 클수록 안전마진이 커지고 가치투자자들은 이를 중요한 투자 기회로 여긴다.
- ** **포트폴리오(Portfolio)** 원래는 '서류가방' 또는 '자료수집철'을 뜻한다. 주식투자에서 여러 종목에 분산 투자함으로써 한 곳에 투자할 경우 생길 수 있는 위험을 피하고 투자수익을 극대화하기 위한 방법이다. 크게 현금 유동성, 원금 안정성, 수익성 3가지를 고려해 투자가 이루어진다. 주식편입 비율에 따라 성장형, 안정성장형, 안정형 등으로 구분한다. 성장형은 주식에 70% 이상을 투자하고 나머지는 안정적인 채권에 투자해 고소득을 목표로 하는 방법이고, 안정형은 그 반대로 30%를 주식에 투자해 고소득보다는 안정 위주로 투자하는 방법이다.
- *** **손절** 앞으로 주가가 더욱 하락할 것으로 예상하여, 가지고 있는 주식을 매입 가격 이하로 손해를 감수하고 파는 행위를 의미한다.

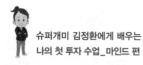

해 나가야 합니다.

워렌 버핏은 10년, 20년 보유할 기업을 찾습니다. 과연 버핏은 주식을 사기만 할까요? 핵심 수량은 들고 가더라도 일부 수량은 계속 조절하며 갑니다. 시대에 따라 기업 환경은 변화하고 새로운 기업이 출현하고 도태되는 기업은 사라져 갑니다. 좋은 기업에 장기간 투자하기 위해서는 끊임없이 관찰하고 공부하고 추적해야 합니다. 그러한 노력이 뒷받침되면 시간은 내 돈을 눈덩이처럼 굴려줄 것입니다.

가치투자는 전통적인 개념에서 ①자산가치투자, ②성장가치투자, ③배당가치투자를 말합니다. 가치투자의 개념 대부분은 학자나 교수에 의해 만들어졌습니다. 그 이후 버핏과 같은 성공한 가치투자자들이 나오면서 실천방법을 담은 책과 강의를 통해 일반 투자자들도 습득하게 되었습니다. 버핏은 스승인 벤저민 그레이엄*이 회계학 교수였기에 숫자에 굉장히 보수적인 투자를 하였으나 한계를 느꼈습니다. 그때 성장가치투자의 스승 필립 피셔를 만나 성장성에 기반한 투자를 하게 되었습니다.

• **벤저민 그레이엄**(Benjamin Graham) 1894~1976. 영국 태생의 미국 투자가이자 경제학 교수. 증권분석의 창시자이며 가치투자의 아버지로 불린다. 그레이엄의 투자철학은 행동경제학, 부채의 최소화, 매수 후 유지, 기본적 분석, 분산투자, 안전마진 내 매수, 행동주의 투자 그리고 역발상에 중점을 둔다. 모교인 컬럼비아대학에서 교수를 지냈으며 워렌 버핏이 제자 중 한 명이다.

이와 같은 투자를 하는 이유는 단 한 번의 실패도 안 된다는 발상에서 나온 투자 개념이며 안전마진*에 기반합니다. 투자는 원칙이 바뀌어야 한다고 생각하진 않지만 유연해야 합니다. 세상은 계속 바뀌어가고 특히 글로벌경제에서 시장은 급속도로 변화하기 때문입니다.

전통적 가치투자는 사라지지 않는다

투자 대상으로 글로벌 기업인 [아마존]을 한번 볼까요? 단순히 기업의 숫자만 본다면 절대 투자하지 못할 기업입니다. 멀티플(멀티플의 개념은 이 책에서 자주 나오므로 여기서는 개념설명을 생략합니다) 40배에 3년 전까지 적자였기 때문입니다. 한국의 기업 [쿠팡]은 어떨까요? 세계적인 투자자 소프트뱅크 손정의 회장은 2015년에 쿠팡의 시가총액을 10조에 기반하여 투자했습니다. 실제 오늘날 쿠팡은 시장의 호평을 받으며 국내 온라인 유통의 높은 장악력으로 미국 나스닥에 직상장했을 때 가치평가 30조를 받는 기업이 되었습니다. 전통적인 가치투자자

- **안전마진**((Margin of Safety) 기업의 가치보다 훨씬 낮은 가격에 형성된 주식을 사는 것. 단번에 높은 수익을 올릴 수는 없으나 손해 볼 위험은 극히 적다. 안전마진을 구하는 공식은 여러 가지가 있다. 가장 중요한 것은 매출과 수익이다. 안전마진 여부를 판단하려면 불황기를 포함하여 장기간 어떤 실적을 냈는지 확인해야 한다.

입장에서는 두 곳 모두 적자 기업이기에 안 좋게 볼 수밖에 없습니다. 이처럼 표면적 재무 숫자에만 집착하다 보면 표면에만 함몰되어 정작 중요한 '보이지 않는 숫자'를 놓치는 우를 범할 수 있습니다.

[쿠팡]은 이미 오프라인의 전통적인 유통 강자 [이마트]를 넘어선 것으로 보입니다. 좁은 우리나라에서 마켓셰어 1위, 나스닥 상장 시 유입되는 신규 자금으로 물류와 배송에 더욱 혁신을 가해 독점적 1위를 굳혀나갈 것입니다. 이제는 비즈니스 모델(BM), 독점적 지위, 마켓 점유율 등이 당장의 매출보다 더 중요한 시대가 왔습니다.

전통적 개념에서의 가치투자 방식은 산업혁명 시대에 적합한 투자 개념이었습니다. '투자-노동 창출-이윤 창출'하는 시대에서 가능했던 발상입니다. 그러나 현재는 산업혁명 고성장의 끝자락입니다. 세계가 장기 저성장 국면이며 기업과 근로자 간 양극화는 날로 심화되고 있습니다. 기계와 IT 발달로 더 이상 노동 창출 효과는 미미해지고 있습니다. 100대 기업의 수익이 전체의 70%, 고용창출 4%입니다. 따라서 고용문제가 사회적 문제가 될 수밖에 없는 지금 전통적 산업의 BM은 몰락할 것입니다. 이제는 기업의 외형 이면의 성장가치를 봐야 합니다. 산업이 무너지면 멀쩡한 회사들이 갑작스런 영업손실을 냅니다. 지금은 서서히 회복되고 있지만 한때 조선업이 그랬습니다. 기업의 고용창출, 임금인상을 통해 소비를 이끌어내는 선순환 구조가 만들어지지 않는 시대입니다.

그렇다면 전통적 가치투자는 죽은 것일까요? 그렇지 않습니다. 절대 죽지 않습니다. 기업을 찾아 발굴하고 투자에 임하는 것이 예전보다 힘들어졌다는 것을 의미합니다. 성장가치투자는 앞으로도 계속 변할 것입니다.

미래성장 가치투자자는 전통 가치투자자와 달라야 합니다. 어떤 산업이 성장하는지 트렌드를 읽어내야 합니다. 지속적인 성장을 할 산업을 발견하고 그 속에서 옥석을 가리는 눈을 가져야 합니다. 기업이 성장하는 스토리를 주인의식을 가지고 지켜보아야 합니다. 끊임없이 공부해야 합니다. 본업에 충실하면서 많지 않은 물량을 보유하고 있어도 충분히 경제적 자유를 달성할 수 있습니다. 당연히 쉽지는 않지요. 자산 배분을 전략적으로 하면 됩니다. 투자를 조급하게 해서는 안 됩니다. 추적하고 믿고 기다리세요. 부자는 쉽게 만들어지지 않습니다. 자신이 진정 그럴 자격이 있는지 돌이켜보세요. 과연 내 자신이 그렇게 열심히 공부하고 투자했는지를.

많은 투자자들이 이렇게 말합니다.

"한국은 가치투자가 통하지 않는 시장이다."

- **박스피(boxPI)** 일정한 폭, 즉 박스 안에서만 지속적으로 주가가 오르내리는 코스피지수를 가리키는 단어. 박스(box)와 코스피(KOSPI)를 합쳐 만들었다. 주가가 상승할 경우에도 일정 수치 이상 상승하지 않고 하락할 경우에도 일정 수치 이하로 하락하지 않는 코스피를 말한다. '박스닥(boxDAQ)'은 코스닥에서의 같은 현상을 의미한다.

어느 정도는 그 말이 맞습니다. 실제로 우리나라는 '박스피'*라 불릴 동안 성장주들이 많이 오르지 못했습니다. 선물옵션 시장이 비대하게 커지면서 현물은 선물-옵션을 움직이는 데만 사용되는 현상이 있었습니다. 가치투자하는 사람들이 2020년까지 많이 힘들었고 코로나19 사태로 더 힘들어졌습니다. 그럼에도 결국 큰 부를 이루는 데는 가치투자가 핵심입니다. 주가는 가치에 수렴하게 되어 있기 때문입니다.

아빠의 포인트 레슨

○● 잃지 않는 투자, 그리고 복리의 마법을 가장 성공적으로 누릴 수 있는 게 가치투자이다. 저평가되고 소외된 기업을 미리 발견하고, 가치를 찾아 주가가 올라갈 때까지 시간을 기다리는 것이 가치투자이다. 그렇다고 가치투자가 무작정 기다리는 것은 아니다. 전략적으로 행동하면서 비중을 조정해 나가야 한다.

[Q & A] 묻고 답해 보세요!

Q 어떤 사람에게 '그 사람만의 가치가 있다'는 말은 무슨 뜻일까?

Q 어떤 기업에게 '그 기업만의 가치가 있다'는 말은 무슨 뜻일까?

Q 가치가 있는 기업의 예를 2~3개만 들 수 있겠니? 그 이유는 무엇이지?

5 | 주식투자에 복리의 마술이 있나요?

> 복리로 이익을 올린다는 말은 무슨 뜻인가요? 주식투자에서 복리로 꾸준히 수익을 올리면 정말 놀라운 결과가 나오나요?
>
> ● ○ ●
>
> 수익을 많이 올리려는 투기적 마인드보다는 잃지 않으려는 손실회피적 투자전략이 확실히 우월하다. 적은 수익이라도 수년의 시간이 흐를수록 복리 효과는 확실히 나타난다.
> 세스 클라먼

25와 40의 법칙

수익률 25% 종목을 40번 되풀이하면 어떻게 될까요?

여러분이 무엇을 상상하든 그 이상의 놀라운 결과가 나옵니다. 예컨대 1,000만원으로 투자를 시작해서 25% 수익을 내고, 그것을 복리로 40번 투자하면 752억이 됩니다. 무려 752억이요! 어떻게 이런 일

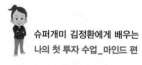

이 가능하느냐고 의문을 품는 사람들이 대다수입니다. 그러나 실제로 계산해보면 맞다는 사실을 알게 될 겁니다. 못 믿겠지만 사실이죠. 즉 불가능하지 않습니다.

그러니 우리는 천천히 가더라도 실패하지 않을 40개의 좋은 종목만 찾으면 됩니다. 주식시장은 소액으로 충분한 기회가 있는 시장입니다. 당신이 투자하고 있는 종목의 미래를 믿지 못하면 절대 부자가될 수 없습니다. 미국의 다우존스는 지난 100년 동안 대략 1000배 상승했습니다. 이토록 천문학적 상승을 할 수 있었던 이유는 경제성장률에 물가상승까지 더해졌기 때문이지만 가장 큰 이유는 복리에 있습니다. 주식의 '복리의 마법' 덕분에 누구에게나 인생의 기회가 열려있는 것입니다.

단리와 복리

단리(單利)는 일정한 시기에 오로지 원금에 대해서만 이자를 계산하는 방법이다. 이때 발생하는 이자는 원금에 합산되지 않기 때문에 이자에 대한 이자가 발생하지 않는다. 공식은 다음과 같다.

미래가치 = 현재가치 × [1 + (수익률 × 기간)]
* 수익률은 연이율이다.
100만원을 연 4%의 이자율로 3년 동안 단리로 저축하면

1,000,000원×[1+(0.04×3)]=1,120,000원

즉 100만원의 3년 후 미래가치는 1,120,000원이다.

복리(複利)는 원금을 포함해 이자에 이자를 붙여 계산하는 방법이다.

미래가치 = 현재가치 × (1 + 수익률)^{기간}

100만원을 연 4%의 이자율로 3년 동안 복리로 저축하면

1,000,000원×(1+0.04)^3=1,124,864원

즉 100만원의 3년 후 미래가치는 1,124,864원이다.

복리란 과연 무엇일까?

여기 1,000만 원이 있습니다. 이 돈을 이용해 25%의 수익을 내고 그것을 40번 반복하면 자그마치 750억이 넘습니다. 25%씩 40종목을 복리표로 만들어 한 종목씩 지워 가십시오. 그것을 지워갈수록 750억에 가까워집니다. 만약 1억을 갖고 시작하면 7,500억이 됩니다.

혹은 1,000만 원을 가지고 시작해서 매달 100만원 월급을 추가한

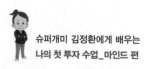

다면 그 기간은 더 짧아집니다. 누구나 할 수 있습니다. 그 전에 기업 분석, 기업에 대한 공부를 먼저 시작해야 합니다. 이 역시 누구나 할 수 있습니다. 이때 잘 생각해 보아야 합니다. 조급한 마음과 욕심에 투기를 하는 것인지, 급등주 따라잡기를 하고 있는 것은 아닌지. 복리를 위해서는 투기, 급등주 따라잡기는 절대 하지 말아야 합니다. 손실을 보면 순식간에 다시 원점 혹은 마이너스로 되돌아가기 때문입니다. 수익이 복리로 불려지는 만큼 손실도 복리로 불어난다는 점을 잊지 마세요.

많은 사람들은 투자의 목표를 구체적으로 세우지 않습니다. 부자가 되어 경제적 자유를 얻기 원하지만 막연한 기대를 안고 과정이나 노력을 무시한 채 얻어 걸리기를 바라고 있는 것은 아닐까요? 주식투자를 통해 부자가 되기 위해서는 선제적으로 준비해야 하는 것들이 있습니다. 최소한 내가 투자한 회사의 재무제표 정도는 볼 수 있어야 합니다. 내가 투자하는 종목의 적정 주가를 계산할 줄 알아야 합니다. 그래야 투자 여부와 진입 시점을 평가할 수 있습니다. 주식투자로 수익 내기는 쉽지 않습니다. 그 안에서 살아남기 위해서는 열심히 노력하고 제대로 공부하는 수밖에 없습니다. 다른 방법이 있는 것이 아닙니다.

그리고 자신의 그릇에 맞게 목표를 세워야 합니다. 많은 사람들이 복리의 마법에서 간과하는 것이 있습니다. '25% 수익 종목을 40번만 만나면 적은 돈으로 남부럽지 않은 부자가 될 수 있다'는 복리의 마법에는 무서운 사실이 숨어 있습니다. 바로 단 한 번도 실패해서는 안 된다는 것입니다. 그래서 종목 선정에 목숨을 걸어야 합니다. 잊지 마세요! 가장 중요한 포인트는 도중에 실패해서는 안 된다는 겁니다. 속도가 중요한 게 아닙니다. 정확도가 중요합니다.

아빠의 포인트 레슨

○● 주식시장은 적은 돈으로도 충분한 기회가 있는 시장이다. 내가 투자하고 있는 종목의 미래를 믿지 못하면 절대 부자가 될 수 없다. 미국의 다우존스는 100년 동안 대략 1000배 상승했다. 이토록 천문학적 상승을 할 수 있었던 이유는 경제성장률에 물가상승까지 더해졌기 때문이지만 가장 큰 이유는 복리에 있다. 주식의 '복리의 마법' 덕분에 누구에게나 인생의 기회는 열려있다.

[Q & A] 묻고 답해 보세요!

Q 복리가 무엇인지 설명해 볼래?

Q 만약 네가 꼭 돈을 빌려야 할 일이 있을 때 이자를 지급하는 것에 대해 어떻게 생각하니?

Q 눈사람을 만들 때처럼 돈을 굴리면 점점 커질까?

6 | 한국에서 태어난 게 행운이라고요?

한국에서 주식투자를 하는 것은 행운일까요? 아니면 불운일까요? 한국에서도 미국 주식에 투자할 수 있다고 하는데, 어떤 것이 더 좋나요?

• ○ •

주식 분석이란 거의 재미없고, 아주 사소한 것들까지 챙겨야 하는 어려운 작업이다. 따라서 기업을 제대로 평가하고 주식의 적정한 가치를 매기는 훈련을 충분히 쌓지 않는다면 주식투자는 패가망신의 지름길이 될 것이다.

랄프 웬저

왜 한국의 밸류에이션(멀티플 혹은 PER)은 10일까

한국 주식시장은 저평가된 시장입니다. 바로 그 때문에 투자하기 매력적인 시장입니다. 우리 아이들의 미래가 기대되는 이유이기도 합니다. 미국 다우존스는 밸류에이션이 20입니다. 여기서 밸류에이션은 멀티플 혹은 PER를 대체해도 같은 의미입니다. 배수의 개념으로 기업이 벌어들이는 돈이 몇 년이면 지금의 시가총액이 될 것이냐를 계산한 수치입니다. 다우존스의 밸류에이션이 20이라는 것은

기업이 벌어들이는 돈 × 20 = 다우의 전체 기업 시가총액의 합

이라는 의미입니다.

반면 우리나라의 밸류에이션은 10입니다. 왜 10밖에 안될까요? 북한과의 지정학적 리스크? 수급 문제? 기관의 역할? 여러 이유가 있습니다. 우리나라는 아직 재테크에서 주식투자 비중이 30% 미만에 머무릅니다. 나머지 70%는 부동산이고요. 미국 주식시장은 1978년부터 도입된 401k*에 힘입어 증시가 매우 활성화되어 있습니다.

  우리나라 주식시장이 활성화될 수 있는 여지는 많습니다. 게다가 한국의 기술과 문화 콘텐츠가 세계를 선도하는 중심에 한 발씩 더 다가서면서 우리나라 국가브랜드의 가치 상승 또한 기업과 주식시장에

● **401k** 미국에서 인기가 높은 퇴직 연금제도. 과세혜택 지원을 담은 내국세법
(IRC) 401조 k항이 추가된 데서 유래되었다. 근로자에게 과세대상 소득의 일
정 부분을 과세 이전에 연금제도에 적립할 수 있게 해주는 대표적인 확정 기
여(DC)형 연금제이다. 401k에 가입하면 근로자는 소득세 이연 혜택과 함께 연
간 14,000달러 불입금에 대한 소득공제를 받을 수 있다. 또 근로자가 401k에
매년 불입하는 금액에 일정 부분을 기업이 지원해준다. 401k는 독립적인 연금
제도로 운영될 수도 있고, 이익분배제도(Profit-sharing plan)나 주식상여제도
(Stock bonus plan) 형태로도 운영될 수 있다.

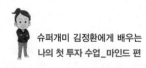

긍정적 요인으로 작용할 것입니다. 주식은 결국 가치에 수렴하게 되어 있습니다.

미국 국가 PER는 20 정도 되고 우리나라 국가 PER는 10 정도 됩니다. 유럽은 15~18입니다. 최근 우리나라 PER가 13까지 올라가면서 고평가라는 말도 나오고 있지만 한국은 성장하는 산업의 업종이 많기 때문에 유럽 수준인 15~18배는 받아야 합니다.

코리아 디스카운트의 원인은 투자를 투기라고 보는 금융 후진국 마인드, 기관에서 좋은 주식을 계속 보유하지 못하고 실적을 위해 단타(단기) 매매 위주로 하는 것, 정부에서도 주식투자나 간접투자, 나아가 장기투자에 대한 혜택이나 지원을 제대로 하고 있지 않은 제도적 환경, 주주친화적이지 못한 기업들 특히 대주주들이 기업을 자기 사적 재산으로 인식하는 선진화되지 못한 경영문화, 대주주 상속세 절감 혹은 비용 마련을 위해 일부러 기업가치(주가)를 떨어뜨리는 등의 여러 문제가 산재해 있습니다. 우리나라도 투자문화와 환경을 가치에 맞게 개선시킬 때가 왔습니다.

한국 증시는 전 세계에서 러시아 다음으로 제일 저렴합니다. 핵리스크와 지배구조, 그리고 저배당 등의 원인이 있지만 과연 이것만이 문제일까요? 물론 북한이라는 리스크 때문에 다른 나라 시장에 비해 더욱 이런 현상이 강하게 나타나는 것일 수도 있습니다. 코리아 디스카운트는 사실상 계속해서 문제로 제기되어 왔던 부분입니다. [그림 1]에서 보듯 전 세계에서 PER 기준으로 우리나라 증시가 2번째로 낮

[그림 1] 저평가된 한국 시장

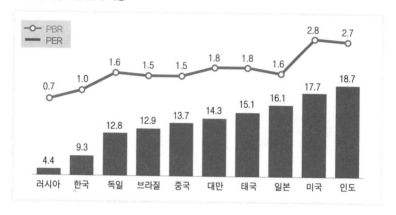

다는 것은 무엇을 의미할까요?

　주가에 비해 한국 기업들이 벌어들이는 이익은 20개 나라 중 2번째로 높다는 이야기입니다. 배당도 마찬가지입니다. 한국의 배당수익률은 1.6%로 인도 다음으로 낮습니다. 심지어 20개 나라의 평균 배당수익률은 3.2%로 한국의 2배 수준입니다. 다만 스튜어드십코드* 도입 등으로 인해 배당수익률 상승이 기대되고 있고 투명하지 못한 지

・ 스튜어드십코드(Stewardship code) 기관투자자들의 의결권 행사를 적극적으로 유도하기 위한 자율 지침. 스튜어드(Steward)는 집안일을 맡아보는 집사라는 뜻이다. 기관투자자들이 투자 기업의 의사결정에 적극 참여해 주주와 기업의 이익 추구, 성장, 투명한 경영 등을 이끌어내는 것이 목적이다. 2016년 시행됐으며, 국민연금이 2018년 스튜어드십코드를 도입해 투자 기업의 주주가치 제고, 대주주의 전횡 저지 등을 위해 주주권을 행사하고 있다.

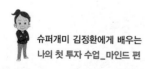

배구조 역시 어느 정도 해소될 것으로 기대되고 있습니다. 현재 우리나라 주가 수준을 낮게 만드는 요인들이 하나씩 제거되기 시작한다면 증시는 그만큼 상승할 수 있다는 이야기입니다.

다우존스, 나스닥의 고공행진을 지켜보면서 한국 주식시장의 맥없는 모습을 보면 가슴이 아픕니다. 결국 10년간 지수는 정체되어 다시 제자리로 돌아왔습니다. 일부 섹터들이 올랐으나 대부분의 섹터들은 바닥을 기고 있습니다. [그림 2]는 〈섹터와 산업의 분류〉입니다. 정확히 정해진 것은 아니지만 일반적으로 이 분류를 따릅니다.

우리 시장이 정체된 이유에는 여러 이슈들이 있으나 결국 수급 문제입니다.

첫 번째로 기관들의 단기매매가 문제입니다.

'10% 룰'이란 게 있습니다. 10%만 오르면 묻지도 않고 따지지도 않고 매도하는 단기적 매매 행태입니다. 장기적으로 종목을 들고 가기 힘들어졌습니다. 특히 최근 들어 기관들까지 정보매매에 치중하다 보

- **모멘텀플레이** 단기적으로 긍정적인 호재가 있는 곳을 찾아 집중적으로 매수하는 행위.
- •• **모멘텀 투자** 기관 또는 외국인투자자 등이 시장 분위기에 따라 '과도매수' 또는 '과도매도' 하는 것. 예컨대 지난 몇 개월간 이미 상승세를 보인 주식을 매입하는 투자를 말한다. 개별 기업의 실적이나 역량을 바탕으로 투자하는 전통적 방식과 대비된다. 모멘텀투자가 유행하면 대개 기업 펀더멘털과 관계없이 투자심리에 의해 주가가 결정되는 경우가 많다. 오르는 주식은 무조건 사들이고, 하락하면 내던지는 경향이 강하기 때문이다.

[그림 2] 우리나라의 산업 섹터와 분류

섹터	산업 분류	산업
금융	은행	상업은행, 상호저축은행
	기타 금융	창업투자 및 종금, 소비자 금융
	보험	보험
	부동산	부동산
	증권	증권
소재	소재	화학 건축소재, 용기 및 포장, 금속 및 광물, 종이 및 목재
산업재	자본재	건축자재, 건설, 전기장비, 복합산업, 기계, 무역, 조선
	상업 서비스	상업 서비스
	운송	항공, 해상, 육상, 운송 인프라
경기 소비재	자동차 및 부품	자동차 및 부품
	내구 소비재 및 의류	내구소비재, 레저, 섬유 및 의복
	소비자 서비스	호텔 및 레저, 교육
	미디어	미디어
	유통	도소매, 온라인 쇼핑, 백화점
필수 소비재	음식료 및 담배	음료, 식료품, 담배
	생활용품	가정 및 개인 생활용품
의료	의료장비 및 서비스	의료장비, 의료 서비스
	제약 및 바이오	제약, 바이오
에너지	에너지	에너지 시설 및 서비스, 석유 및 가스
IT	소프트웨어	인터넷 서비스, IT서비스, 일반 소프트웨어, 게임 소프트웨어
	하드웨어	통신장비, 휴대폰 및 관련 부품, 셋톱박스, 컴퓨터 및 주변기기, 전자장비 및 기기, 보안장비, 사무기기
	반도체	반도체 및 관련 장비
	디스플레이	디스플레이 및 관련 부품
통신	통신서비스	유선 및 무선 통신
유틸리티	유틸리티	전력 및 가스

니 모멘텀플레이*가 횡행합니다. 개인들은 간접투자를 멈추고 직접 시장에 뛰어들기 시작했고 기관들은 자본 확충을 통해 모멘텀 투자** 를 하니 시장은 급변하게 됩니다. 장기 가치투자를 하던 운용사의 제 후배들도 이미 투자방식을 바꾼 지 오래되었습니다. 기업의 실적보다 는 시장의 이슈에 따라 움직입니다.

두 번째로 과도한 파생시장입니다. 최근 들어서는 훨씬 더 영향력 이 커졌습니다. 과도하게 커진 선물옵션시장이 글로벌 도박장이 되어 버렸습니다. 꼬리가 머리를 흔드는 현상, 즉 왝더독* 현상이 일어나고 있습니다. 개인들은 카지노에서 돈을 버는 것이 아니라 업주들을 배 부르게 하고 있는 것입니다.

세 번째로 정부정책입니다. 증시를 살려야 한다는 정부의 의지가 보이지 않습니다. 나오는 관련 정책들이 대부분 근시안적이고 아쉬운 정책들뿐입니다. 공매도의 폐해를 강력하게 제재하고 기울어진 운동 장을 다시 세워야 함에도 미온적인 대책뿐입니다. 파생시장에 과세해 야 함에도 거래세를 낮춰 단기매매 활성화를 시키고 있습니다. 물론

- **왝더독**(Wag the Dog) "꼬리가 개의 몸통을 흔든다"는 뜻으로, 하극상 혹은 주객 전도의 경우를 말한다. 주식시장에서 선물시장에 의해 현물시장이 좌지우지되 는 현상을 일컫는다. 정상적으로는 현물에 의해 선물이 움직여야 한다. 선물거 래는 아직 시장에 나오지 않은 물건을 나중에 일정 가격에 팔고 사겠다고 미리 약속해 놓는 것으로 위험회피(Hedge)의 성격이 강하다. 왝더독은 기준물인 현 물이 기준물의 파생상품에 해당되는 선물에 의해 흔들리는 현상을 가리킨다.

거래세를 낮추는 것은 주식시장 활성화 측면에서 크게 보면 긍정적인 작용도 있습니다. 장기 투자문화를 활성화시켜야 함에도 대주주 양도세 비율을 확대시키고 있는 이상한 정책을 사용합니다. 외국인은 물론 제외입니다. 왕개미와 중개미들까지의 세금도 확대하고 있습니다.

그리고 마지막으로 정치와 언론입니다. 항상 어느 정권이든 반대 야당의 묻지마 반대와 비판, 몇몇 보수언론의 과도한 우려가 발목을 잡고 있습니다. 경제는 플라시보 효과*입니다. 과도하게 우려할 정도로 우리 경제가 나쁘지 않음에도 정권 획득만을 목표로 불안감과 공포심을 조장하여 경제를 더욱 피폐하게 만들고 있습니다.

소비는 미덕이라는 말이 있습니다. 소비가 일어나야 경제를 살릴 수 있음에도 미래에 대한 불안감에 시민들이 지갑을 닫고 있으니 내수가 갈수록 위축됩니다. 추경예산 투입을 빨리 대규모로 해야 합니다. 6~7조로는 턱도 없습니다. 20~30조 정도는 투입해야 합니다. 미국이 초호황을 유지하고 있는 것은 벤 버냉키(Ben Bernanke)가 헬리콥터에서 쏟아 부은 돈의 효과가 발휘되는 것입니다. 일단 내수를 살리기 위해 무엇이든 해야 합니다. 부동산 부양을 쓰면 단기간으로 끝나고 폐해만 더 커집니다. 유동성이 풍부한 주식시장 활성화가 내수

- **플라시보 효과(Placebo effect)** 의사가 효과 없는 가짜 약 혹은 꾸며낸 치료법을 환자에게 제안했는데, 환자의 긍정적인 믿음으로 인해 병세가 호전되는 현상. 심리적 믿음이 실제 효과로 나타나는 현상을 말한다.

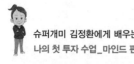

를 살리는 데 효과적일 수 있습니다.

물론 돈을 많이 풀면 통화 팽창에서 오는 버블 인플레이션이 오겠죠. 그럼에도 어쩔 수 없이 인플레이션을 용인해야 되는 상태가 있습니다. 즉 알지만 상황이 힘드니 버블을 보자는 겁니다. 그리고 버블이 왔을 때, 혹은 오기 전에 각국 정부는 또 다른 대책을 만들어 낼 겁니다.

소위 주식쟁이라 불리는 전업투자자를 비롯한 투자자들은 힘든 시장에서도 돈을 벌어야 합니다. 그냥 비판만 하며 넋 놓고 있을 수는 없습니다. 이 힘든 시기에 적든 크든 벌고 있다는 것에 감사해야 합니다. 상승장이든 하락장이든 우리는 투자를 멈출 수 없습니다. 시장은 여전히 살아 움직이기 때문입니다. 투자하기 좋은 날이 곧 올 것입니다. 우리 대한민국은 결코 쓰러지지 않습니다.

나스닥 폭락을 두려워하지 마라

나스닥이 3% 내외로 하락하면 투자자들은 걱정합니다. 그러나 고 밸류에이션에서 오는 발작이라고 봅니다. 조정장은 늘 오게 마련입니다. 이러한 조정은 깊지 않을 것이고 또 길지 않을 것이라 봅니다. 2020년 3월과 9월, 우리는 힘든 하락장과 조정장을 경험했습니다. 이 책을 읽는 독자 중에는 겪어보지 못한 분도 계실 겁니다. 그런데 지나고 보니 어떻게 됐습니까? 끝나지 않을 것 같던 힘든 장도 언제 그랬냐는

듯 전고점(이전 최고점)을 뚫고 다시 올라왔고 더 상승했습니다.

그러나 앞으로의 시장은 또 모릅니다. 다시 어려운 시기가 올 수도 있습니다. 아직은 시장이 크게 조정이 올 정도로 여러 지표들이 흔들리지 않는 모습입니다. 환율도 그렇고 원유도 그렇고 주로 보는 하이일드채권* 등등 해서 모든 지표들이 아무리 찾아봐도 문제가 있을 것 같지 않습니다. 항상 대비하되 너무 겁을 먹을 필요는 없습니다.

2020년 코로나19로 전 세계 글로벌 증시가 큰 폭으로 하락 후 빠르게 V자 반등이 나오면서 많은 종목들이 고-밸류에 있습니다. 여기에 편승하고자 떠나가는 버스를 붙잡고 문을 열어달라고 하고 있습니다. 그것은 절대 안 됩니다. 다음 버스가 올 때까지 기다리면 되는데도 출발하는 버스를 잡고 문을 두드릴 필요는 없습니다. 아무리 좋은 주식도 끝없이 가는 종목은 없기 때문에 비중을 줄이고 가치 대비 싼 저평가 종목을 사는 것이 투자자가 해야 할 가장 중요한 일입니다.

요즘 미국 주식, 미국 주식하는데 사실 지금까지 안정적으로 올랐고 무척 많이 올랐습니다. 한국이 멈춰 있을 때도 미국 주식은 끊임없이 올랐지요. 그에 반해 10년 전부터 우리나라는 박스피에 갇혀 있었고 미국 주식은 2~3배 넘게 올랐습니다. 특정 종목들은 4배, 5배, 심

---

* **하이일드 채권**(High yield bonds) 고수익·고위험 채권, 즉 신용등급이 낮은 회사가 발행한 채권이다. 원리금 상환에 대한 불이행 위험이 높지만 그만큼 이자율도 높다. 정상채권과 부실채권의 중간에 위치한 신용등급 BB+ 이하의 채권을 말한다.

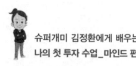

슈퍼개미 김정환에게 배우는
나의 첫 투자 수업_마인드 편

지어 10배까지 올랐습니다. 우리 기업들이 계속 저평가 받는 상황에서도 안정적으로 돈을 버는 구조를 만들어야 했습니다. 지금 [LG화학]이나 [삼성전자] 등이 좋은 소식이 많이 들리고 시장에서도 반영하고 있습니다.

왜 우리나라만 저평가를 받아야 할까요? 저는 그 이유를 모르겠습니다. 다만 글로벌 자금의 흐름이 한국으로 오지 않고 공매도(주가가 하락하면 이익이 나는 주식투자 방법)나 기울어진 운동장 속에서 외국계 세력들이 우리나라 종목들을 숏을 치면서 저평가 상태에 있다가 최근 이제 고개를 겨우 드는데요, 이 상황에서 한국의 저평가 종목을, 미국 고평가 종목과 비교해 미국 증시 폭락이 오면 한국도 큰 영향을 받겠지만 그렇지 않을 수도 있습니다. 우리 시장의 유동성은 너무 뛰어나고 동학개미°들이 2020년 9월 기준으로 60조나 되는 자금을 대기하고 있고 외국인이나 기관들이 던지는 물량들을 여지없이 받고 있습니다. 기관이나 외국인들은 물량을 털려가고 있으니 조급한 것은 그들이지 우리 개인투자자가 아닙니다. 그러므로 우리는 기업에 집중하고

● **동학개미** 2020년 시작된 코로나19 사태가 전 세계로 확산되며 장기화됨에 따라 주식시장에 등장한 신조어. 코로나19로 증시 폭락이 거듭되는 가운데 개인 투자자들의 대규모 매수세와 외국인 투자자들의 대규모 매도세가 맞물리는 상황을 1894년 일어난 동학농민운동에 빗댄 것이다. 실제로 2020년 3월에 외국인들은 10조 원어치의 한국 주식을 매도한 반면 국내 개인투자자(개미)들은 9조 원 가까이 사들인 것으로 나타났다.

주식시장의 저평가를 항상 기억하고 있어야 합니다. 2020년 11월 한국 증시의 대기자금이 65조 원을 넘어 역대 최고치를 경신했습니다. 유동성의 힘은 이렇게 무서울 정도로 큽니다.

저는 늘 조정에 대한 이야기도 하고 희망 섞인 이야기도 하고 조정을 대비해 현금 확보 포지션에 대해 이야기도 하지만, 오늘 내일은 아닙니다. 누가 뭐라 해도 현금을 보유하지 않고 그냥 지금 포지션을 유지하는 것이 중요합니다. 왜냐하면 제가 보는 포지션 상에서 우리나라 시장은 죽었다 깨어나도 더 이상 2020년 3월과 같은 조정이 크게 올 수 없는 시장입니다. 저는 위험하다면 위험하다고 말씀 드립니다. 물론 포지션이 바뀔 수 있겠지만 현재 저의 관점에서는 절대 아닙니다.

그러니 여러분은 새벽잠 못 자며 나스닥 쳐다보지 마세요. 우리 시장이 미국 시장보다 훨씬 저평가되어 있으니 우리 주식시장에 더 애정을 가져주기 바랍니다. 관심을 가지고 공부하면 한국 시장에 좋은 기업들이 참 많습니다. 환율을 비롯해 모든 거시적 환경이 더욱더 이머징 마켓*이 유리해진다는 사실을 명심하세요. 1983~93년 10년 동

---

* **이머징마켓**(emerging market) 자본시장 부문에서 급성장하여 떠오르는 신흥시장을 가리킨다. 처음에는 1인당국민소득이 1만 달러 내외인 아시아 개발도상국의 주식시장을 지칭하는 용어로 사용하였으나, 이후 개발도상국 가운데 경제성장률이 높고 산업화가 빠른 속도로 진행되는 국가의 시장을 통칭한다. 국제자본의 관점에서는 고수익을 노리는 금융자금이 대규모로 유입된다는 점에서 개발도상국의 자본시장 발전 정도를 가늠한다.

안 나스닥은 10배 올랐습니다. 한국 시장은 멈춰 있었죠. 그리고 우리 시장은 그 이후로 10배 상승합니다. 시장은 돌고 돕니다. 우리 시장에 더 많은 애정과 사랑을 보여주십시오. 한국 기업들은 아주 튼튼하고 미래가 밝습니다. 걱정하지 말고 투자를 하더라도 저녁에 잠은 꼭 푹 주무시기를 부탁드립니다.

주식은 복리로 불어나기 때문에 한국 증시에서도 충분히 누구나 슈퍼개미가 될 수 있습니다.

개미와 슈퍼개미의 특징

여기서 개미와 슈퍼개미에 대해 살펴보겠습니다. 주식투자를 하는 개인투자자들을 '개미'라 부릅니다. 언제부터 이 단어가 사용되었는지는 정확히 알 수 없습니다. 개미로 출발해 대 성공을 거둔 개인투자자는 '슈퍼개미'라 불립니다. 인터넷 〈나무위키〉에서는 개미들의 특징을 이렇게 정의하고 있습니다.

- 주식투자에 자신만의 원칙이 없다.
- 매매 타이밍을 잘못 잡는다.
- 주가가 오르는 중이면 판다.
- 주가가 올랐으면 산다. 어떤 종목이 사상 최대의 실적을 달성했

다는 기사가 뜨면 그 종목을 매수한다. 하지만 이미 주가에 반영되어 있는 경우가 대부분이다. 따라서 개미는 꼭지에서 사게 되고 세력들의 물량받이가 된다. 개미들이 돈을 잃는 가장 큰 이유이다.

- 주가가 떨어지면 판다.
- 분할매매하지 않는다.
- 포트폴리오를 제대로 구성하지 못한다.
- 분산투자하지 않는다. 한두 종목에 올인한다.
- 분산투자를 하기는 하는데 이상한 기준으로 한다.
- 매수가보다 낮은 가격에 판다.
- 손절을 잘 못한다.
- 상장폐지 될 위험이 있는데도 가격이 내리는 주식을 팔지 못한다.
- 종목 분석, 시황 파악을 할 줄 모른다.
- 기본적 분석을 할 줄 모른다.
- 가치분석도 모르며 기본적 재무제표조차 모른다.
- 주가가 단기이동평균선을 골든크로스하면 매수한다.
- 모든 뉴스에 과잉반응하며 악재와 호재가 장/단기인지 구분도 못한다.
- 무의미한 정보와 루머에 현혹된다.
- 해외시황을 분석할 줄 모르고 관심도 없다. 실제로는 국내시장

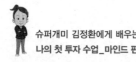

도 잘 모른다.

- 투자종목 선택을 할 줄 모른다.
- 평소에 이름을 많이 들어본 대형주라는 이유만으로 매수한다.
- 잦은 매매로 세금과 수수료가 뜯긴다.
- 아무 증권사나 선택해서 증권사의 배만 불려준다.
- 돈을 잃으면 본전 생각에 평정심을 잃는다.
- 결국 빨리 원금을 되찾고 싶어서 선물, 옵션, ELW 등 파생상품에 입문한다. 성공하면 단기간에 400% 수익을 낼 수 있지만, 실패하면 400% 손해를 입는다. 개미들은 꼭 자신이 성공할 것이라 굳게 믿는다.
- 수익을 내면 자기가 잘해서 수익이 난 것으로 착각한다. 결국 그 수익은 쥐꼬리만 하다.
- 믿어야 할 사람은 믿지 않고, 믿지 말아야 할 사람은 무조건 믿는다.
- '자칭' 전문가들의 주식강연회에 자주 참여한다.
- 기관이나 외국인을 전혀 두려워하지 않는다.
- 단기간에 대박을 원한다.
- 월 10%, 연 100% (1년만에 2배 불리기) 등의 허황된 망상을 쫓는다.
- 미수 신용 혹은 대출받아서 투자한다.
- 장기투자하지 않는다.
- 시장에 역행해서 이길 수 있다고 착각한다.

- 장중에 시장 상황을 체크하지 않는다.

무려 35개에 달하는 단점을 열거하고 있습니다. 실제로는 이보다 더 많습니다. 위 글을 읽고 무슨 말인지 문장 자체가 전혀 이해되지 않는다면 차라리 희망적입니다. 아직 주식투자에 입문하지 않았거나 완전 초보단계이기 때문에 제대로 배워나가면 좋은 투자자가 될 수 있기 때문입니다. 그런데 다 이해가 가고 스스로 자신이 해당되는지를 판단하고 있다면 조금 위험하네요. 혹시 "나는 하나도 해당되지 않는다"고 생각하는 분은 없겠지요.

이에 반대되는 슈퍼개미는 이렇게 정의됩니다.

"일반적인 개미 투자자에 비해 월등한 실적을 거둬 수십~수백억을 번 사람"

그리고 경고도 잊지 않습니다.

"슈퍼개미라는 용어를 무분별하게 홍보용으로 사용하여 수많은 개미들의 눈에 피눈물 맺히게 한다."

제가 생각하는 슈퍼개미의 정의는 5% 이상의 지분을 공시한 사람 또는 실제 큰 규모의 투자금 계좌를 인증한 개인투자자입니다. 공개적으로 증명되지 않은 채 자칭 '슈퍼개미'라는 용어로 타인에게 피해를 끼치거나 이용하는 나쁜 사람들은 시장에서 퇴출되어야 합니다.

실제 슈퍼개미는 일반 개미투자자들에 비해 투자금이 워낙 크기 때문에 시장 영향력이 큰 것은 사실입니다. 여러분들이 주식시장 안에서 슈퍼개미의 먹잇감이 되지 않고, 주식투자에 성공한 개미가 되기 위해서는 위의 35개와 다르게 행동하면 됩니다. 즉 자신의 원칙이 있어야 하고, 포트폴리오를 구성할 줄 알아야 하고, 재무제표를 볼 줄 알아야 합니다. 결론은 열심히 공부해야 합니다.

또 하나, 주식투자의 큰 성공은 시장이 좋아야 한다는 전제 조건이 있습니다. 다행히 지금 한국은 대세 상승에 진입해 있습니다. 이 장이 오래 지속되길 기도해야 부를 얻을 수 있습니다. 코스피는 3,500포인트 이상 가능합니다. 우리나라만 오르지 않아서 '박스피'라는 별명을 갖고 있는 현실에서 볼 수 있듯 한국의 미래는 아주 밝습니다.

 아빠의 포인트 레슨

- 우리나라 주식시장은 박스피에 갇혀 있지만 활성화될 여지는 많다. 한국의 기술과 문화 콘텐츠가 세계를 선도하는 중심에 한발씩 더 다가서면서 국가브랜드의 가치 상승 또한 기업과 주식시장에 긍정적 요인으로 작용할 것이다. 주식은 결국 가치에 수렴하게 되어 있다.

[Q & A] 묻고 답해 보세요!

Q 주식투자가 무엇인지 알고 있니? 주식투자에 대해 어떻게 생각하니?
Q 너에게 10만원 정도의 돈이 있고, 누군가 주식투자를 해보라고 권하면 할 생각이니? 그 이유는? 하지 않는다면, 그 이유는 무엇이니?

7 | 미성년자인데 주식투자가 가능해요?

아직 18살이 되지 않았는데 주식투자를 할 수 있나요? 어떤 방법이 가능한가요? 아빠들이 자녀에게 통장을 만들어주면 어떤 장점이 있나요?

● ○ ●

돈이란 헛된 기대에 부풀어 있는 도박꾼에게서 흘러나와 정확한 확률이 어디에 있는지 아는 사람에게로 흘러들어가게 마련이다.

랄프 웬저

이제 무조건 '서울대'보다는 경제 관념이 중요

아직 대학에 다니는 아들딸에게 주식투자에 대해 가르치라고 하면 대부분 펄쩍 뜁니다.

"열심히 취직 공부해야 할 나이에 무슨 얼어 죽을 주식이야!"

라고 하면서 손을 내젓습니다. 그러한 부모들에게 중학교 때부터

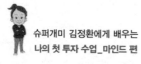

재테크를 가르쳐야 한다고 말한다면?

당연히 대꾸조차 하지 않습니다. 영화속 대사처럼

"어이가 없네!"

라고 생각하는 것이지요. 세계에서 가장 잘사는 민족인 유대인은 말할 것도 없고, 미국과 유럽의 부모들은 자녀들에게 어렸을 때부터 실질적인 경제 공부를 시킵니다. 체계적인 공부까지는 아니라 해도 경제에 대한 관념을 일찍이 잡아 줍니다. 세계적인 대기업, 글로벌 기업의 창업자들은 예외 없이 어렸을 때부터 혼자 힘으로 돈을 벌었던 사람들입니다.

자녀를 사랑한다면(당연히), 그 자녀가 어른이 되어 경제적으로 여유로운 삶을 살기를 바란다면 어렸을 때부터 경제 공부를 시켜야 합니다. 이제는 더 이상 무조건 명문대를 나와 좋은 직장을 가져야 한다고 강요하지 마세요. 초등학교 1학년 때부터 온갖 과외와 개인지도를 시키느라 교육비에 부모의 허리는 휘고, 아이의 꿈은 무시되고, 더 이상 자신이 받았던 것처럼 자녀의 작은 어깨를 무겁게 하지 마시길 바랍니다. 스스로의 삶을 개척해 나가는 강인함과 현명함을 키워주는 것이 진정 부모로서 해야 할 일입니다.

뉴스에서 기업의 오너가 어린 아들딸에게 주식을 증여한다 하여 "나는 대기업 회장이 아닌데…"라고 한탄할 필요 없습니다. 소량의 주식으로도 아들딸에게 증여하여 경제에 대한 관념, 재테크의 올바른 방법을 얼마든지 일깨워줄 수 있습니다. 또 일찍 시작할수록 복리의 마법을 통해 성공의 시점은 앞당겨질 수 있습니다.

미성년자에게 주식 증여는 다음과 같은 방법으로 합니다.

증여 받는 자녀를 기준으로 10년 합산 2천만 원까지 세금이 면제됩니다. 2천만 원 초과는 구간별로 다릅니다. 2천 초과 후 1억까지는 10%이며, 그 이상은 20%입니다. 예를 들어 5천만 원을 증여하면 2천만 원까지는 면세이고, 초과 3천만 원에 대해 10%인 300만 원을 세금으로 냅니다. 그러나 처음부터 이렇게 큰돈으로 하지 않아도 됩니다.

우선, 홈텍스(www.hometax.go.kr)에서 직접 증여세 항목을 찾아 기입하고 신고합니다. 이때 증여하는 부모가 아니라 증여 받는 자녀명으로 로그인해서 (회원가입 또는 비회원) 신고합니다. 따라서 어린이 공인인증서가 필수이므로 반드시 은행에서 자녀 계좌를 개설할 때 만들어야 합니다. 주식으로 증여하는 경우에는 증여 시점 전후 1개월 평균주가 적용 등의 규정이 있기 때문에 주식을 증여하지 않고 현금으로 증여해도 됩니다. 증여금이 입고된 통장의 잔액증명서 사본 파일, (부모가) 이체한 내역 증빙 등 홈텍스에 첨부할 서류가 필요합니다.

은행계좌 개설 및 연계 주식계좌 개설

어린이는 대부분 비대면 계좌 개설이 안 되므로 부모가 함께 가야 합니다. 필요 지참물은 다음과 같습니다.

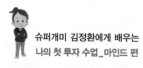

① 자녀 기본증명서(상세, 주민번호 전부 공개)

　　* 은행에서 안 돌려주는 경우 및 홈텍스 신고 대비해서 여분 발급 추천.

② (부모와) 가족관계증명서(상세, 주민번호 전부 공개)

　　* 마찬가지로 여분 발급 추천

③ 부모(보호자, 대리인) 신분증

④ 자녀 도장

　　* 부모 도장이 통용되었는데 은행마다 다른지 확인 필요

은행연계로 증권계좌(국내 및 해외 각각)를 개설하고, 증권계좌 연계 통장 발급과 증권계좌를 발급 받으면 됩니다. 어린이 통장에는 하루 30만 원 밖에 입금되지 않습니다. 그러므로 자녀 앞으로 별도로 청약통장을 개설하면 하루 30만 원 넘는 돈도 오갈 수 있습니다.

은행에서 반드시 해야 하는 것은

① 자녀 은행계좌 개설

　　* 1일 입금 30만원 제약이 있으므로 청약통장 추가 개설

② 증권계좌 개설(국내 및 해외 각각)

③ 인터넷 뱅킹 신청

　　* 인터넷 뱅킹없이 100만원 이상 보내려면 부모가 함께 내방해야 함

④ 자녀의 공인인증서 발급

⑤ 인터넷 뱅킹의 하루 송금 최대액 확인 후 증여하고자 하는 금액 까지 문제없는지 확인

그 외에 증여하고자 하는 금액까지 자녀 계좌로 송금되었다면 자녀 계좌의 잔액증명서를 발급받습니다. 이는 홈텍스 신고 시 사본이 필요하기 때문입니다. 홈텍스에서 자녀 공인인증서로 로그인하고 증여세 신고하는 항목을 찾아 신고합니다. 필요서류(잔액 증명서, 부모계좌의 이체 내역, 가족관계증명서, 기본증명서 등)를 재확인합니다. 정상적으로 신고가 완료되었다면 이후 은행에서 만든 증권계좌로 이체 후 국내 또는 해외 주식을 매수/매도하면 됩니다.

상장 주식에 대해서는 잦은 매수가 아니라면 자녀와 협의해서 매수했다고 소명할 수 있습니다. 이렇게 하면 주식이 상승하는 경우에도 증여세 이슈에서 자유롭습니다. 금액과 상관없이 홈텍스에서 신고하는 것이 객관적으로 소명하기 쉬우므로 꼭 신고하기를 권합니다. 면세 최대액 2천만 원만 증여할 것인지, 그 이상 증여하고 세금 낼 것인지는 상황에 따라 판단해야 합니다.

예를 들어 5천만 원을 증여하고 몇 년 뒤 1억이 될 것으로 기대된다면, 우선 세금 300만 원을 납부하지만 몇 년 후 아이는 1억의 자산을 보유할 수 있습니다. 아니면 2천만 원 증여 후 3천만 원은 부모가 직접 운용하는 방법도 있습니다. 각 2천과 3천의 수익을 얻어 몇 년

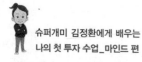

뒤 1억이 되고 그때 6천 만을 증여하면, 10%인 600만 원을 세금으로 내면 자녀는 동일한 1억 자산을 보유하게 됩니다.

이처럼 큰돈이 아니라 100~200만 원으로도 충분히 시작할 수 있습니다. 중요한 것은 아이에게 경제관념, 올바른 재테크 기법을 가르쳐주는 것입니다. 자녀는 "내 통장으로 된 재산이 있다"는 사실을 큰 자긍심으로 여길 것입니다. 그리고 부모를 존경하게 됩니다.

아빠의 포인트 레슨

∘• 아들딸이 어른이 되어 경제적 여유로움을 누리는 사람, 자신의 꿈을 스스로 개척해가는 자유로운 사람, 우리 사회를 풍요롭게 만드는 사람으로 키우고 싶다면 어렸을 때부터 경제 공부를 시켜야 한다. '무조건 서울대' 식의 구시대적 사고에서 부모가 벗어나야 한다.

[Q & A] 묻고 답해 보세요!

Q 네 이름으로 통장이 생기면 어떤 기분이 들까?

Q 스스로 돈을 벌어 통장을 만드는 것과, 아빠가 준 돈으로 만드는 것과는 느낌이 어떻게 다를까?

Q 지금부터 열심히 투자하면 10년 후에는 얼마를 모을 수 있을 것 같아?

8 | 중요한 시험을 준비하듯이 철저하게

주식투자를 시험공부 하듯이 하면 정말 더 좋은 결과가 나오나요? 평소 공부하지 않아도 벼락치기 하거나 운이 좋아서 100점을 맞는 아이도 있는데….

• ○ •

신은 인간 하나하나를 시험한다. 부자에게는 부자에 맞는 방법으로, 빈자에게는 빈자에 맞는 방법으로 시험한다. 부자에게는 도움을 필요로 하는 사람이 손을 뻗쳐 시험하고, 빈자에게는 불평불만 없이 순종하며 고통을 이겨내는가 시험한다.

탈무드

투자 공부도 기초부터 차곡차곡

저의 일상은 항상 루틴이 정해져 있습니다. 투자활동뿐 아니라 운동과 사우나처럼 매일 반복되는 일상 속에서 변하지 않는 패턴이 있습니다. 워낙 오랫동안 반복적인 생활을 해왔기 때문입니다. 너무 지루하지 않냐는 반응도 있는데요, 제게는 이러한 삶이 일상화되어 있기 때문에 주식투자자의 삶이란 항상 이러하다고 생각합니다. 그렇게 특별한 이벤트는 없지만 그래도 저는 굉장히 재미있게 살아가고 있습니다.

투자자에게는 특별한 이벤트들이 여러 가지가 있습니다. 투자를 하면서 정말 많은 기업들을 보고 공부를 하고, 또 그 기업들과 관련한 이벤트가 매주, 매일매일 새롭게 나오기 때문에 그런 것들을 기대하면서 가슴 떨리는 삶을 살고 있습니다. 다음 주에는 또 시장이 어떻게 될 것인지 예측하면서 기대도 하고 걱정 반, 우려 반 속에 지내게 됩니다. 투자를 시작하면 지루할 틈이 없습니다. 세상의 모든 정보에 민감해지기 때문입니다.

제가 주린이들에게 당부하는 것은 자신에게 행복비용을 쓰라는 것입니다. 이 조언을 진정성 있게 하는 이유는 저도 여러분과 똑같은 과정을 거쳐왔기 때문입니다. 저 역시 절실했기에 나 자신에게는 유독 인색했습니다. 투자를 하다보면 항상 돈을 아끼느라 자신에게 소홀했고, 선물은 사치라 여겨 꿈도 꾸지 못했습니다. 그러한 것이 습관이 되다보니 경제적 자유를 이룬 지금에도 잘 바뀌지 못합니다.

제가 유튜브를 시작하고 많은 구독자분들을 만나고 관계가 돈독해지면서 선물을 많이 보내주십니다. 그 선물 중에는 평소에 비싸서 잘 먹지 못하던 산해진미들도 있습니다. 참 감사하고 고마운 일입니다. 직접 낚시로 잡았다는 큰 자연산 갈치는 처음 먹어보았습니다. 이렇게 돈을 벌어도 마음 편히 실컷 먹지 못하기 때문에 여러분이 어떻게 사실지도 뻔히 알고 있습니다. 그래서 저처럼 살지 않으셨으면 합니다. 그런 점에서 저도 요즘은 옷도 좀 사면서 자신을 위해 돈을 쓰려고 노력하고 있습니다. 물론 자식에게는 아끼지 않습니다. 저와는 다르게 자식만큼은 더 행복하고 풍족하게 살았으면 하는 마음, 이는 저뿐 아니라 모든 부모님들의 마음 아니겠습니까?

투자자의 삶은 항상 힘듭니다. 매일매일 반복되는 일상 속에서 부지런히 공부해야 되고 하나라도 놓칠 수 없기 때문에 쉬지 못하는 여정입니다. 그런 노력들을 통해 경제적 자유를 조금씩 이루어갑니다. 그래서 중요한 시험을 앞두고 공부하듯이 투자를 해야 합니다. 우리는 지금까지 살아오면서 수없이 많은 학교 시험, 그리고 대학입시를 치렀고, 여러 자격시험, 입사시험도 거쳤습니다. 공부를 하는 이유는 솔직히 시험을 잘 보기 위해서이지 않았습니까?

그래서 저는 항상 강박증이 있었습니다. 그 강박증 때문에 항상 극심한 긴장 속에서 시험을 치렀습니다. 주식투자도 다르지 않습니다. 평소에 공부를 해야 하며 그 공부는 단계가 있습니다. 초등학교, 중학교, 고등학교 과정을 거치듯 투자 공부도 기초부터 차곡차곡 쌓여 있어야만 제대로 성적을 내서 좋은 결과를 받을 수 있습니다. 평소에 공부가 되어 있지 않고 실력이 쌓이지 않은 상태에서 수능시험을 잘 볼 수 있을까요? 주식투자도 마찬가집니다.

뚜렷한 목표가 슬기로운 투자생활로 이어진다

2020년 들어 많은 주린이들이 너무 조급하게 주식시장에 들어왔습니다. 몇 달밖에 안 됐는데 벌써 고등학교 시험문제를 풀고 있습니다. 그렇게 시험을 본다 해서 점수가 잘 나올 거라고 생각하는 것은 오산입니다. 몇 번 찍어서 답을 맞출 수는 있습니다. 그러나 우연은 우연일 뿐입니다. 실력이 아닙니다. 인수분해도 못하면서 미적분 풀기를 기대할 수 없듯이 그 기업의 기초도 알지 못하고, 재무제표도 파악하지 못한 상태에서 투자수익이 제대로 나올 수는 없습니다. 그 열정은 좋으나 무리하게 달리는 것은 아닌가 되돌아 볼 필요가 있습니다.

제가 유튜브에서 강연을 하는 이유는 여러분들의 시간을 줄여주기 위해서입니다. 기말고사처럼 범위가 정해져 있는 시험을 한번 생각해 보세요. 저 역시 유튜브에서 범위를 정해놓고 설명을 합니다. 예를 들어, 반도체 섹터, OLED 섹터 등에 대해 설명한 다음 기업에 대해 분석합니다. 여러분들이 단기간에 집중 공부해서 좋은 성적이 나올 수 있도록 하기 위해서입니다. 그러나 이는 일순간입니다. 기말고사가 아닌 전체 시험, 즉 수능을 볼 때는 각자의 실력이 여실히 드러나고 맙니다.

따라서 평소에 실력을 끊임없이 쌓아야 합니다. 투자를 할 때는 족집게 강사가 하나하나 찍어주면 도움이 되지만 결국 시장에서 살아남으려면 투자 주체인 자기 스스로 발전해서 혼자 문제를 풀 수 있어야 수익이라는 달콤한 성적이 나옵니다. 정답을 내는 과정까지 스스로 풀어낼 수 있어야 어떤 상황에서도 응용할 수 있고 자기 것으로 만들 수 있습니다. 시험은 결국 혼자 보는 것입니다.

'얼마에 사서 얼마에 팔았다'는 것은 일시적인 수익에 지나지 않습니다. 왜 그 가격에 사서 왜 그 가격에 팔았는지 스스로 이유를 댈 수 있어야 합니다. 자신이 열심히 한만큼 수익으로 돌아오면 힘은 들지만 무척 즐겁고 행복합니다. 그러니 지금 초등학교 공부를 하면서 고등학교 시험 문제가 안 풀린다고 힘들어 하지 마세요. 초등학교 문제 풀고, 중학교 문제 풀고, 고등학교 문제를 풀면 됩니다. 더뎌보여도 그것이 성공으로 가는 빠른 길입니다. 스스로 풀게 되면 어느 순간 실력도 많이 쌓이고, 특히나 기업을 분석해 집중 투자를 하면 복리로 놀라운 수익을 올릴 수 있습니다.

주식투자는 매 시즌 돌아오는 시험을 위해 공부하는 겁니다. 우리는 열심히 준비해서 아주 좋은 주식을 싸게 사서 높은 가격에 매도했을 때 시험을 잘 봤다고 평가합니다. 그러니 주식을 매수하고 기업을 공부하는 과정들이 바로 중요한 시험을 앞두고 공부하는 과정이라 생각해야 합니다. 고등학교 때 하던 공부는 사실 대학진학을 목표로 하는 공부입니다. 많은 학생들이 명확한 목표 없이 등 떠밀려서 합니다. 이제 그 시기는 지났습니다. 자신과 가족의 미래에 스스로 책임을 져야 합니다. 뚜렷한 목표를 지니고 공부를 하면 아주

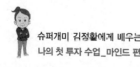

멋지고 슬기로운 투자생활을 할 수 있습니다.

'슬기로운 주식투자생활' 유튜브 강의 보러가기 ▶

아빠의 포인트 레슨

∘● '얼마에 사서 얼마에 팔았다'는 것은 일시적인 수익에 지나지 않는
다. 왜 그 가격에 사서 왜 그 가격에 팔았는지 스스로 이유를 댈 수
있어야 한다. 자신이 열심히 한만큼 수익으로 돌아오면 힘은 들지만
무척 즐겁고 행복하다.

[Q & A] 묻고 답해 보세요!

Q 벼락치기로 공부해서 성적이 잘 나오면 그것이 진짜 실력일까?

Q 나의 진짜 실력으로 만들려면 어떻게 공부해야 할까?

Q 어떤 물건을 싸게 사서 비싸게 팔아 이익을 보았다면, 그것을 지속적으로
하기 위해서는 어떻게 해야 할까?

아빠와 딸 이안이의 주식 공부

상상력이 비즈니스가 된다

오늘은 찰리 멍거의 4가지 투자 원칙에 대해 이야기를 나눠볼까. 이 안이는 찰리 멍거가 누군지 아니?

워렌 버핏의 친구.

그렇지. 버핏의 친구이자 투자 파트너였어. 둘 다 가치투자를 추구했지. 아빠는 혼자 투자를 해왔잖아. 버핏은 곁에 찰리 멍거 같은 아주 좋은 친구가 있는 거야. 그래서 조언도 얻고 마인드 관리도 서로 도와줄 수 있고 정보도 나눌 수 있었지. 버핏은 현재 80세가 넘었는데도 활발하게 투자 활동을 하고 있어. 아빠는 혼자 외롭게 투자하고 혼자 공부를 하다보니 가끔은 누군가의 조언이 필요할 때가 있어. 중요한 판단을 내려야 할 때 누군가와 의견을 조율하고 싶은데 그런 친구가 없었어. 그래서 이안이가 빨리 커서 아빠에게 멍거와 같은 존재가 되어줬으면 좋겠어.

응~ 알겠어!

요즘 아빠가 미국 드라마 '빌리언즈'(Billions : 월스트리트의 헤지펀드

거물과 연방검사의 대립을 그린 드라마)를 열심히 보잖아. 주인공이 액슬로드야, 아빠와 비슷한데 그 옆에 웩스라는 파트너가 있어. 그래서 어려운 일이 생기면 다 막아주지. 그리고 심리 상담을 해주는 웬디 로즈라는 의사도 나오지. 상담을 통해 사람들의 마음을 잡아줘. 근데 아빠는 모든 걸 혼자 견뎌 왔잖아. 게다가 다른 사람의 마음을 잡아주는 역할을 해왔지. 그게 아빠의 어려운 점이었어.

아. 그랬었구나!

이안이가 아빠 마음을 알아주는 것만으로도 고마워. 이제 찰리 멍거의 투자원칙에 대해 이야기해볼까? 일단 해자에 대한 이야기를 빼놓을 수 없지. 아빠가 항상 기업을 선택하는 기준은 멍거식보다는 아빠 버전으로 더 발전시킨 거야. 기본을 굉장히 중요시 여기지. 기업이 성장하고 있는가, 재무제표는 안전한가, 돈을 지속적으로 벌 수 있는 사업(비즈니스 모델)인가를 살피지. 여기에 항상 플러스 원이 필요해. 즉 정부 정책에 수혜를 받을 수 있는가를 파악하는 거야.

아하~!

예를 들어 정부에서 디지털 뉴딜, 휴먼 뉴딜 등의 정책들을 대대적으로 펼치잖아. 그럼 내가 투자하는 기업이 그 카테고리 안에 들어가 있느냐를 체크해야 해. 왜냐면 정부에서 정책적으로 추진한다는 것은 그 산업에 돈을 투자하고 규제를 풀어준다는 뜻이거든. 그 다음에 중요하게 생각하는 것이 기술적 해자야. 이 기업이 지닌 기술적 해자가 얼마나 강하냐를 살펴봐야 해. R&D에 얼마나 투자해서 기술을 축적했는가 등을 봐야 하지. 그리고 그 기술이 전방산업에서 많이 쓰일 수 있는 것이냐, 관련 특허는 어떤 것들을 가지고 있는가, 전방 산업을 이끄는 주요 선도(대)기업과 어떤 관계를 가지고 있는가 등을 다 살펴보는 거야.

와~ 이 책에도 다 나온 내용이야. 아빠도 같네?!

그럼! 그 다음에는 아주 똘똘한 자회사들을 얼마나 가지고 있는가를 보는 거야. 또 기업의 CEO가 얼마나 성실한가도 꼭 봐야 해. 굉장히 중요한 체크 사항이야. 왜냐면 CEO는 두 얼굴을 가지고 있거든. 한 사람이 기업을 망칠 수도 있고 살릴 수도 있어. 그리고 가장 중요한 것은 사업이 얼마나 오랫동안 지속적으로 성장할 수 있는가지. 또 아빠가 중요하게 보는 것에는, 사업 자체가 매력이 있는가, 마켓 셰어가 얼마나 되는가 등이야. 아빠는 마켓 셰어가 높은 기업을 굉장히 좋아해. 예를 들어 간편결제 시장을 보면 [세틀뱅크]라는 기업이 우리나라 마켓을 거의 다 장악하고 있고, [오텍]은 산업용 에어컨 쪽으로 점유율이 굉장히 높지. 이런 기업들을 좋아해. 이 책에도 철도산업 이야기가 나왔잖아. 모노폴리(Monopoly) 기업에 대해서. 모노폴리 기업이 뭔지 아니?

모노폴리?

응. 독점이라고 해. 독점기업. 그 산업에 누구도 못 들어오는 거야. 우리나라 철도산업을 예로 들면 [현대로템]과 [다원시스], [우진산전] 세 회사가 있어. 이곳 말고는 못 들어오는 거야. 무슨 말인지 알겠지?

응.

그런 기업에 투자하는 거야. 그게 책에서 이야기하는 일종의 해자이지. 남들이 들어오지 못하게 막는 사업들. 독점적 지위가 있다고 표현해.

응!

이렇게 기업을 잘 따지고 골라서 깊이 공부해야 하지. 어떤 기업이 앞으로 어떻게 변해갈지, CEO는 누구인지, 브랜드는 무엇인지, 새로운 사업은 무엇을 준비하고 있는지 등을 공부하지. 또 미래 산업은 무엇을 가지고 있는지 살펴보아야 해. 예를 들어 드론이나 UAM(Urban Air Mobility), AR/VR 등등. 어떤 기술들이 미래의 시장을 만들어갈 것인지 부지런히 추적하고 그런 기술들에 투자하는 것이 아빠의 투자 관점이야. 그중 하나가 드론-시큐리티야. 드론 경비가 있으면 집에 사람이 없어도 집을 지켜주지. 이런 시스템은 앞으로 더 확대될 거야. 이안이도 평소 엉뚱한 상상들을 많이 해봐. 그러면 그 상상들이 나중에 비즈니스와 연결되지.

아, 상상력이 비즈니스가 된다고?

그래. 끊임없이 큰 상상력을 불러일으키는 게 좋아. 주식투자를 하는 데도 상상력이 굉장히 중요해. 어떤 기업이 가지고 있는 기술력, 특허, 다양한 경쟁력들을 분석해서 앞으로의 정부정책이나 미래 시장 변화에 따라 이 기업이 어떤 미래를 그릴 수 있는지 상상할 수 있으면 아주 도움이 돼. 옛날에 삼성전자가 반도체를 한다고 했을 때 사람들은 대부분 실패할 것이라고 했어. 그때 삼성전자에 투자했다면 수백 배의 수익을 얻을 수 있었지.

정말? 놀라운 이야기네.

그래서 투자에서도 상상력이 중요하다는 거야. 현재의 시선으로만 섣부르게 판단해서는 안 돼. 삼성전자 하나로 그 후방산업에 있는 여러 회사들, 장비나 소재주 회사들은 계속해서 성장할 거야.

그렇구나.

다시 정리해 보면, 투자에서 중요한 것은 우리가 얼마나 많이 아느냐는 거야. 아는 만큼 보이기 때문이지. 오랜 시간 기업을 추적하면서 주가의 잦은 등락에 상관없이 목표를 향해 전략적으로 가는 거지. 즉 빠르게 결정했다면 시간을 소모할 필요는 없다는 거야.

응! 나도 열심히 공부하면서 미래를 예측해볼게.

▶ 아빠와 딸의 대화영상 보러가기

나의 첫 투자수업

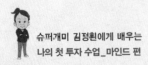

슈퍼개미 김정환에게 배우는
나의 첫 투자 수업_마인드 편

투자에 있어 많은 투자자들이
결국 마인드 때문에 좋은 종목을 놓치는 경우가 많다.
그만큼 마인드는 투자의 결실을 맺는데 중요한 역할을 한다.

제 2 부

투자 마인드

성공하는 투자자의 습관

9 | 주식투자를 잘하려면 부지런해야 하나요?

공부를 열심히 하면 좋은 성적이 나오고, 일을 열심히 하면 돈을 벌 수 있지만, 주식투자는 부지런함과 관계없지 않나요? 그냥 종목만 잘 선정하거나 타이밍만 잘 맞아 떨어지면 되는 것 아닌가요?

• ○ •

내가 성공한 원인은 오직 근면에 있었다. 나는 평생에 단 한 조각의 빵도 절대로 앉아서 먹지 않았다.
웹스터

부지런하지 않으면 성공에서 멀어진다

투자에서 가장 중요한 것은 부지런함입니다. 미리 조사해서 좋은 주식을 남들보다 싸게 들어가야 합니다. 그리고 종목 분석은 깊게 해야 합니다. 그러려면 공부가 최고의 방법입니다. 어떤 사람은 이렇게 되묻습니다.

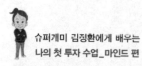

"주식은 순전히 운 아닌가요?"

운을 믿는다면 주식시장에 머물러 있어서는 안 됩니다. 다른 분야도 마찬가지지만 주식은 공부가 아주 많이 필요한 곳입니다. 어느 날친한 친구가 중요한 정보 하나를 알려줍니다.

"내가 주식전문가에게 들었는데, 그 사람이 주식으로만 50억을 벌었거든. 이번에 A회사 주식을 사면 곧 3배로 오른다 하더군. 그 사람이 정부 고위직을 통해 확인해보니 곧 좋은 소식이 있을 거라고 했다더군."

그 말을 믿고 A회사가 어떤 회사인지도 모른 채 덜컥 주식을 삽니다. 그렇게 주식을 산 사람 중에 부자가 된 사람이 있을까요? 성공한사람은 아무도 없습니다.

다른 예를 들어보겠습니다. TV를 보면 '추적' 시사 프로그램이 종종 방영됩니다. 어떤 사람이 지인의 말만 믿고 땅을 1000평 샀습니다. 그 지인이 "그곳이 개발되어 적어도 5배 이상 오른다"고 귀띔했기 때문입니다. 추적 프로그램의 PD는 땅을 산 사람과 함께 지도를 들고그곳에 가봅니다. 지번을 확인하자마자 땅 매입자는 입이 쩍 벌어집니다. 1000평 땅은 고속도로 바로 옆입니다. 지나가던 마을 농부가 한마디 던집니다.

"여기는 차들이 밤낮으로 씽씽 지나다녀서 과일나무도 안 심어."

설마 자기가 살 땅을 가보지도 않고 사는 사람이 정말 있을까? 의아해 하지만 실제로는 적지 않습니다. 주식시장은 어떨까요? 그런 사람들이 차고 넘칩니다. 투자자라 부르기도 민망하지요. 부동산이든 주식이든 식당이든 앱 개발이든 부지런히 공부하는 사람만이 살아남습니다. 그리고 성공합니다.

투자가 쉬운 종목은 청산가치가 높기 때문에 설령 망하더라도 투자원금을 보상받을 수 있는 기업이며, 반대로 어려운 종목은 산업을 공부하기 어렵거나 변화가 빠른 종목입니다. 초보자일수록 탑다운 방식을 추천합니다.

요약하면,

앞으로 발전할 만한 산업군을 보고, 산업을 선정했다면 그 산업을 공부합니다. 기술에 대한 공부 후 그중 유망하고 경쟁력 있는 기술을 찾습니다. 그리고 관련 종목을 다 뽑아 깊게 알아봐야 합니다. 기업 방문을 통해 정보들이 사실인지 확인합니다. 투자 종목을 결정했다면 자금 투입을 어떻게 할지 결정합니다. 성장주의 경우 한방에 사지 않습니다. 한 단계 이룰 때마다 추가 자금을 투입합니다. 종목을 믿고 투자했다면 믿고 기다리면서 지속적으로 관찰합니다.

꼴이 좋은 기업을 사라

꼴이 좋은 기업은 매출액이 증가하는 기업, 영업이익이 증가하는 기업, 지속적인 투자를 하는 기업입니다. 외관도 중요하지만 내면, 즉 기

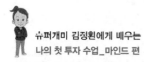

업이 가진 잠재력 또한 중요한 투자요소입니다. R&D 역시 중요합니다. 시대와 환경의 변화에 따라 시장과 소비자도 계속 변합니다. 그에 따라 미래 준비를 하는 기업인가를 눈여겨보세요. 변화에는 패러다임의 변화, 전방산업의 변화, 소비자 이미지의 변화 등이 있습니다.

시장과 패러다임의 변화에 따라 오랫동안 투자했던 기술과 제품이 맞물려 급 발전을 이루는 기업이 나오기도 합니다. 미래를 열심히 준비하는 기업, 투자를 많이 해서 지속적으로 경쟁력을 강화시켜 나가는 기업, 소비자의 니즈나 정부 정책의 방향에 따라 수혜를 받을 수 있는 기업을 미리 예측하고 관찰하고 선점해야 합니다.

다만 싸게 보고 먼저 보되, 너무 독창적이어서도 안 됩니다. 시장에서 혼자 매매할 수는 없습니다. 그러므로 다른 사람과 동감하고 공감할 수 있는 시각도 중요한 덕목입니다. 남들과 다르게 보지 않고 미리 발견할 뿐입니다.

∘• 매출액이 증가하는 기업, 영업이익이 증가하는 기업, 지속적인 투자를 하는 기업을 선정하라. 단, 외관도 중요하지만 기업이 가진 잠재력 또한 중요한 요소이다. 시대와 환경의 변화에 따라 미래 준비를 하는 기업인가를 눈여겨보라.

[Q & A] 묻고 답해 보세요!

Q 네 주위에서 가장 부지런한 사람은 누구니? 그리고 가장 게으른 사람은 누구야? 두 사람의 생활은 어떻니?

Q 부지런한 사람과 운이 좋은 사람의 인생은 나중에 어떤 결과로 맺어질까?

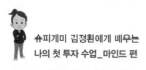

10 투자에 대한 자신만의 철학을 가지려면 어떻게 해야 하나요?

 철학하면 어렵다는 생각이 먼저 들어요. 주식투자에서 꼭 철학이 필요한가요? 어떻게 자신만의 철학을 세울 수 있나요?

• ○ •

다른 사람의 투자방식을 그대로 복제한 것이 아니라면 어떤 투자 철학도 하루아침에, 아니 한두 해 정도의 짧은 시간에 완성될 수 없다. 자신이 저지른 실수로부터 배워나가는 매우 고통스런 방법이 가장 좋은 투자 방법이다.   **필립 피셔**

경제적 자유를 갖는다는 것

경제적 자유가 가져다주는 것의 하나는 기회비용(동기부여)입니다. 투자 고수 반열에 오르려면 꼭 필요한 조건이 경제적 자유와 심리적 안정감입니다. 여러분이 생각하는 것보다 정말 중요한 부분입니다. 투자금과 심리적 여유가 있다면 승률 높은 투자를 할 수 있습니다. 대부분의 투자자들이 여윳 돈이 아닌 생활자금으로 무리하게 투자를 운용하거나 심리를 컨트롤하지 못해서 실패합니다. 시간에 쫓기는 매매는 질 수밖에 없습니다.

투자 철학이 잡히지 않은 상태에서 자산 전부를 투자에 건 사람은 심리적 안정을 얻기 힘듭니다. 적절한 현금 비중과 여유 자금으로 투자에 임하면 심리적 여유가 자연스레 생깁니다. 지금 들고 있는 주식이 투자금 전부이자 자신의 희망 그 자체인 사람은 그야말로 여유 없이 모든 것을 걸었기 때문에 작은 변동성에도 불안하거나 크게 흔들릴 수밖에 없습니다. 이것은 정말 몇 번을 강조해도 중요한 부분입니다.

여러분이 투자를 시작하고 직접 경험해보면 뼈저리게 느낍니다. 처음부터 바른 습관을 들이세요. 여유를 가지고 천천히, 작은 돈으로 시작해도 끝에는 충분히 부를 거머쥐실 수 있습니다. 느려보여도 어쩌면 부의 가장 빠른 길입니다. 속도보다 정확성입니다. 25%의 수익, 복리로 40종목 이야기 기억하시죠?

주식투자는 투기가 아니라 철학

투자금을 잃어 자산을 잃게 되면 경제적 자유를 얻을 기회조차 사라집니다. 간절하게 경제적 자유를 얻고 싶다면 스스로 치열하게 공부

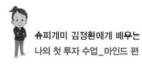

하고 판단해서 자기 자신의 실력을, 가치를 올리는 수밖에 없습니다. 실력이 좋은 누군가에게 기대봐야 잠시 기회를 줄 수는 있어도 그것은 결국 내 것이 아닙니다.

시험을 볼 때 옆 사람의 답안지를 훔쳐보고 정답을 맞추면 일시적으로 성적이 오를 수는 있으나 진정한 자신의 지식은 되지 못합니다. 또 시험 전날 벼락치기로 공부해서 맞춘 정답도 하루나 이틀이 지나면 까맣게 잊어버립니다. 참된 노력이 들어가지 않았기 때문이지요. 진정으로 자기 것으로 만들어내기 위해서는 그만큼의 그릇을 키워낼 적정 시간이 필요합니다. 그 누구도 대신해줄 수 없습니다. 하루하루 스스로 묵묵히 다지며 발전시켜 나가야 하는 훈련과 같습니다.

주식투자는 부지런함 그 자체이자 평생의 공부 습관입니다.

다음 글은 코로나19가 세계를 휩쓸던 2020년 10월 6일 방송한 유튜브 내용입니다. 기업활동에서 중요한 부분을 차지하는 마케팅에 대해 이야기했습니다. 과연 마케팅은 무엇인가에 대한 개념을 파악하고, 어느 기업이 이 활동을 잘하고 있는가를 생각해보기 바랍니다. 이러한 과정을 통해 투자에 대한 자신의 철학을 정립해나갈 수 있습니다.

마케팅이란 무엇일까

오늘도 저는 똑같이 새벽 루틴대로 일어났습니다. 4시간 정도 잔 것 같아요. 오늘 여러분들께 말씀 드리고 싶은 것은 마케팅입니다. 대학원에서 마케팅을 전공했고 또 30대 중반까지 삼성과 SK 자회사에서 마케팅을 담당했습니다. 특히나 삼성에서는 IT전략 기획부장으로 일했죠. 그리고 지금까지도 마케팅을 투자에 접목시켜 모든 것에 기반이 되는 투자를 하고 있습니다. 대학/대학원에서 경제학도 공부하고 마케팅도 공부했었는데요 인생에 큰 도움이 된 것은 마케팅이었습니다. 많은 교수님들이 '마케팅이란 무엇일까?'라는 질문을 저한테 던졌습니다. 과연 마케팅이란 무엇일까요? 여러분은 그 답을 아시나요? 마케팅을 한마디로 표현할 수 있나요? 많은 사람들이 브랜딩, 네이밍, 프라이싱, 프로모션, 플레이스…. 수없이 많은 단어를 쏟아낼 겁니다. 왜냐하면 마케팅 전략에는 STP도 있고 그 전에 SWOT 분석도 있고, 기초적인 리서치 부분의 3C도 있고요. 이런 부분들 다 마케팅에 포함되기 때문에 한 마디로 언급하기란 쉽지 않습니다.

마케팅은 마켓에서 일어나는 모든 활동

마케팅은 이름 안에 답이 있습니다. 마케팅은 'Market + ING'입니다. 마켓에서 일어나는 모든 활동들을 뜻합니다. 3C(Company,

Consumor, Competitor)를 먼저 분석합니다. 첫 리서치 단계입니다. 리서치 단계를 끝내면 SWOT(Strength, Weakness, Opportunity, Threat) 분석이죠. 강점과 약점을 분석하고 시장의 위기와 기회를 분석해서 이 사업을 할 것인가 말 것인가 결정합니다. 사업을 하기로 결정하면 전략부분이 기다리고 있습니다. 바로 STP(Segmentation, Targeting, Positioning)입니다. 세그멘테이션은 시장세분화이고, 타겟팅은 이름 그대로 시장을 정확하게 정해서 들어가는 것을 의미하고, 포지셔닝은 위상 정립입니다. 그리고 마지막으로 마케팅의 핵심전략 부분인 4P(Place, Promotion, Pricing, Product)를 실행합니다. 자기 제품에 대해 분석하고, 어느 지역에서 할 것이냐, 가격은 얼마에 맞출 것이냐, 프로모션은 어떻게 할 것이냐를 결정합니다. 또 하나 추가한다면 재무분석이 들어갈 수 있습니다. 재무제표를 통해 앞으로 나갈 로드맵과 현재의 자금흐름을 만들어 자금전략을 세우면 하나의 전략적 기획페이퍼가 완성됩니다.

다시 처음으로 돌아가서요. 3C 분석을 위한 리서치를 하기 전에 우선되어야 하는 것은 바로 업에 대한 개념을 잡는 것입니다. 기업이나 개인도 가장 중요한 것은 '업의 개념'입니다. 나의 업의 개념은 무엇이 될 것이냐? 나는 어떻게 살아갈 것이냐, 나의 타이틀은 무엇이 될 것이냐? 즉 자신이 어떤 방식으로 살아갈 것인가를 가장 중요하게 담는 겁니다. 코카콜라를 예로 들어볼까요. 코카콜

라의 업의 개념은 과연 무엇일까요? 코카콜라의 경쟁자는 누구일
까요? 펩시? 아니면 델몬트?

코카콜라의 업의 개념은 딱 정해져 있습니다. '물'입니다. 마시
는 물을 이기는 것! 아셨나요? 코카콜라라는 기업의 업의 개념
은 콜라를 물보다 더 많이 마시게 하는 것입니다. 그래서 세계시
장에 들어갈 때도 국가별 아주 다른 프라이싱 전략으로 들어갑
니다.

소득수준이 1000달러 정도 될 때부터 강력하게 시장에 진입해
엄청 싼 가격으로 코카콜라를 제공합니다. 예전에 제가 중국에
있을 때 많은 중국인들이 코카콜라를 물처럼 마시는 걸 보았습
니다. 낮은 소득 수준임에도 물보다 더 많이 마시는 코카콜라. 엄
청 쌌기 때문이죠. 이를 시장 침투전략이라 합니다. 이렇듯 처음
에 가장 중요한 게 업의 개념을 만드는 것입니다. 여러분이 자신
을 밸류에이션할 때 어떤 투자자가 될 것인가, 어떤 가장이 될 것
인가, 어떤 엄마가 될 것인가, 나는 어떤 사람이 될 것인가를 스스
로 정의하는 일이 가장 중요합니다.

마케팅의 전략과 업의 개념을 어떻게 만드느냐에 따라 인생은 바
뀌어갑니다. 거기에 맞게 행동하게 되고요. 이것이 마케팅의 프
로세스입니다. 업의 개념을 만들었다면 이제는 분석해야 됩니다.
3C에서 Company는 본인 자신을 얘기하는 거죠. 본인이 기업이
라면, 아니면 우리가 투자하는 기업이라면 가장 먼저 해야 될 일

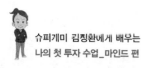

이 본인을 제대로 아는 것입니다. 나는 어떤 사람이고, 나는 어떤 기업이고, 나는 어떤 일을 잘할 수 있고 자금은 얼마만큼 있고 앞으로 현금흐름은 어떻게 되고 어떤 조력을 받을 수 있고 등 말이죠.

이런 것들을 모두 분석한 다음에 경쟁자 분석을 합니다. 나는 이렇게 하고 있는데 나와 비슷한 경쟁자들은 어떻게 하고 있지? 그 사람들은 나보다 잘할까? 그 사람은 자본이 얼마이지? 그 사람의 주위 환경은 어떻지? 그에 따라 시장의 침투전략도 달라집니다. 예를 들어 [LG화학]이 세계 1위 배터리 점유율인데도 투자를 늘리고 있습니다. 그러면 경쟁사인 [삼성SDI]는 어떻게 될 것이고 [SK이노베이션]은 어떻게 될 것이냐를 분석해야 합니다. 이것이 가장 기본적인 리서치 부분입니다.

3C에서 Consumer는 소비자입니다. 내가 물건을 만들었을 때 과연 어떤 소비자들이 사줄 수 있는가? 그러기 위해서는 그 소비자들의 성향은 어떻고, 마인드는 어떻게 변해가는지 등을 분석해야 합니다. 우리가 애널리스트 보고서를 읽거나 평소 투자를 할 때도 마찬가집니다. 왜 요즘에 투자자들은 이런 기업을 좋아하지? 왜 투자자들은 이런 기업에 열광하고 있지? 이런 부분을 판단할 수 있습니다.

리서치 부분이 끝나면 대략 나란 사람이 어떻고, 경쟁자가 어떻고, 소비자 성향이나 시장 환경은 어떻다를 알게 됩니다. 얼마나 깊이 분석하느냐에 따라 앞으로의 전략도 다 바뀌게 됩니다. 뭐든지 처음을 잘해놓아야 성공에 빠르게 다가갑니다. 소비자 분석이나 경쟁자 분석, 기업 분석을 제대로 하지 못하면 뒤의 전략도 다 틀리게 됩니다. 그렇기 때문에 대부분들의 마케터들은 이 부분에 가장 많은 돈을 들입니다. 대면심사를 하기도 하고, 수없이 많은 조사와 심층 질문을 통해 데이터를 뽑아낸 후 회귀분석으로 유의성을 맞춰내기도 합니다. 그런 과정만 해도 엄청난 비용이 들어갑니다.

기회는 주식시장에 더 많다

여기까지 완성되었다면 SWOT 분석을 해야 되죠. SWOT 분석은 기업의 강점, 약점을 먼저 분석합니다. 많은 사람들이 SWOT 분석에서 실수하는 게 OT, 즉 기회(Opportunities)와 위기(Threats) 부분입니다. S는 강점(Strength), W는 약점(Weakness)입니다. S와 W는 자기 자신을 분석하고, OT는 시장의 외부 요인을 분석하는 겁니다. 그런데 많은 사람들이 OT를 자기 기준으로 분석합니다. 그러나 사실 OT는 내가 어찌할 수 없는 부분입니다.

SWOT 분석을 하는 이유는 하나입니다. 사업을 계속할 것이냐 말 것이냐를 결정하기 위함입니다. 그래서 우리가 네모를 그려놓고 현재 자신의 위치가 어디인지 찾아보고 기회를 기다리며 강점을 강화시켜 나갈 것이냐 아니면 틈새공략으로 들어갈 것이냐를

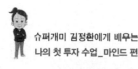

정합니다. 즉 단계별로 들어가는 전략임에도 많은 투자자들이 한 번에 가려고 하는 경향이 있습니다. 주식투자를 할 때 '지금 자금이 없는데 어떻게 하지? 지금은 검토를 하고, 나중에 자금이 모이면 들어갈까? 아니면 일단 투자하고 검토를 할까?' 이런 고민 과정들을 거치는 겁니다. SWOT이 완성되고 기회가 있겠다 싶으면 시장에 진입하는 겁니다.

그 다음부터는 STP, 즉 시장을 어떻게 나눌 것이냐를 분석해야 합니다. 연령별로 나눌 것이냐, 지역별로 나눌 것이냐, 소득별로 나눌 것이냐 혹은 남녀별로 나눌 것이냐에 따라 달라지죠. 투자로 본다면 주식시장에 들어갈 것이냐, 부동산에 들어갈 것이냐, 아니면 가상화폐 시장에 들어갈 것이냐를 분석해야 합니다. 내가 강점이 있는 부분을 알고 있으니까 시장의 기회는 주식인지, 부동산인지, 비트코인인지를 결정하면 됩니다.

만약 주식에 들어간다면 어떻게 빠르게 전략적 배분을 통해 시장에 들어갈 것인가를 고민해야 합니다. 그러기 위해서는 공부를 해나가면서 동시에 따라가야 됩니다. 시장에는 우리가 경제적 자유를 얻을 수 있는 요소들이 수없이 존재합니다. 부동산이냐 비트코인이냐 아니면 그냥 월급쟁이로 살 것이냐 혹은 자신을 발전시켜 승진을 통해 더 많은 월급을 받아나갈 것인가, 플러스 저금을 통해 부자가 될 것인가 등 방법은 여러 길이 있습니다.

부동산은 각종 규제와 높은 가격, 진입장벽으로 막혀 있고 상대적으로 주식시장은 열려 있습니다. 기회는 주식시장에 더 많습니다. 그래서 많은 사람들이 주식시장을 선택하는 것입니다. 그러한 선택이 타겟팅입니다. 타겟팅은 우리가 주식시장을 선택하게 된 것이고요, 포지셔닝은 그 안에서의 전략입니다. 어떻게 살아남을 것이냐의 문제입니다. 가치투자를 할 것이냐? 아니면 정보매매를 할 것이냐? 단기투자를 할 것이냐?

주식투자에는 여러 방법이 있는데요, 그 방법은 3C의 '자기 자신에 대한 분석'에서 이미 나와 있어야 합니다. 예를 들어 나는 직장인이고 맞벌이에 현재 소유하고 있는 부동산이 없고 모아둔 목돈이 조금 있어서 차근차근 모으면 1억 정도 운용할 수 있다면 그에 따른 전략이 나올 수 있죠. 또 나는 평소 공부할 시간과 능력도 있고 가치투자를 해보니까 성향도 잘 맞는다면 그것이 자신의 포지셔닝입니다. 간단하게 설명하니까 쉬운 것 같지만 이것도 책 한 권 분량의 심도 있는 내용입니다. 그만큼 열심히 해야 한다는 뜻입니다.

전략의 마지막인 4P를 볼까요? 나의 Product는 무엇입니까? 여기서 나의 Product는 가치투자겠죠? Pricing은 지금 주가지수가 이 정도인데 나는 얼마를 투자할 수 있고 얼마나 오랫동안 할 수 있을까를 결정하는 것입니다. Place는 어느 시장에 참여할 것인가의 문제이죠. 일반적으로는 미국시장이 있고 한국시장이 있죠.

미국시장은 제가 항상 말씀 드리지만 기업 탐방도 못 가는 점을 비롯해 현실적으로 여러 제약이 있어 저는 한국시장에만 투자합니다. 그리고 Promotion은 무엇일까요? 어떻게 하면 나를 홍보할 수 있을까입니다. 가령 블로그나 유튜브에 투자 활동 관련 내용들을 열심히 올리는 것도 하나의 방법입니다. 나의 종목을 알리는 것도 있지만 내가 종목을 공부하고 알림으로써 더 도움이 될 수 있다는 것도 프로모션이 될 수 있습니다.

나는 복리로 몇 년간 얼마를 벌 거야. 수익은 연평균 25%를 낼 거야. 그렇게 되면 1억을 투자해서 10년 후에는 얼마가 되겠구나. 종합주가지수는 2300을 넘어 3000 포인트 이상은 갈 거라고 생각하면 그 기간은 1~2년 정도 걸릴 거야.

이렇게 로드맵을 그려놓고 주식시장의 큰 사이클 안에서 예를 들어 이번 상승장에서 얼마나 벌 수 있을지 현재의 재무제표를 그리면 자산이 얼마나 있고 아이가 중학교, 고등학교, 대학 갈 때면 돈이 얼마가 필요하고…. 이런 것들을 하나하나 재무적으로 푸는 것이 재무분석입니다. 이렇게 해서 나의 현금흐름은 얼마나 필요하고 주식시장에서 얼마를 벌어야 되고 부동산은 언제 어느 곳에 어떤 것을 매입할지 등의 구체적인 계획들을 하나하나 만드는 전략이 마지막에 해야 될 자산 배분전략 로드맵입니다. 이렇게까지 다하면 본인에 대한 마케팅이 알파부터 오메가까지 끝난 겁니다.

▶
2020년 10월 6일 강의 영상 보러가기

아빠의 포인트 레슨

○● 시장에는 우리가 경제적 자유를 얻을 수 있는 요소들이 수없이 존재한다. 부동산이냐 비트코인이냐, 그냥 월급쟁이로 살 것이냐 아니면 플러스 저금을 통해 부자가 될 것이냐 등등. 기회는 주식시장에 더 많다. 주식시장은 적은 돈으로 성공을 거둘 수 있는 열린 시장이기 때문이다.

[Q & A] 묻고 답해 보세요!

Q 삶의 철학은 무엇이라고 생각하니?

Q 너의 현재 상황에서 어떤 투자를 하는 게 맞다고 생각하니?

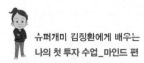

11 | 내 사업을 하듯이 주식투자하라고요?

자기 사업과 주식투자는 다르지 않나요? 자기 사업은 혼자 (혹은 가족과) 열심히 하면 성과가 나타나지만 주식은 외적인 여러 요인에 영향 받는 것 아닌가요?

● ○ ●

지식에 대한 투자가 언제나 최고의 이윤을 낸다.　벤저민 프랭클린

10년 안에 투자금을 회수할 수 있을까

주식투자도 자신의 사업을 하듯이 해야 합니다. 가치투자의 기본자세를 잘 이해하지 못하는 분들을 위해 반복적으로 쉽게 설명하겠습니다. 자영업을 한번 생각해 볼까요? 조그마한 동네에서 편의점을 하든 아니면 거대한 프랜차이즈 식당을 하든, 또는 스스로 만든 브랜드로

장사를 하든 기본적으로 자본이 들어갑니다.

임대료, 보증금, 인테리어 비용, 각종 장비 등에 선지출이 필요합니다. 따라서 사업을 할 때 모든 예산을 꼼꼼히 따져보고 투자를 결정하게 됩니다. 주식을 통해 기업에 투자할 때도 마찬가지로 모든 것을 다 따져보고 투자를 하기 때문에 가치투자라 합니다. 사업을 시작할 때 기존 사업체를 인수하든 새로 창업을 하든 자본금이 10억 원이 들어간다고 한다면 몇 %의 수익을 원할까요?

10억짜리 식당을 인수한다고 생각해 보세요. 식당 매출도 안정적이고 브랜드 가치도 있습니다. 과연 자신의 노동력 투여 없이 1년에 얼마나 벌어야 투자를 고려하겠습니까? 저라면 3년 안에 10억을 다 거둬들일 수 있다면 100% 투자를 하겠습니다. 그러나 일반적으로 10년 안에 투자금을 회수할 수 있다면 긍정적으로 봅니다. 투하 자본 10억에, 연수익이 3억이라면 3년 3개월이 지나면 투자금이 회수되지요. 원금을 다 회수하는 것은 물론 물가상승률을 반영해서 10억 이상에 팔수도 있습니다. 이처럼 사업에 투자하는 방식으로 가치투자를 생각해볼 수 있습니다. 지금 내가 보유하고 있는 기업들, 투자하고자 지켜보는 기업들에 적용 가능합니다.

주식시장에서 매수한 기업의 시총(시가총액)이 현재 10억인데 매년 3억을 번다면 이를 PER 3, 멀티플 3이라 합니다. 그러면 여러분은 투자를 하겠습니까, 하지 않겠습니까? 당연히 해야 됩니다. 물론 안정성과 성장성도 체크해야 하지만 일단 기업의 업력이 수십 년에 달하고,

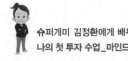

보유 기술력이 쌓여 있고, 경쟁자가 치고 들어올 확률도 낮고, 안정적인 수익을 매년 낼 수 있다면 당연히 투자해야 되겠죠. 여기에 배당까지 주면 금상첨화입니다.

우리가 조그만 식당이나 편의점에 직접 투자한다고 할 때 그 동네의 상권을 분석합니다. 상주인구는 얼마이고, 이동인구는 얼마나 되는지, 주민들의 성향은 어떠한지 등을 나름대로 분석합니다. 그런데도 많이 불안합니다. 정말 성공할 수 있을지, 시작하자마자 갑자기 경쟁자가 들어오는 것은 아닌지 등등 노심초사합니다. 그런 마인드를 주식투자에도 잘 접목시켜 보세요. 투자할 기업은 시장에서 어떤 궤도에 올라서 있는지, 어느 정도 기술력을 쌓아 놓았는지, 또는 대기업 납품과 같은 안정적 매출체인 구조가 있는지 등을 세밀하게 살펴야 합니다.

특히나 작은 상권이 아닌 글로벌로 나아가는 기업들, 예컨대 삼성과 같은 글로벌 선도 기업의 파트너임에도 아직 시장의 관심을 받지 못하고 있는 저평가 기업을 선점 매수하여 진득하게 들고 가야 합니다. 저평가 된 지점에 들어가 있지 않으면 기업들의 주가변동에 따라 심리가 흔들리게 됩니다.

"어? 이 회사가 나빠지는 거 아냐? 무슨 문제가 생겼나?"

하는 불안감이 듭니다. 자영업을 하는 분들도 마찬가지 감정을 느낍니다. 어느 날부터인가 손님들의 숫자가 줄어들기 시작하면 일시적인지, 장기적인지 판단해야 합니다. 그러려면 꾸준한 관찰과 공부가 바탕이 되어야 합니다. 대기업은 큰 사이클에 의해 한번 물이 들어오면 계속 들어옵니다. 특히 기술적 해자에 의해 점유율이 계속 확대되어 가고 그에 따라 매출이 증가하고 관련 사업이 늘어남에 따라 자회사를 두고 또 자회사를 통해 새로운 사업 영역으로 넓혀갑니다.

식당의 경우 동네 맛집으로 유명해지면서 다른 동네에 분점을 내는 것입니다. 그것이 커지면 프랜차이즈로 성장할 수 있지요. 그러면 자영업도 대기업이 될 수 있습니다. 투자도 마찬가지입니다. 아직은 작은 기업이지만 기술력이나 마켓셰어 등 자체 경쟁력이 좋아서 확장 가능성이 큰 미래의 대기업을 찾아내는 노력을 해야 합니다. 앞으로 시대가 어떻게 흘러갈지, 기술은 무엇이 주류가 될지, 정부는 어떤 산업을 적극적으로 육성하는지 등을 빠르게 알아내려 최선을 다해야 합니다.

'사업을 하듯이 주식투자하기' 유튜브 강의 보러가기 ▶

동네 맛집이 기업으로 성장하려면

세상에 흘러 다니는 정보에도 예민해야 합니다. 그중 어떤 정보가 유의미한지 계속해서 추리하는 작업을 게을리해서는 안 됩니다. 오늘도 시장에는 미래에는 빛날 테지만 멀티플 2, 3밖에 받지 못하는 기업들이 수두룩합니다. 그래서 기회가 있는 겁니다. 그러한 기업을, 쉽게 보

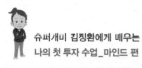

이지 않는 그 기업을 찾아낸다면 여러분의 계좌도 머지않은 미래에 빛을 발합니다. 그러면 이런 질문이 나옵니다.

"이 회사는 프랜차이즈의 모회사이기 때문에 저평가 받는 거 아닌가요?"

꼭 그렇지 않습니다. 안정적인 지주회사라면 자산가치는 그만큼 늘어났고 그 자산으로 무엇을 할 것이냐가 투자에서 굉장히 중요한 포인트입니다. 보통 지주회사로서 저평가를 받는 상황은 이렇습니다. [삼성물산]을 예로 들자면 삼성그룹 중에 지주회사로서 저평가를 받고 있습니다. 당연하다고 보여집니다. 왜냐하면 회사의 실적이나 관계회사 보유 지분가치로 보면 지금보다 2배의 상승 여력도 있지만 지분을 가지고 있는 관계회사들이 상장하면서 그만큼 공모를 통해 돈을 끌어왔기 때문에 저평가를 받을 수밖에 없습니다. 또 관계회사들도 직상장을 통해 개별적으로 가치평가를 받기 때문에 지주사의 자회사 보유 지분 가치는 그 전보다 다소 희석됩니다.

어떤 회사는 자회사를 많이 가지고 있어도 그 회사들의 지분가치가 희석되지 않은 기업들도 있습니다. 자회사들이 상장되어 있지 않을 때 나타나는 현상입니다. 희석되지 않은 상태에서 자회사를 상장시켜 상장 차액을 얻는다면 그만큼 저평가 받습니다. 회사가 상장을 통해 제대로 평가받고 그 회사의 모회사로서 저평가되는 것은 맞습니다. 왜냐하면 자회사를 통해 모든 공모자금을 끌어왔기 때문입니다. 따라서 자회사가 상장이 거의 안 된 모회사의 멀티플은 10을 받는 것이 맞고 자회사들이 다 상장된 지주회사의 멀티플은 일반적으로 5정도로 평가 받는 게 적정합니다.

다음으로 위탁 회사를 생각해 볼 수 있습니다. 삼성에서 일감을 받아 운영하는 A회사가 있다면 안정적 매출과 수익을 올릴 수 있습니다. 삼성도 마찬가지고요. A사에 10억을 투자한다고 했을 때 3~4년이면 투자금 회수가 가능해 보입니다. 그럼 어떻게 하겠습니까? '삼성이라는 대기업이 망하지 않는 이상 3~4년 안에는 투자한 돈을 회수할 수 있다'는 추정이 나옵니다. 당연히 해야 되겠죠.

그런데 A사가 운영을 아주 잘했습니다. 삼성은 새로운 제안을 하고 A사는 사업영역을 확장합니다. 그렇게 사업이 확장되면 기업의 멀티플은 안정적으로 증가합니다. 다만 빠르게 사업이 진행되면 자본투입도 많아집니다. 현금흐름이 안정되어야 하는데 은행에서 차입을 하고, 벌어놓은 돈으로 계속 투자하면 감가상각비가 들어갑니다. 그러면 수익성은 일정 기간 떨어질 수 있지만 전체적인 사업 볼륨은 커지면서 결국 안정적 기업으로 변모해 갑니다. 이러한 기업에 투자한다면 멀티플 3, 4를 적용받는 것이 아니라 성장성을 보고 멀티플 20을 적용받게 됩니다. 그럼에도 아직도 멀티플 3, 4에 머물러 있는 좋은 기업들이 주식시장에 너무 많습니다.

동네 맛집들 중에는 기업 수준으로 돈을 버는 회사들도 많습니다. 노무현 전대통령이 자주 가던 삼계탕집 '토속촌'은 예전에 그리 손님이 많지 않았으나 지금은 관광버스로 손님들이 몰려듭니다. 그러한 사례는 부지기수로 많습니다. 조그맣게 시작해서 투자를 하듯이 조금씩 발전해 나가다 결국엔 크게 성공한 가게들을 볼 수 있습니다. 그렇게 모인 자본금으로 벤처회사나 새로운 기술에 투자하기도 합니다.

주식시장도 똑같습니다. 온라인서점 [YES24]나 온라인 유통업체가 '클레이톤'(카카오 가상화폐)에 투자해서 대박이 나는 것을 봤습니다. 물론 반대로 게임회사 [넷마블]은 [웅진코웨이]에 투자하면서 본업 실적이 잘 나왔음에도 투자 실패로 주가는 박살나는 경우도 있었습니다.

이처럼 투자는 우리가 생각하는 것과 다르게 흘러가기도 하고 때로는 맞게 흘러가기도 합니다. 본업이 안정적인 기업 중에서 미래 먹거리를 위해 여러 산업에 투자하는 기업들이 있습니다. 좋은 현상입니다. 다만 본업이 흔들려서는 안 됩니다. 투자금액이 너무 커서 본업에 마이너스가 갈 정도이거나 아니면 본업의 가치나 현금흐름이 훼손될 정도가 되어서는 안 됩니다. 미래가치를 향하되 안정적으로 투자하는 기업들이 좋습니다.

또 어떤 기업은 전략적 M&A를 통해 하나하나의 사업영역을 넓혀갑니다. 막강한 현금으로 좋은 기업들을 인수해 가면서 하나의 클러스터(cluster)를 만들어가는 작업을 합니다. 두 기업이 시너지가 날 수 있게 잘 연결하는 기업들을 저는 좋아합니다. 그 시너지가 나는 사업을 해나가면서 기업가치도 변해갑니다. 이런 기업에 투자하는 것이 사업 영역으로의 의미에서 기업에 투자하는 마인드를 갖는 것입니다. 어떻게 보면 자신이 사업을 직접 하는 것보다 사업을 잘하는 기업에 투자하는 것이 더 성공률이 높을 수 있습니다. 안정적인 사업을 바탕으로 글로벌시장에서 살아남아 있으면서도 주가는 아주 싼 기업들이 많습니다. 보석을 캐듯이 잘 찾아보십시오.

기업에 투자한다 해서 노동력이 전혀 들어가지 않는 것은 아닙니다. 기업을 분석하고 매일의 주가 변동을 체크하는 일에는 꽤 큰 에너지가 소모됩니다. 또 관련 정보를 찾고 향후 흐름을 추적하기 위해서는 쉬지 않고 에너지를 쏟아야 합니다. 그렇게 많은 희비를 겪고 나서야 수익을 맛볼 수 있습니다. 이러한 치열한 노력들이 투자자의 노동력입니다.

그러한 노동력이 보람되려면 가능한 싸게 사야 합니다. 쓸데없는 노동력을 줄이려면 싸게 사야 합니다. 싸게 사야 덜 불안하고 덜 흔들리기 때문이며 싸게 사야 시간과 노력에 대한 보상을 되도록 크게 맛볼 수 있습니다. 하락과 조정에 너무 겁을 낼 필요는 없습니다. 주식시장에는 하루하루 급등주만을 찾아다니면서 매일 로또 사듯 투자하는 사람들도 많습니다. 그런 사람이 되지 않기 위해서 가치투자를 공부하는 것 아니겠습니까? 스트레스 가득 받는 투자가 아닌 행복한 투자를 하기 위해 가치투자를 하는 것입니다.

가치투자의 세계에 들어왔다면 몇 년간만 우직하게 경험해 보세요. 그리고 경험이 습득으로 왔을 때 비로소 가치투자자가 됩니다. 가

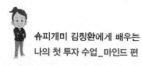

치투자는 크게 잃지 않는 투자입니다. 반복해서 말씀드리지만 제가 24년간 시장에 있으면서 수많은 투자자들을 봐왔지만 가치투자가 느린 것 같아도 결국 가장 빨리 성공하는 투자입니다. 저를 믿으세요!

아빠의 포인트 레슨

∘● 조그만 식당이나 편의점을 개업할 때 그 동네의 상권을 분석하듯이 투자할 기업도 철저히 분석해야 한다. 시장에서 어떤 궤도에 올라서 있는지, 어느 정도 기술력을 쌓아 놓았는지, 또는 대기업 납품과 같은 안정적 구조가 있는지 등을 세밀하게 살펴야 한다.

[Q & A] 묻고 답해 보세요!

Q 우리 동네에 식당을 개점한다고 하면 가장 먼저 무엇을 해야 할까?

Q 사람들이 반대하면 어떻게 할까?

Q 그 식당이 장사가 잘되면 미래를 위해 어떤 계획을 세울 수 있을까?

12 | 자신만의 투자 방식을 어떻게 정립하나요?

투자 방식을 혼자 정했다가 그것이 잘못되면 크게 낭패를 보는 것 아닌가요? 자신만의 방식을 고집하다가 실패하면 어떡하죠? 쓸데없는 고집 부리다가 망했다고 하는 사람들이 적지 않던데….

• ○ •

최고의 투자자는 절대 수익을 목표로 삼지 않는다. 우선 위험에 집중하고, 그러고 나서야 위험을 감수할 만한 수익률이 기대되는지 여부를 결정한다.

세스 클라만

자신이 투자하는 방법을 믿어라

주식시장에서 다양한 투자 스타일을 가진 사람들을 만나왔습니다. 성공한 투자자는 누구나 자신만의 투자원칙이 있습니다. 그 투자원칙을 고집스레 지키는 사람이 결국 성공합니다. 저의 초기 스타일은 주식 농부 박영옥 대표와 비슷했고 그래서 자주 여러 종목에서 마주쳤습니

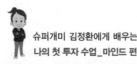

다. 첫 번째 종목이 [삼천리자전거]입니다. 어느 날 박영옥 대표에게서 연락이 왔습니다. 제가 먼저 지분 공시를 한 후에 종목에 대해 이야기를 나눠보자고 연락이 와서 그분과 만나 여러 투자 의견을 공유하면서 관점이 비슷하다는 사실을 알았습니다. 중소형주 중에 업종 1위 기업을 찾는다는 것과 사업의 영역 특성상 망하지 않을 기업을 좋아한다는 것이 그랬습니다.

물론 박 대표는 저보다 숫자에 예민하지는 않았습니다. 실적과 상관없이 중소형 대표주에 묻어놓고 버티는 스타일이었습니다. 그는 아직도 자기의 투자원칙을 바꾸지 않고 버티는 스타일입니다. 또한 증권사 출신답게 끊임없이 네트워크를 형성하며 종목을 선택하는 습관을 가지고 있습니다. 저에게도 가끔 전화해서 종목을 소개하기도 하고 때로는 질문도 하는 노력형 투자자입니다.

저도 투자 초창기는 숫자에 매몰된 벤저민 그레이엄식 투자를 지향했습니다. 그러다 점차 그 원칙에서 조금씩 바뀌어 갔습니다. 저의 그간 투자스토리는 이미 많이 알려졌기 때문에 어떤 종목에 투자해왔는지 아시는 분도 있겠지만 [일신바이오]와 [경인양행]에 대한 투자는 제가 벤저민 그레이엄과 필립 피셔의 중간 단계에 와있다는 증거가 될 수 있습니다. 그리고 [컴투스], [나우콤](현 아프리카TV) 등에서 필립 피셔의 투자방법과 더 비슷하게 점점 성장주 투자 성향으로 바뀌어 갔습니다. 그것은 저의 과거 이력과도 상관이 있으며 관심 분야와도 더욱 관련이 있습니다.

e-삼성에서 IT전략 마케팅 부장을 했던 저는 누구보다 IT 환경을 잘 이해하고 있었으며 그 분야에 관심이 많았기 때문에 산업에 대한 성장 기대감과 기업에 대한 자신감을 가지고 임할 수 있었습니다. 이러한 투자 방법은 지루한 전통적 가치투자를 고수하던 저에게 더 짜릿한 투자의 맛을 느끼게 해주었습니다. 여러 번의 투자는 결과적으로 성공적이었습니다. 투자금이 크게 불어나면서 성장주에 투자하는 대신 부동산 자산을 늘려가며 리스크를 헷지해 나갔습니다. 박영옥 대표는 지금도 전혀 부동산에 관심이 없습니다. 투자는 주식이 전부라고 생각하는 원칙을 고수하는 보수적 투자자입니다. 그에 반해 저는 다소 유연한 투자자입니다. 누가 맞고 틀리다의 문제가 아닙니다. 각자의 성향과 투자 원칙에 기반해 스스로 투자를 잘 영위해 나가면 되는 겁니다.

시장에서 살아남는 제1의 원칙은 자신이 투자하는 방법을 스스로 믿고 행동하는 것입니다. 제 주위에는 단기투자 고수들도 많이 있었으며 스윙* 및 퀀트 고수**들도 있었으나 현재 모두 사라지고 없습니다. 예전에 우리 회사에 직원으로 있었던 몇몇은 꽤 큰 부자가 되어 가끔 소식을 듣습니다. 벌써 100억 넘게 번 직원도 있으니 성공이라

- **스윙(swing) 기법** 영어의 swing, 즉 그네가 흔들리는 것을 묘사한 투자기법. 시장의 고점, 저점을 오르고 내리는 시세 패턴을 이용하는 기법이다.
- ** **퀀트(quant) 기법** 컴퓨터 알고리즘을 설계해 투자에 활용하는 기법.

할 수 있습니다. 그들도 가치투자의 원칙을 지키며 성장주의 첫 차에 올라타 큰 수익을 낸 것입니다.

첫 시작 때 정확히 제대로 배워라

아무리 둘러보아도 원칙은 심플합니다. 그것을 지키는 자와 지켜내지 못하는 자가 있을 뿐입니다. 원칙을 지키지 못하는 자에게는 수없이 많은 이유가 있으며 자신의 행동을 합리화하며 다음 번 투자 기회를 기다리며 세월을 흘려보냅니다. 투자는 그래서 첫 스타트가 중요합니다. 첫 시작 때 정확히 제대로 배워야 합니다. 꼼수를 부려서도 안 됩니다. 이미 나쁜 습관이 몸에 배이면 백지에 그리는 초보자보다 나중에 고치기 힘들기 때문에 성공하기 더 힘들어집니다.

투자자라면 '종목을 보는 눈'을 가져야 합니다. 많은 투자원칙이 있으나 가치투자의 범주에서 벗어나 성공할 수 없는 것은 확실합니다. 그것이 전통적 가치투자이건 성장주 투자이건 배당주 투자이건 자신만의 원칙을 지키는 투자를 해야 합니다. 고집 있는 투자자가 되기까지 그리 만만치 않습니다. 저는 20년 동안 시장에서 원칙을 지켜나가는 개미투자자들은 몇 명 보지 못했습니다. 그만큼 굉장히 어려운 일이며 끊임없이 심리를 다스리고 종목에 대한 공부와 업황을 체크해야 합니다. 투자는 내 가족과 나의 미래를 위해 최선을 다

해 인생을 걸고 해야 합니다. 따라서 종목을 발굴할 때마다 가슴 떨리는 삶이어야 합니다.

아빠의 포인트 레슨

°● 시장에서 살아남는 제1의 원칙은 자신이 투자하는 방법을 스스로 믿고 행동하는 것이다. 투자는 첫 스타트가 중요하다. 투자자는 '종목을 보는 눈'을 가져야 한다. 많은 투자원칙이 있으나 가치투자의 범주에서 벗어나 성공할 수 없는 것은 확실하다.

[Q & A] 묻고 답해 보세요!

Q   사업(투자, 장사)을 해서 돈을 버는 게 좋을까? 아니면 직장생활을 하면서 살아가는 게 좋을까? 각각의 장단점은 무엇이라고 생각하니?

Q   어느 것이 너에게 잘 맞을까? 어떤 직업을 가져보고 싶니?

워렌 버핏의 두 가지 원칙과 안전마진

우리가 지난번 대화에서 어떤 이야기를 나누었지?

시간적 자유, 경제적 자유, 관계적 자유.

세 가지 자유를 얻기 위해 무엇이 필요하지?

돈.

그렇지. 그만큼 돈이 중요한 거지. 우리가 경제공부를 하고 주식투자를 하는 것도 결국엔 자유를 얻기 위해서지. 관계적 자유는 좀 더 넓게 얘기하면 어떤 의미라고 했지?

선택의 자유. 자기가 선택할 수 있는 자유. 무엇을 살지 말지 결정하고, 누군가를 만날지 말지 결정할 수 있는 것.

선택을 마음대로 할 수 있다는 것이 얼마나 행복한 것인지 이안이는 알까? 이안이는 나이가 아직 어려서 계속 선택을 당하고 있잖아. 그런데 나중에 나이가 들면 들수록 인생은 스스로 선택을 해야 한다는 거야. 그게 어떤 것이든. 대학은 어디로 갈 것인지, 여행을 어디로 갈 것인지, 아니면 어떤 친구를 만날 것인지, 돈을 어디에 얼마만큼 쓸 것인지를 스스로 선택하는 사람이 되라는 이야기야.

응.

오늘은 어떤 이야기를 나눠볼까? 책에서 새롭게 읽은 부분이 있어?

책에서 워렌 버핏에 따르면 투자에는 두 가지 원칙이 있대. 제1원칙은 돈을 잃지 말라는 것이고, 제2원칙은 제1원칙을 까먹지 말라는 거야.

그러면 워렌 버핏이 하고 싶은 이야기가 뭘까? 안전마진이 중요하다는 거야. 투자할 기업을 선택할 때 안전마진이 중요하다는 것과 안전마진을 강조하면서 잃지 않는 것의 중요성도 계속 강조하지.

응. 이 책에서 저자의 아빠는 좋은 기업을 멋진 기업이라고 표현하는데 딸에게 멋진 기업을 싸게 사서 비싼 가격에 팔라고 이야기해.

아빠가 매일 하는 강의 내용이네? 이안이는 아빠의 강의 동영상을 계속 보고 있잖아. 책도 읽고… 투자에서 싸게 사는 게 중요한 핵심이지. 그런데 여기서 싸다는 것은 뭘까? 왜 쌀까?

사람들이 관심이 없어서?

그렇지. 왜 관심이 없을까?

음… 사람들이 좋은 기업을 찾는 능력이 부족해서?

우와~! 정답이야! 아빠가 그걸 더 쉽게 설명해줄게. 만약 우리가 살고 있는 이 아파트를 오늘 30% 가격을 다운시켜 시장에 내놓으면 몇 분 만에 팔릴 것 같아?

바로 팔리겠지.

아마 1초 만에 팔릴 걸. 그런데 기업은 50%, 70% 할인된 기업이 있는데도 사람들이 관심을 갖지 않아. 이유가 뭘까?

글쎄.

밸류에이션을 못하기 때문이야. 이안이는 밸류에이션이 뭔지 알지? 100만 원의 이익을 내는 기업의 시장가치는 얼마가 되어야 할까? 멀티플 10을 준다면?

천만 원.

그렇지! 그런데 우리나라는 100만 원을 버는 기업의 시장가치가 500만원, 300만원인 회사도 있어. 신기하지?

응.

처음으로 돌아가서, 왜 워렌 버핏은 그렇게 잃지 말라는 걸 강조했고 안전마진을 이야기했을까? 훌륭한 기업이 뭘까? 시장가치 대비 싼 기업을 사라고 했지? 아빠는 '섹시한 기업'이라고 하고 싶어. 이유는 기업의 컬러가 많을수록 투자에서도 매력적이기 때문이야. 알겠지?

아직 정확히 알 수는 없지만, 대략 감은 잡혀.

그렇게 감을 잡아가는 것이 투자에 대한 마인드를 키워가는 거야. 오늘은 여기까지!

아빠와 딸의 대화영상 보러가기

혼히 주식시장에서는 100명 중에 90명은 실패한다고 하
던데, 그런 사람들의 특징이 있나요? 책이나 인터넷에서
는 그런 사람들에 대한 이야기가 많던데 그럼에도 왜 계속
생기는 것이죠?

· ◦ ·

한 번도 실패를 하지 않은 사람이 있다면 나에게 보여다오. 그러면 나
는, 그 사람은 정작 살면서 아무것도 이뤄내지 못했다는 것을 증명하
겠다.
존 콜린스

스피커의 말을 고스란히 믿으면 안 된다

투자에 실패하는 유형은 수없이 많습니다. 왜냐하면 상승장에서도 사
실 90% 이상의 투자자는 손실을 보기 때문입니다. 이유는 많지만
주로 대부분의 초보 투자자들이 기업가치를 알지 못하고 공부를 하
려고 하지도 않으며 대충 급등주 매매를 하거나 아니면 정보매매나

테마주* 매매를 하기 때문입니다. 기업가치에 대한 밸류에이션을 할 줄 모르기 때문에 주가가 비싼지 싼지 모른 채 그냥 미래가 좋아질 것이라고 막연히 생각되면 불나방처럼 막 따라 들어갑니다. 그것이 개인투자자들의 실패 유형 중 첫째입니다.

특히 제가 항상 강조하는 것은 "밸류에이션을 해서 쌀 때만 사자! 비싸면 사지 말자!"라는 점이죠. 급등하는 종목은 따라 들어가지 말라고 끊임없이 강조하는 이유도 그런 점에 있습니다. 주위의 많은 투자자나 저를 거쳐 간 제자들만 수백 명이 넘는데 그중에도 10% 정도만이 크게 성공을 거둡니다. 지금은 다양한 분야에서 활동하고 있으며 기관에 가 있기도 하고 애널리스트로 활동하고 조그만 투자회사를 만든 친구도 있으며, 은퇴 후 여유를 즐기고 있는 친구들도 있습니다. 당연히 실패한 사람들도 있습니다. 저에게 배웠다 할지라도 100% 성공하는 것은 아닙니다. 왜냐하면 공부를 많이 했어도 투자 스타일에

● **테마주(Thema株)** 하나의 주제를 가진 사건에 의해 같은 방향으로 주가가 움직이는 종목군. 정치, 연예, 레저, 과학기술, 질병 등 다양한 종류의 테마주가 있다. 일반적으로 같은 테마에 속한 종목들은 주가가 동반 상승하거나 동반 하락한다. 예를 들어, 새정부가 특정 분야의 과학기술을 지원할 계획을 발표하면 관련 기업들의 주가가 오르는 현상이다. 테마주는 주로 급등을 기대하고 모여드는 투자자들로 인해 기업 현황보다는 투기성에 의해 10배 넘게 급등하기도 한다. 역사적으로 보면 테마주는 실패로 돌아갈 확률이 높다.

변화가 생기기 때문입니다.

두 번째는 정보매매에 빠져드는 것입니다. 여의도 증권가에 있는 선수들은 정보매매를 많이 합니다. 정보매매를 통해 엄청나게 돈을 벌었다가 그 정보가 잘못됐다는 걸 모른 채 하루아침에 전 재산을 날린 사람도 있습니다. 사실 정보매매가 상승장에서는 꽤 잘 맞기도 합니다. 시장에는 많은 정보들이 돌아다니는데요, 그것의 팩트 체크를 크로스체킹하기가 만만치 않습니다. 예를 들어 A회사가 무상증자를 한다, 실적이 잘 나온다, 이번에 삼성전자에 납품하기로 했다 등의 들려오는 정보만 듣고 매매하면 언젠가 한번은 그 역정보 때문에 크게 당합니다. 저도 그런 경우가 가끔 있습니다. 수없이 많은 정보가 들어오면 그것을 자신이 직접 크로스체킹하는 것이 가장 중요합니다. 왜곡되거나 과도한 정보를 뿌리는 스피커들이 여의도에는 굉장히 많습니다. 명심하십시오.

스피커는 무진장 떠들고 다니는 사람들이죠. 정보를 일부러 시장에 흘립니다. 찌라시 형태로 뿌리거나 전화나 문자를 이용하기도 합니다. 하루에도 수없이 많은 정보들이 날아옵니다. 가장 중요한 것은 그 정보들을 잘 취합해서 크로스체킹한 후 확신이 든 때만 이용해야 됩니다. 그런데 아무런 확인도 없이 정보만 믿고 한두 번 맞았다 해서 세 번, 네 번, 다섯 번 쭉쭉 들어가면 결국엔 한방에 다 날립니다.

제 후배 A는 게임회사에 투자해 50억 넘게 수익을 보고 있었습니다. 실제로 회사를 방문해 출시 전 게임까지 미리 해보고 여러 명의

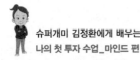

애널리스트의 긍정적인 말을 믿고 계속 투자하다가 전 재산을 한 번에 날렸습니다. 왜일까요? 게임이 출시되고 나서 생각보다 시장 반응이 없었기 때문이기도 하지만 너무 정보에 의지하다 보니 어느 순간 투자자로서 판단력을 잃은 것입니다.

정보의 질에도 차이가 있습니다. 1부터 10까지 내부자 정보도 있을 수 있고, 하나 걸러서 듣기도 하고요, 임원이냐 직원이냐에 따라 정보의 차이도 있죠. 여러 정보가 돌아다니지만 그것을 스스로 확인하기가 만만치 않습니다. 예를 들어, 바이오기업 [헬릭스미스]의 임상 실패가 좋은 예입니다. 임상 발표가 나기 전에 대표이사와 임원진들이 해외에서 찍은 사진, 그 페이스북에 올라온 사진 하나, 밝게 웃고 있는 사진, 그것을 보고 사람들은 성공 가능성을 예측했습니다. 이처럼 페이스북 사진 한 장에 많은 사람들이 정보에 매몰되는, 구렁텅이로 몰아넣었던 결과가 나오기도 합니다. 정보매매를 하다 보면 스스로 파악해야 함에도 그것이 어렵기 때문에 정확성을 알 수 없습니다. 이 점이 정보매매의 가장 위험한 리스크입니다.

여의도 선수들은 정보매매에 의지하고 자주 만나서 여러 모임을 통해 정보들을 교환합니다. 제가 그런 곳에 나가지 않는 이유도 정보매매의 위험성을 너무 잘 알기 때문입니다. 저는 되레 정보를 듣지 않으려 노력하고 있습니다. 왜냐하면 사람을 헷갈리게 할 수 있고 투자 마인드를 바뀌게 할 수도 있기 때문에 저는 투자에 관해서는 제가 직접 보고 직접 확인한 정보만 맞다고 생각합니다.

정보매매의 함정

정보매매는 깊은 함정이 있습니다. 자신이 보유한 종목에 대해 제대로 알지 못한다는 것입니다. 투자자들 중에는 "그 기업이 뭐하는지 중요하지 않다, 나는 차트나 정보매매에 역점을 둔다"고 하는 사람이 있습니다. 자기가 보유하고 있는 종목뿐만 아니라 앞으로 사야 될 종목들에 대해서도 세세하게 모르고 있다는 것이 가장 큰 문제입니다. 자기가 모르는 종목에 투자하는 것이 말이 되나요?

투자를 함에 있어서 가져야 할 자세는 투자할 기업에 대해서는 대표이사, 임원진만큼은 알아야 된다는 겁니다. 그래서 기업의 비즈니스 모델부터 앞으로 나아갈 방향 등을 지켜보고 적어도 몇 년치 뉴스들은 다 읽어보고 투자해야 합니다. 그러나 그렇지 못하다는 게 일반적인 투자자들의 모습입니다. 너무 많은 종목을 보유하지 말라고 하는 것은 백화점식으로 보유하다 보면 안정성은 있을지 모르지만 기업을 제대로 모르기 때문에 실패할 확률이 높기 때문입니다. 투자의 현인들은 2~3종목이면 충분합니다. "올인할 수 있는 종목에 투자해라!" 워렌 버핏도 그렇고 피터 린치도 그렇고 다 같은 맥락의 이야기를 합니다. 그 이유는 많은 기업들을 보유하다 보면 정확히, 오랫동안 깊게 관찰할 수 없기 때문입니다.

초보 투자자는 기업을 깊이 볼 수 없기 때문에 종목 수를 늘리는 것도 나쁘지는 않습니다. 초보에서 중급으로, 또 전문 투자자로 넘어

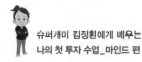

갈수록 기업을 줄이는 연습을 계속해야 됩니다. 기업을 제대로 알지 못하기 때문에 떨어지면 불안하고, 조금만 올라도 팔게 되죠. 이런 것이 가장 일반적인 모습입니다. 개인적으로 이런 상황이 가장 안타깝습니다. 투자를 함에 있어 그러한 어려움을 해결해 나가는 것이 전문 투자자로 가는 길입니다.

세 번째는 게으름입니다. 투자는 숨 쉬는 것과 같습니다, 쉬지 않고 해야 됩니다. 그런데 많은 투자자들이 한번 기업을 공부하다가 관심 또는 투자 종목에 편입해놓고 더는 추적을 하지 않습니다. 트래킹(Tracking)이나 트레이싱(Tracing)을 계속 해줘야 되는데 그걸 하지 않습니다. 중요한 것은 천천히 가되 멈추지 않는 것입니다. 왜냐면 숨 쉬듯이 투자해야 하기 때문입니다. 고3 학생이 대학입시를 위해 수능 공부를 하다가 1주일 쉬면 어떻게 되겠습니까? 공부 리듬이 떨어지고 과거에 외웠던 것까지 까먹기 때문에 다시 리듬을 찾으려면 두 배 이상 고생해야 합니다. 투자 공부도 끊임없이 리듬을 이끌어가야 되는데 많은 투자자들이 투자를 해놓고서 추적하는 작업을 소홀히 합니다. 저는 제가 투자하는 기업과 관련된 모든 뉴스는 매일 체크해서 보고 있습니다. 하루도 쉬지 않습니다. 내일 또 어떻게 변할지 모르기 때문입니다. 너무 바쁜 날에는 뉴스의 제목만이라도 챙겨서 읽습니다. 투자 감을 잃지 않기 위함입니다. 게으른 투자자는 성공할 수 없습니다. 게으름은 투자에만 적용되는 것이 아니라 삶의 성공에도 굉장히 중요하기 때문에 부지런해야 됩니다.

네 번째는 자만입니다. 실패하는 투자자는 자만합니다. 저에게 배웠던 제자들 중에 저를 떠난 후 성공하는 사람도 많지만 실패하는 사람도 적지 않습니다. 주식투자가 조금 하다보면, 그리고 수익 몇 번 맛보게 되면 굉장히 쉬워 보이거든요. 그렇다 보니 슬슬 자만하고 교만하게 되는 거죠. '이제 난 다 알아!'라는 마음이 생깁니다. 그런 사람들은 결국 한번 크게 실패합니다.

"김정환처럼 엉덩이로 투자했다"는 말을 믿는 사람도 있지만 "그렇게 했다가 어느 세월에 돈 버냐!"라고 비판하기도 합니다. "김정환처럼 투자하면 너무 지겹다"라면서 손을 내젓는 사람도 있습니다. 찰리 멍거(Charlie Munge)는 이렇게 말했습니다.

"투자란 몇 군데 훌륭한 회사를 찾아내 그저 엉덩이를 붙이고 눌러앉아 있는 것이다."

옳은 말입니다. 정보들을 쉽게 교환하고, 스스로 확인하지 않고, 친구를 따라가면 서서히 나락으로 떨어집니다. 이렇게 게을러지는 상황이 자만으로 나타나는 것입니다. 마치 시장을 다 내가 아는 것 같고 내가 시장을 이끌어가는 느낌을 갖습니다. 투자에서 가장 위험한 자세입니다. 피터 린치(Peter Lynch)가 이런 충고를 했습니다.

"시장은 투자와 아무런 상관이 없다. 나는 끔찍한 시장에서 돈을 벌어보

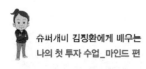

았고, 반대로 좋은 시장에서 돈을 잃어보았다. 시장을 예측하려고 정력을 낭비하지 마라."

이 역시 옳은 말입니다. 그러므로 시장을 안다고 자신해서는 안 됩니다. 저는 지금도 자만하지 않고 교만하지 않고 게으르지 않습니다. 또 절대 정보매매는 하지 않습니다. 보유 종목에 대해서는 이 세상에 어떤 누구보다 많이 알 때까지 공부합니다. 그것이 투자의 기본입니다.

다섯 번째는 과도한 사치입니다. 주식은 하루만 잘 투자해도 10%씩 올라갑니다. 그러면 비싼 술집을 다니고 좋은 차를 사고 해외여행을 다니는 등 소비를 남발합니다. 투자가 쉽게 느껴지는 거죠. 어느덧 교만하게 되고 몸에 맞지 않는 명품을 사거나, 집도 무리해서 크게 옮기거나, 타고 다닐 곳도 없는데 마이바흐를 삽니다.

솔직히 저도 그런 과정을 거쳤습니다. 엄청난 자만에 빠지고 사치하면서 여기저기 까불고 돌아다닌 시절이 있었습니다. 골프도 오래 쳤습니다. 한번은 골프를 치는 날 세 종목이 동시 상한가를 찍었습니다. 하루에 몇 십억을 번 적도 있습니다. 이것이 가장 큰 문제입니다. 다행히 저는 다시 정신을 차렸고 열심히 하고 있습니다, 그런 과정들을 거쳤음에도 크게 잃지 않았다는 것만 해도 다행이라 생각합니다. 과도한 사치와 자만은 몰락의 지름길입니다.

움츠러들지 말라

그 다음에 여섯 번째 '쫄보'들이 의외로 많습니다. 시장이 하락하면 너무 쫄아서, 두려워서 안절부절 못하는 사람들이죠. 이는 투자 마인드와 연관 있습니다. 시장 전체가 떨어져 주가가 하락하면 그 기업에 대한 확신이 사라지고 신뢰도 사라져 마음이 흔들립니다. 그 기업에 투자했던 이유는 까먹고 이제 불안해집니다. 나쁜 악재들만 눈에 보입니다. 기업에 대한 안 좋은 뉴스들만 들리고 누군가 부정적 이야기를 하면 거기에 흔들려 매도 버튼을 누르고 손실을 확정합니다. 그러고 나서 상실감과 허탈감에 망연자실해 합니다.

손실을 확정한 다음에 그 느낌은 겪어본 사람이라면 잘 알 것입니다. 그런데 주식은 내가 팔면 꼭 여지없이 급등합니다. "당신이 파는 것을 시장은 지켜보고 있다"는 말을 명심하세요. '당신이 판 날이 최저점이다!' 물론 이는 좋은 종목을 이야기하는 것입니다. 좋은 기업이라면 하락할 때 충분히 수량을 늘릴 수 있는 기회임에도 많은 사람들은 불안해서 그 기업을 더 담지 못합니다. 그리고 뒤늦게 공부를 시작하죠. 주가가 빠지면 불안해져서 그제야 공부를 합니다. 다시 확신이 생겨 추가 매수를 하면 괜찮은데 시장이 그걸 기다려줄까요? 결국 저점에서 매도하고 나면 그 기업은 급등하고 그렇게 많은 사람이 주식 시장에서 떠나게 됩니다.

반면에 BTS의 인기만 보고 [빅히트]엔터가 상장하자 기업 분석도 없이 무작정 투자에 들어간 투자자들도 많았습니다. 30만 원대에 결혼자금까지 투입했는데 마이너스 30%가 됐다는 기사까지 나왔습니다. 결혼자금을 그렇게 투자하는 사람이 어디 있습니까? 어떤 사람은 이태원에서 식당을 하다가 3억 5천을 잃었는데 날린 돈이 너무 많아 주식으로 만회하려고 3억 빚내서 [빅히트]에 투자했는데 마이너스 40%로 1억 수천이 더 날아갔다고 합니다. 많은 초보 투자자들이 주식 환불 되냐고 물었다지요? 주식은 환불되지 않습니다. 소비재가 아니기 때문입니다.

투자에 앞서 주식을 매입하기 전에 공부를 해야 합니다. 제가 [빅히트]의 경우에는 "상장 첫날 상한가 풀리면 무조건 팔아야 된다"고 이미 이야기했습니다. 기업 분석을 했을 때 시총 4조 정도면 적당하다고 평가했습니다. 그때까지 투자하지 말아야 하는데도 기업의 적정 가치나 현 시가총액 등은 보지도 않고 묻지마 투자 식으로 순간적인 수익을 위해 무작정 따라 들어가서 실패했습니다.

일곱째, 강한 마인드를 지녀야 합니다. 투자에 대해 배운 사람도 마인드가 깨져 있다면 소용없습니다. 그 기업에 대해 확신을 갖지 않으면 흔들릴 수밖에 없습니다. 그것이 초보 투자자의 모습입니다. 떨어지는 주가를 보면 이 세상에 어떤 사람도 의연하게 버티지 못합니다. 더 강한 마인드를 지녀야 합니다. 그래야 시장 하락에서 여유 있게 버틸 수 있습니다.

투자 경험이 쌓이고, 투자 공력이 쌓이는 그 위치까지 올라야 합니다. 공부를 얼마나 했느냐에 따라 마인드는 크게 차이 납니다. 투자는 항상 공부가 되어 있어야 하고 투자 마인드를 갖추기 위해서 실제 시장에 들어와 있어야 되고 그 투자 마인드를 지키기 위해 끊임없이 노력해야 됩니다. 주식투자자라면 숙명적으로 겪어야 될 일들이기 때문에 피하지 못할 하나의 운명이라 받아들여야 합니다.

많은 사람들이 겁을 내는 이유는 손실에 대한 두려움 때문입니다. 특히 최근 상승장에 투자를 시작해서 수익만 봐왔던 젊은 친구들은 손실이 나기 시작하면 벌벌벌 떨리거든요. 저도 투자 초기에 그랬습니다. 투자 초기에 300만 원을 잃었을 때 죽고 싶을 정도로 힘들었습니다. 그때가 30대 초반이었는데 '아… 주식이 정말 무섭구나.'라고 느꼈습니다. 이후로도 큰 위기들을 많이 겪어왔습니다. 서브프라임, 9.11 테러, 코로나19 사태 등을 겪어오면서 '아… 투자는 참 무섭다.'라고 생각한 적이 여러 번 있었습니다.

여러분이 지금 초보 투자자라면 얼마나 하루하루가 불안하겠습니까? 돈 놓고 돈 먹는 시장이라는 주식시장에서 살아남기 위해서는 여러 경험을 충분히 해야 됩니다. 그 경험이 반복되어 온전히 내것으로 체득되기 전까지는 항상 조심하고 집중하고 부지런해야 합니다.

여덟 번째로 귀가 얇은 사람들이 있습니다. 시장에는 안티 세력들도 많습니다. 여러분의 심리를 흔들어놓기 위해 "지수가 폭락할 것이다"라고 말합니다. 인버스*에 투자했거나 공매도를 친 세력일 수도 있습니다. "양도차익 과세만 연말에 10조 이상 쏟아질 것이다, 연기금

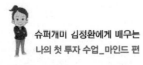

이 10조 이상 팔 것이다, 기관 사태가 터질 것이다, 기관 환매가 많이 일어나 시장에 문제가 생길 것이다"라고 떠듭니다. 부정적 뉴스들은 굉장히 크게 보이고 좋은 뉴스들은 작게 보일 때도 있는데요, 그것은 자신의 투자 철학이 없기 때문입니다. 시장을 보는 관점, 기업을 보는 관점이 머릿속에 잡혀 있어야 되는데 그것이 없기 때문에 시장이 흔들리면 종목도 보이지 않습니다. 기업도 보이지 않고 그냥 시장에 순응해서 쉽게 팔아버립니다. 이 또한 초보 투자자의 큰 문제입니다. 투자자는 기업을 보는 미시적인 관점, 그 다음에 시장을 보는 거시적인 관점까지 머릿속에 갖추고 있어야 합니다.

'투자에 실패하는 사람들의 특징과 유형' 유튜브 강의 보러가기 ▶

- **인버스(Inverse)** 주식관련 장내 외 파생상품 투자 및 증권차입매도 등을 통해 기초지수(KOSPI 200지수)의 일일 변동률(일별수익률)을 음의 1배수 즉, 역방향으로 추적하는 ETF를 말한다. 예를 들어, KOSPI 200지수가 1% 상승할 경우 인버스 ETF는 마이너스 1% 수익률, 반대로 KOSPI 200 지수가 1% 하락시 인버스 ETF는 플러스 1%의 수익률을 목표로 운영된다. KOSPI 200 지수보다 2배수로 움직이는 ETF 상품도 존재한다. 이를 속칭 곱버스라 한다.

○● 투자자는 강한 마인드를 지녀야 한다. 투자에 대해 공부한 사람도 마인드가 깨져 있다면 소용없다. 그 기업에 대해 확신을 갖지 않으면 흔들릴 수밖에 없다. 떨어지는 주가를 보면 이 세상에 어떤 사람도 의연하게 버티지 못한다. 그러므로 강한 마인드를 지녀야 시장 하락에서 여유 있게 버틸 수 있다.

[Q & A] 묻고 답해 보세요!

Q 만약 사업을 한다고 할 때 자신의 원칙대로 하는 것이 좋을까? 아니면 성공한 사람의 말을 그대로 따르는 것이 좋을까? 혹은 실패한 사람의 반대로 하면 될까?

Q 사업뿐 아니라 어떤 일을 결정할 때 자신의 원칙 혹은 타인의 조언 중에서 무엇이 더 중요할까?

아빠는 돈도 많은데
왜 이렇게까지 열심히 살아요?

아빠에게 궁금한 것은, 이미 슈퍼개미라는 호칭도 얻고, 또 돈도 많이 벌었는데 왜 그렇게 열심히 사는 거예요? 이제는 조금 놀아도 되잖아요.

● ○ ●

가장 바쁜 사람이 가장 많은 시간을 갖는다. 부지런히 노력하는 사람이 결국 많은 대가를 얻는다. **알렉산드리아 피네**

부지런하면 처리용량이 커진다

제 유튜브 채널의 구독자분들을 비롯해 저를 알게 된 많은 분들이 저에게 이런 질문들을 합니다.

"왜 이렇게 열심히 살어? 힘들지 않아? 와! 정말 부지런하다!"

열심히 사는 이유의 답은 이렇습니다.

"나는 지금보다 더 열심히 살 수 있어! 아직도 나의 모든 걸 쓰는 건 아니야."

지금은 저의 능력치 중 50% 정도를 사용하고 있습니다. 그리고 "힘들지 않아?"라는 질문에는 이렇게 답합니다.

"힘든 거 모르겠는데? 난 더 힘들게 살 수 있을 거 같은데!"

그리고 "왜 이렇게 부지런해요?"라는 질문에는 이렇게 답합니다.

"원래부터 부지런했어요."

저도 사실 보통의 사람들처럼 똑같이 게을렀고요 별다른 목표 없이 삶을 살았습니다. 그러다가 서른 살이 넘어서면서부터 바뀌었습니다. 열심히 산다는 것, 그 다음에 더 부지런해진다는 것, 그리고 힘들다고 느끼지 않는 것은 저의 처리용량이 그만큼 점점 커졌기 때문입니다. 우리는 286컴퓨터를 시작으로 386시대를 넘어 이제는 엄청나게 용량이 크고 빠른 컴퓨터를 사용하고 있습니다. 사람도 마찬가지입니다. 뇌를 자꾸 쓰다 보면 사용 용량이 커지고 사고의 처리 속도도 훨씬 빨라집니다.

우리에게는 중요한 목표가 있지 않습니까? 열심히 공부해서 투자를 통해 안정된 경제적 자유를 얻는 것입니다. 경제적 자유와 시간적 자유를 얻은 저의 목표는 이제 기록을 남기는 것입니다. 많은 사람들이 저를 통해 주식투자를 제대로 배워 되도록 많은 분들이 경제적 자유를 얻는 것이 목표입니다. 제가 혼자 터득하고 노력해서 체득화시킨 것들을 사람들에게 알려주는 것이 너무 즐겁고 행복하고 보람됩니

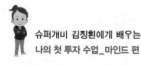

다. 우리 사회 실질 경제교육 활성화와 주식시장의 건전한 투자문화 정착, 그리고 함께 부자 되기가 저의 소명입니다.

주식투자는 공짜로 얻어지는 수익이 절대 아닙니다. 노력에 따라 수익은 2배가 될 수도 있고 3배가 될 수도 있습니다. 저평가된 싼 기업이나 좋은 기업들을 남들보다 빠르게 찾기 위해 매일 쉬지 않고 노력해야 합니다. 그 노력에 따라 지금보다 몇 배 이상 자유롭게 살 수 있습니다. 그러기 위해서는 여러분의 처리속도를 높여야 됩니다. 학습을 통해 286, 386이 아닌 펜티엄으로 업그레이드해야 합니다. 열심히 살면 자동적으로 빨라집니다. 1~2년 하는 게 아니라 5~6년, 10년 정도 한다면 저와 같은 처리속도를 충분히 가질 수 있고 저 이상의 많은 것을 알 수 있습니다.

힘들다 하지 말고 그냥 하십시오. 세상에 안 되는 게 어디 있습니까? 52세의 아저씨도 이렇게 열심히 사는데 왜 여러분이 안 되겠습니까! 그렇지만 간혹 머리를 쉬게 해야 합니다. 컴퓨터도 24시간 켜놓으면 안 되는 것과 마찬가지입니다. 우리가 사는 게 뭐 있습니까? 열심히 살다가 잠깐 쉬고 열심히 살다가 잠깐 쉬고 나이 들어서 충분히 오래 쉬면 됩니다. 그때까지는 '나 죽었다' 생각하고 열심히 하십시오!

물론 세상은 내 뜻대로 아주 쉽게 돌아가지는 않습니다. 그러나 지금의 처리속도를 늘려가면서 열심히 하다 보면 자연스레 이루어집니다. 일단 처음부터 투자의 원칙, 기본에 충실하면서 천천히 따라오십시오. 투자에서 원칙만큼 중요한 것은 없습니다. 처음부터 원칙이나 습관이 잘못 들면 패착이 되어버립니다. 오래된 투자 습관을 버리는 일은 어렵습니다. 백지에 그림을 다시 그리는 것이, 그려진 그림을 고치는 것보다 더 쉽습니다.

성공은 지독한 간절함에서 옵니다. 그 간절함이 있어야 하고 그 다음에 열정을 통해 부지런해지고 목표를 설정하고 실력을 쌓고 처리속도와 용량을 늘려나가면 결과물로 나옵니다. 인생의 시간은 금방 갑니다. 자고 일어나보니 저도 50살이 넘었습니다. 투자를 시작한 지 24년 되었습니다. 이제는 나름의 데이터가 많이 쌓였고 그럼에도 또 지금도 끊임없이 배워가고 있습니다. 우리는 모두 Human입니다. 로봇보다 더 뛰어난 Human입니다. AI 알고리즘처럼 빠르게 돌아가지는 않지만 노력이 쌓이고 쌓이면 로봇을 충분히 이깁니다.

주식시장도 결국 사람에 의해 돌아가기에 인간 심리를 읽어내야 합니다. 그러려면 인문학적 사고를 할 수 있어야 합니다. 경제뿐 아니라 인문학 공부도 반드시 병행해야 합니다. 평소 다방면에 관심을 가지고 다양한 지식에 귀를 기울이십시오. 투자에 큰 도움이 됩니다.

▶
'개형, 왜 이렇게 열심히 사는 거야' 유튜브 강의 보러가기

슈퍼개미 김정환에게 배우는
나의 첫 투자 수업_마인드 편

수익은 행복비용으로 써라

투자자라면 당연히 숫자를 다룰 수 있어야 합니다. 그러나 숫자를 쫓지는 마십시오. 수익은 현실에서 소중한 사람과 행복비용으로 적절히 사용하기를 권합니다. 여러분은 왜 투자를 하려 하십니까? 우리가 본인만을 위해서 하는 것은 아니지 않습니까? 저는 대부분의 투자자들이 가족을 위해서가 1순위, 자신의 성공과 만족을 위해서가 두 번째라 생각합니다.

개인적인 이야기를 하면, 제 어머니는 암 투병 중입니다. 유방암 4기입니다. 매일 엄청난 통증과 싸우고 있으며 기력이 떨어져 걷기조차 힘든 상태입니다. 어머니는 우리나라 최고의 방문판매 세일즈 여성이셨습니다. 목소리와 태도에서 카리스마가 넘쳐났지요. 그러나 지금은 힘이 빠진 아픈 목소리입니다. 그래서 제가 속상한 마음에 어머니에게 정신교육을 시켜 드리기도 했습니다. 저에게는 두 명의 여동생이 있습니다. 여동생의 남편들은 사회적으로 존경받는 전문직 종사자입니다. 이런 가족들이 있는데 무슨 걱정이냐며 약해진 엄마를 질책하기도 했습니다.

그런데 어머니는 그게 걱정이 아니었습니다. 연일 주식시장은 폭락하고 나라가 망할 것 같은 뉴스가 쏟아지니 투자자인 아들이 주식으로 고통받을까 걱정되어 힘이 없으셨던 것입니다. 깜짝 놀랐습니다. 본인 몸이 그렇게 아픈 와중에 아들 걱정을 하시다니! 전 조용히 말씀 드렸습니다.

"엄마, 나 올해 사상 최대 수익이야. 걱정할 필요 없어. 부동산만 해도 150억이 넘는데 무슨 걱정이야. 모든 병원비와 비용들은 내가 다 책임질게."

때마침 장모님도 아프십니다. 큰 수술을 하셔야 합니다. 큰아들도 있지만 제가 다 책임지겠다고 했습니다. 가족 중에 아픈 사람이 있으면 모두 힘들어집니다. 돈이 없다면 더욱 힘들어집니다. 우리가 주식에서 살아남으려 하는 이유는 가족이 함께 행복하기 위해서입니다. 그것을 잊어서는 안 됩니다. 투자에 빠져 현실을 망각하는 우를 범하지 마십시오. 투자도 하루에 일정 시간 충실해야 하듯이 가족도 그만큼의 비중을 두어야 합니다.

현실이 우선되어야 합니다. 현실을 외면한 채 뜬구름 잡듯 투자의 환상에만 빠져 현실을 소홀히 한다면 반드시 후회하는 인생이 됩니다. 투자에 성공한들 현실의 삶과 주위에 남아있는 가족이 없다면 무슨 의미가 있겠습니까?

---

* 편집자주: 2021년 1월 21일, 유튜브 〈슈퍼개미 김정환〉 채널의 1호팬이자 열혈 구독자셨던 어머님께서 소천하셨습니다. 故 이영자 여사님의 명복을 빕니다.

○● 주식투자는 공짜로 얻어지는 수익이 절대 아니다. 노력에 따라 수익은 2배가 될 수도 있고 3배가 될 수도 있다. 저평가된 싼 기업이나 좋은 기업들을 남들보다 빠르게 찾기 위해 매일 쉬지 않고 노력해야 한다. 그 노력에 따라 지금보다 몇 배 이상 자유롭게 살 수 있다. 그러기 위해서는 뇌의 처리속도를 높여야 한다.

[Q & A] 묻고 답해 보세요!

Q 부자들은 돈이 많음에도 계속 열심히 일할까? 아니면 놀면서 살아갈까?

Q 매일 놀기만 하는 삶이 과연 행복할까? 예컨대 매일매일이 일요일이라면 어떻게 될까?

Q 행복하기 위해 쓰는 돈에는 무엇이 있을까?

15 | 주식투자와 행복은
어떤 관계가 있나요?

주식투자를 하는 근본적인 목적, 더 크게 보면 돈을 버는 근본 목적은 무엇이에요? 그저 '돈을 벌기 위해서' 버나요? 돈이 많아도 행복하지 않은 사람들이 의외로 많던데….

• ◦ •

고뇌를 거치지 않고는 행복을 얻을 수 없다. 황금이 불에 의해 정제되는 것처럼 이상도 고뇌를 거침으로써 순화되는 것이다. 천상의 왕국은 노력에 의해 얻어지는 것이다.   **도스토예프스키**

행복하지 않았던 투자스토리

우리가 주식투자를 하는 이유는 딱 하나에요. 행복하게 살기 위해서! 그리고 더 나은 삶을 살기 위해서입니다. 여러분이 이 책을 읽고 있는 이유이기도 합니다. 경제적 자유를 얻고 시간적 자유를 얻어 행복해지려 열심히 하는 거 아니겠어요? 저도 마찬가지입니다. 제가 조금 희

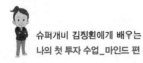

생해서 열심히 산다면 가족에게 엄청난 편안함과 행복을 줄 수 있다고 생각하기 때문입니다.

여러분은 주식투자하면서 특히 하락장에서 많이 느끼실 겁니다.

"아, 이게 참 행복하지 않다. 주식투자는….."

투자하면서 행복해야 되는데도 많은 투자자들이 행복을 잃고 있습니다. 저도 20년 이상 투자했지만 자주 느낍니다. 물론 이제는 어느 정도 경제적 자유를 얻었기 때문에 행복을 유지하며 살아갑니다. 그러나 경제적 자유를 향해 달려가는 분들에게는 굉장히 어려운 상황이 닥칠 수 있습니다. 늘 불안함이 공존하고 고충이 따릅니다. 그래서 투자할 때, 행복한 투자를 하자고 항상 말씀 드리는 이유입니다.

저도 투자하면서 행복하지 않았던 경우들이 꽤 있습니다. 왜냐하면 어떤 기업을 선택하느냐에 따라 행복은 달라질 수 있기 때문입니다. 불안한 주식투자, 예를 들어, 저는 바이오기업 [헬릭스미스]에 6년 정도 장기 투자하면서 굉장히 불안감을 느꼈습니다. 노심초사하고 바이오회사이기 때문에 공부를 해나가는 과정에서 어려움을 겪었고 주가 등락폭이 컸습니다. 그래서 정말 끊임없이 주식담당자(주담)*와 통

• **주식담당자** 상장회사에는 주식담당자가 있다. 금융감독원의 전자공시시스템 (http://dart.fss.or.kr)으로 들어가 회사명을 입력하면 주식담당자의 전화번호와 직책 등이 나온다. HTS에서도 주식담당자의 전화번호와 직책이 게시된다. 주식담당자에게 전화하는 것을 어려워하거나 부담을 가지면 안 된다. 단 1주만 가졌어도 주주는 기업에 대해 문의할 수 있다.

화했었습니다. 기업과 관련된 논문이나 모든 정보들을 취합하는 과정에서도 굉장히 어려움을 겪었습니다. 그 과정이 무려 5~6년이었으니까요. 결코 행복하지 않았던 시간이었던 것 같습니다.

[헬릭스미스]는 초기에 계좌를 관리하는 증권사 직원이 추천하면서 5만원 대부터 사모아 갔습니다. 제가 투자하는 동안에만 회사는 유상증자를 3번이나 했습니다. 5만원부터 투자해서 성장주에 투자하겠다는 마음을 갖고 바이오산업 전체를 공부하면서 제 비중은 계속 커져갔습니다. 22만원까지 매수에 들어갔으니까요. 수량도 거의 70억 이상 투자했습니다. 평가금액으로는 100억이 훨씬 넘었을 것입니다. 30만원까지 두 번이나 올라갔던 기업이니까요.

그래서 제가 미국 샌디에이고에 있는 [제노피스](Genopis Inc)까지 탐방 가기로 마음먹고 미국 여행을 잡아놓았습니다. 가족여행을 가려 했는데 회사에서 허락해주지 않아 혼자 샌디에이고에 가서 무작정 [제노피스]를 찾아갔습니다. 최고 관리자와 기업을 속속들이 다 보았습니다. 좀 실망했지만 배운 것은 많았습니다.

그전에 저는 [헬릭스미스]의 임상 결과를 볼 자신이 없었습니다. 그래서 임상 전에 처분하겠다고 끊임없이 공언했습니다. 그래서 미국에 가기 전에 27만원 대부터 전량 처분했습니다. 그러는 와중에 김선영 교수가 담보대출을 크게 받으면서 - 저는 이게 가장 결정적 도화선이 되었다고 보는데요 - 400억을 과연 어디에 쓸 것이냐?라는 생각을 했습니다. [제노피스]에 써서 최대주주 지위로 올라갈 것이냐,

아니면 유상증자를 할 것이냐? 저는 유상증자라 확신했습니다. 그래서 [헬릭스미스]를 전량 매도하고 미국으로 건너가 [헬릭스미스]를 1주도 보유하지 않은 상태에서 [제노피스] 탐방을 했던 것입니다.

탐방 후 느낀 것이 뭐였냐면 '아, 내가 그동안 과도한 투자를 했다. 그리고 이 회사는 기대했던 CMO로 뜰 수 있는 가능성은 매우 적겠다'라고 판단했습니다. 매도하는 과정에서도 주위 투자자들에게 알려주었습니다. 직접적이든 간접적이든 공개적인 글도 많이 썼습니다. 그리고 전화 통화도 굉장히 많이 했습니다. "헬릭스미스를 더 이상 보유하지 않겠다"라고 공언도 했었습니다. 그러자 많은 [헬릭스미스] 투자자들은 "다 팔고 나더니 안티가 되었다"고 공격해 왔습니다. 그럼에도 제 판단을 믿었기에 지속적으로 경고 메시지를 날렸습니다. [헬릭스미스]는 2번의 유상증자 후에 다시 한번 유상증자를 했고 5~6만원 대에서 버티고 있던 주가는 3만원 대로 곤두박질쳤습니다.

이렇게 과거를 돌아보면서 느낀 것은, 투자를 하면서 '아, 행복하지 않다! 내가 보유해서 행복하지 않은 종목은 정리하자!'라는 교훈입니다. 실제로 500번 정도 주담 통화를 하고, 3~4번 주주총회에 참석하고, 수없이 글을 썼고, 수없이 기업분석을 해서 다른 기업에 비해 노력은 10배 이상 했으면서 불안함은 사라지지 않았던 것입니다.

행복하지 않으면 팔아라

▶
행복하기 위해
주식투자 하는 것
유튜브 강의 보러가기

우리는 잘 모르는 것에 투자하는 것을 경계해야 합니다. 그리고 보이지 않는 것을 보려고 하는 것이 중요합니다. 그러나 아무리 해도 보이지 않는 것을 어떻게 하겠습니까? 저는 [헬릭스미스]의 미래를 보지 못한 겁니다. 그래서 과감히 전량 매도하고 해외여행을 떠난 것입니다. 그리고 나서야 마음속에 평안함과 행복을 되찾게 되었습니다. 투자를 하는 이유는 행복하자고 하는 것인데 투자하면서 행복하지 않았다는 것! 이것이 매도의 가장 큰 이유였습니다. 그리고 아무리 노력해도 보이지 않는 것을 볼 수 없었고, 만질 수 없는 것을 만지려 해도 만져지지 않았던 것! 이것이 6년의 투자 여정이었습니다. 지금까지도 가장 행복하지 않은 투자로 기억에 남아 있습니다.

많은 투자자들이 실제로 불안해하면서, 행복하지 않으면서도 주식에 투자하고 있습니다. 투자의 첫째 원칙은, 행복하자고 하는 것입니다. 보이지 않는 것을 보되 볼 수 있어야 하고, 만질 수 없는 것을 만지되 만질 수 있게 되어야 합니다. 그래야 행복해집니다. 보이지 않는 것을 본다는 것, 그리고 만질 수 없는 것을 만지게 된다는 것. 그것이 어떤 기업의 유형인지는 여러분이 직접 풀어내야 합니다. 여러분께 드리는 숙제입니다. 과연 무엇이 우리를 보게 만들고 무엇이 기업가치를 만질 수 있게 만드는 것인지 한번 풀어보십시오. 이 책을 다 읽고 나면 답을 알게 될 겁니다.

슈퍼개미 김정환에게 배우는
나의 첫 투자 수업_마인드 편

○● 우리는 투자하면서 행복해야 되는데도 많은 투자자들이 행복을 잃고 있다. 어떤 기업을 선택하느냐에 따라 행복은 달라질 수 있다. 그러므로 잘 모르는 것에 투자하는 것을 경계해야 한다. 나아가 기업의 이면에 가려져 있는 보이지 않는 것을 보려고 노력해야 한다.

[Q & A] 묻고 답해 보세요!

Q 돈은 행복과 정비례할까? 아니면 아무런 관계가 없을까?

Q 지금 10만원이 생긴다면 무엇을 하겠니? 그것이 행복과 어떤 관계가 있을까?

16 | 모든 투자는 스스로 결정해야 하나요?

간혹 뉴스나 책을 보면 '주식투자는 오로지 본인의 책임이다'라는 말이 나오는데, 전부 자신이 책임을 져야 하나요? 다른 사람의 말을 믿고 투자했다가 몽땅 잃으면 어떻게 하나요?

• ○ •

기회를 찾아내지 못하면 스스로 기회를 만들라.　　　J. 워너메이커

처음부터 명확히 하라

누구도 인생을 책임져주지 않습니다. 오직 자신을 믿고 열심히 공부해야만이 뜻하는 바를 이룰 수 있습니다. 원칙이 보호해 줄 것입니다. 기업의 오너 마음으로 투자해야 하며 노력과 수익률은 비례합니다. 요행을 바라면 안 됩니다. 경험을 반복해서 자기 것으로 만들어야 합

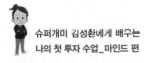

니다. 주식에서 비중 조절이 필요하듯 삶에도 비중 조절이 필요합니다. 특히 매번 강조하지만 일과 가족에 충실해야 합니다.

많은 투자자들이 오늘도 시장에서 사라집니다. 두려움에 사라져버리고 마는 것입니다. 처음엔 또렷했던 시각도 사라지고 소리마저 페이드아웃(Fade-out)됩니다. 처음에 가졌던 확증은 사라지고 의심만 남게 됩니다. 제가 보유한 어떤 종목은 신용(증권사에서 돈을 빌려 주식을 사는 것)이 10%가 넘으면서 급등했습니다. 금액으로는 거의 150억에 가까웠습니다. 투자자들이 욕심에 눈이 멀어 신용으로 주식을 샀던 것입니다. 이후 신용물량들이 페이드아웃되면서 투자자들도 함께 사라져 갔습니다. 투자는 시간이 지날수록 페이드인(Fade-in)되어야 합니다. 점점 또렷해져야 한다는 것입니다. 코어(Core)를 지탱하고 주위의 소음은 애써 무시해야 버틸 수 있습니다.

"당신은 무엇을 보고 인연도 없던 이 종목에 돈을 집어넣은 것인가?"

처음부터 명확했어야 합니다. 모든 소음이나 잡음에도 견딜 수 있는, 자신을 지탱하는 원칙을 가져야 합니다. 대부분 사람들은 유행을 타는 투자를 합니다. 매일매일 섹시한 종목을 찾으러 다니며 수많은 찌라시들을 받습니다. 철학도 원칙도 없이 유행을 빠르게 바꿔 입을 뿐입니다.

저는 나만의 원칙과 철학을 추구합니다. 그 유행이 오든 안 오든 상관없습니다. 나만의 스타일을 입을 뿐입니다. 투자는 Fade-out에서

Fade-in으로 가는 과정입니다. 유행을 따를 것이냐 유행을 선도할 것이냐는 본인이 결정할 문제입니다.

투자는 모두에게 힘듭니다. 불안하지 않을 때까지, 두려움을 제거할 수 있을 때까지 근거를 찾으며 버텨야 합니다. 이조차도 열심히 하지 않을 작정이라면 직장 다니며 차분하게 저축하는 것이 훨씬 더 좋습니다. 투자자는 남 믿지 말고 자신을 믿어야 합니다!

시간을 걸어가는 주식투자자

저는 우연히 대학원 때 주식투자를 접하게 되었습니다. 수업에서 배우는 것도 있었지만 인생의 돌파구를 찾으려 끊임없이 노력하는 시기이기도 했습니다. 다른 친구들처럼 대기업에 들어가 평탄한 삶을 살 것이냐 아니면 떵떵거리고 살아볼 것이냐 하는 기로에 서 있었던 시기였습니다. 누구도 저에게 해법을 제시해주지는 못했습니다. 주식투자 공부를 차근차근 해나가야 한다는 바이블도 없었으며 지금 이 순간에도 마찬가지입니다. 딸에게 경제와 사회, 주식투자를 가르치면서 그것을 다시금 정립해 나가고 있는 중입니다.

주식투자를 처음 시작하면서 가끔은 객장을 드나들었습니다. HTS가 처음 생기던 시기이기도 했고 컴퓨터와 인터넷 속도가 느려 가끔은 종로2가에 있는 삼성증권 객장에 갔습니다. 증권사 담당자들과 대

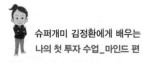

화도 나누고 때로는 종이에 쓴 매수/매도 주문지를 창구에 밀어 넣고 기다리기도 했습니다. 대부분의 나이든 아저씨와 아주머니들은 객장 전광판을 지켜보고 있다가 뜨는 종목이 있으면 창구로 뛰어가 주문을 넣었습니다.

"저 사람들은 과연 무엇을 보고 투자하는 것일까?"

그들은 시세를 보았습니다. 움직이는 가격을 뚫어지게 보고 있었습니다. 매수가 끝나면 흡연실에 삼삼오오 모여 종목에 대한 설전이 펼쳐지곤 했습니다. 저는 끊임없이 담당직원에게 물었습니다.

"당신은 무엇을 보고 종목에 투자하느냐?"

그들은 주로 정보와 차트 매매를 했습니다.

"이 주식이 올라가네, A와 B가 합병한대! 차트 죽이는데~"

그냥 이런 투자 방식이었습니다. 투자도 아니고 투기도 아닌 시절이었습니다. 전 답을 찾을 수 없었습니다. 그리고 닷컴버블*이 왔습니다.

"왜 이 기업은 이렇게 수백 배씩 오르는 것일까?"

• **닷컴버블(dot-com bubble, IT버블)** 1995~2000년에 미국 등 세계 여러 국가에서 발생한 인터넷 관련 기업들의 대실패와 거품 경제 현상. IT기술이 발전하면서 관련 기업들이 우후죽순으로 생겨났으나 많은 기업들이 실패로 끝났다. 미국, 한국, 독일이 가장 큰 영향을 받았다. IT버블로 인해 벤처기업들에 부정적 인식이 생겨나면서 '스타트업'으로 바뀌었다.

물론 대부분 깡통이 되었지만 저는 그때 알았습니다. 주가는 미래의 불확실한 기대를 막연히 당겨쓴다는 것을! 10년도 당겨쓰고 어떤 때는 미래가 어떻게 될지 모르니까 수천 년을 당겨다 쓰기도 했습니다. 이런 앞뒤 생각 없는 투자를 해서는 안 되겠다 다짐하고 가치투자 공부를 시작했습니다. 공부하는 데 많은 시간이 필요하다는 것을 알고 투자와 공부를 병행했습니다. 한 종목을 골라놓고 증권사 IB팀에 있는 후배들을 만나기도 하면서 리스크를 하나씩 줄여 나갔습니다. 모르는 재무제표는 후배나 친구들을 통해 알아가기도 하면서 기업평가에 부족한 제 자신을 채워나갔습니다. 훗날 사람들이 성공 비법을 물으면 이렇게 대답했습니다.

"나는 한 종목을 깊이 팠다."

그 종목을 분석하는 데 필요한 모든 것을 공부하는 방법을 택했습니다. 천천히 부족한 부분을 채워나갈 때쯤 1년 만에 보유한 종목의 주가가 4배 상승을 합니다. 저는 투자를 거꾸로 배운 것입니다. 투자를 시작하고 동시에 부족한 부분을 채워나갔습니다. 패턴으로 승승장구했습니다. 점점 투자가 디테일해지기 시작했습니다. 과거의 투자를 돌이켜보면 아찔합니다. 물론 대세 상승 시기였기도 했고 몇 번의 운과 직관력에 의존했지만 결과는 성공이었습니다. 그러나 지금은 다릅니다.

앞으로의 투자는 점점 더 힘들어질 것입니다. 투자는 점점 더 AI 알고리즘 매매가 시장을 지배해 가고 있습니다. 예전의 방식으로는 안 됩니다. 더 디테일해져야 합니다. 기업은 더 빠르게 바뀌고 산업 사이클도 빠르게 움직입니다. 투자자도 그만큼 더 빨라져야 합니다. 아니면 더 느려져야 합니다. AI만큼 빨라지거나 AI가 기다릴 수 없는 긴 시간을 이용해야 합니다. 과거와 현재를 이용해 미래를 초월해야 합니다.

"더 디테일해져야 합니다. 시간을 초월해야 합니다. 아주 빠르거나 아주 느리거나!"

끊임없이 산업과 기업을 봐야 합니다. 과거를 보되 버려야 합니다. 그리고 냉정해야 합니다. 투자하기 힘든 시기에 경제적 자유를 얻고자 하지만 쉽지 않다는 것을 우리 모두 잘 알고 있습니다. 그래도 절대 지치지도 포기하지도 마십시오. 쉽지 않지만 안 되는 것은 아니기 때문입니다. 여러분, 당장 일어나서 닥치는 대로 리포트들을 읽으십시오!

○● 앞으로의 투자는 점점 더 힘들어질 것이다. AI 알고리즘 매매가 시장을 지배해 가고 있다. 이제 투자는 예전의 방식으로는 안 된다. 더 디테일해져야 한다. 기업은 더 빠르게 바뀌고 산업 사이클도 빠르게 움직이므로 투자자도 그만큼 더 빨라져야 한다. 아니면 더 느려져야 한다. AI만큼 빨라지거나 AI가 기다릴 수 없는 시간을 이용해야 한다.

[Q & A] 묻고 답해 보세요!

Q 네 친구가 너에게 '이것을 하면 좋다'고 해서 그대로 따라 했는데 좋지 않은 결과가 나오면 그것은 누구의 책임일까?

Q 다른 사람의 조언, 충고에 대해 어떻게 생각하니?

Q 주식에 대해 더 깊이 알고 싶은 마음이 있니? 가장 먼저 무엇부터 공부해볼까?

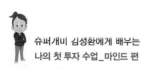

17 | 주식투자에서 후회를 줄이려면 어떻게 해야 하나요?

주식으로 돈을 잃었다는 사람이 많다고 하던데, 그러면 후회되지 않나요? 잃지 않고 후회하지 않는 주식투자를 하려면 어떻게 해야 하나요?

• ○ •

세상에는 과거의 행위에 대하여 후회하는 사람이 많으나, 그보다도 오히려 해야 할 일을 하지 않은 행위에 대해 후회함이 옳다. 인생의 마지막에 가서 해야 할 일을 하지 않은 후회야말로 우리를 슬픔에 빠지게 한다.

브라우닝

내가 그때 왜 그랬지?

지금 주식투자를 하고 계시다면 매일 후회하는 투자자의 삶을 살고 계십니까? 아니면 매일 가슴 떨리는 투자자의 삶을 살고 계십니까? 주식투자는 후회를 줄이는 것입니다. 주식투자를 하다보면 후회가 가득합니다.

과거로 돌아갈 수만 있다면 그 종목을 살 텐데.

아! 그때 내가 봤던 종목인데.

그때 왜 그 종목을 공부하지 않았지?

그대로 들고만 있었으면 됐는데, 왜 너무 쉽게 팔아버렸지?

더 많이 사둘 걸.

그러나 지금 이 순간에도 수많은 기회들이 스쳐 지나가고, 머지않아 몇 주 전, 아니 단 며칠 전으로만 돌아갈 수 있다면 얼마나 좋을까 하고 많은 분들이 생각할 것입니다. 그렇게 오늘도 시간은 가고 있습니다. 다시 미래가 다가오고, 바로 이 순간도 곧 과거로 남게 됩니다.

그렇기 때문에 가치투자자들은 항상 공부하면서 자기가 고를 종목, 기업들을 열심히 분석하며 관련된 사소한 뉴스까지 놓치지 않아야 합니다. 기업의 재무제표와 사업보고서, 주석까지 일일이 다 챙겨보면서 공부하는 것이 내가 보유한 기업의 미래가 어떻게 변해갈 것인지 구체적으로 시나리오를 그리고 추적해 나가는 길입니다. 이러한 과정과 실력이 결국 투자에 있어 가장 큰 자산이 됩니다.

우리는 투자뿐 아니라 일상생활에서도 대부분 후회하는 삶을 삽니다. 삶이나 투자에서 그 반복적인 후회를 줄어들게 하는 것이 핵심이 되어야 합니다. 꼭 담아야 할 종목은 적정한 시기에 담아야 합니다. 반복해서 강조하지만 투자를 하면서 스케줄링 매매나 시나리오 매매를 통해 그 기업의 미래가 가까이 와 있다면 다른 종목을 버리고서라도 담아야 합니다. 적정 시기가 왔을 때는 비중을 크게 늘려야 그만큼 큰 수익을 얻을 수 있습니다.

그러나 대부분의 투자자는 기회가 왔을 때 주춤하고 망설이다가 타이밍을 또 놓치고 후회하는 삶 속에 살게 됩니다. 그 반복적인 후회 속에서 다시 한번 배우게 되지만 배움만 반복된다면 변화는 일어나지 않습니다. 제가 유튜브를 통해 실적시즌이 오면 함께 좋은 기업을 분석하고 발굴하는 방법을 공유하고 있지만 대부분의 사람들은 항상 주가가 크게 오르고 나서야 한탄을 합니다. 제가 자료를 분석하며 보여주었는데도 "그때는 돈이 없었어요", "그때 다른 것이 필요했어요" 아니면 "어떤 종목에 물려 있었어요" 등의 핑계를 대면서 어쩔 수 없었다는 자기 위안을 합니다. 그러나 정말 어쩔 수 없었을까요? 정말 기회를 조금이라도 잡을 수 없었을까요? 그렇지 않다는 것은 본인이 더 잘 압니다. 오늘, 지금 이 순간에도 꼭 놓치지 말아야 될 기업들이 있습니다. 미래 가치를 반영할 수 있는 기업들, 그리고 미래의 실적이 굉장히 좋아질 기업들, 가까운 미래에 엄청나게 사업 영역이 확장될 기업들, 아니면 다소 먼 미래에 반영될 기업들처럼 시장에는 현재 기준에서 미래에 수익을 안겨줄 기업이 언제나 존재합니다. 사실은 넘쳐나는 수준입니다. 자신이 찾지 못하고 알아보지 못할 뿐입니다.

이런 기업들을 찾아내기 위해, 놓치지 않기 위해 공부하고 노력하는 것이 투자자의 하루하루 중요 일과가 되어야 합니다. 투자할 기업을 발굴하고 그 기업에 대해 스스로 확신을 갖는 과정이 가치투자입니다.

그러려면 시장에 존재하는 어떠한 기업도 허투로 보지 않고, 흘러나오는 작은 뉴스도 허투로 보지 않아야 합니다. 생활 속에서도 편의점이나 슈퍼마켓 아니면 백화점에 가서도 어떤 상품도 허투로 보지 않고, 자신의 관심사를 투자 기업과 연관시키는 습관을 들여야 합니다.

나아가 세상과 산업 변화를 유심히 지켜보고, 국가의 어떤 정책이 진행되는지, 그에 따라 사회와 산업에는 어떤 변화가 있을 것인지 끊임없이 집중해서 탐구해야 합니다. 그렇게 정보를 깊게 파는 과정들이 가치투자를 해가는 과정입니다. 이러한 탐구 과정을 통해 특정 기업을 내 것으로 만들었다면 이후로는 끊임없이 더 집요하게 추적해나가야 합니다. 그런데 어떻습니까? 매일 후회하면서 살고 있지는 않나요? '아, 저건 어제 담았어야 되는데', '왜 오늘따라 손이 안 나갔을까?' 이런 식의 안타까운 후회를 반복적으로 하며 살아가고 있습니다. 분석이 제대로 되었다면 고르고 골라서 꼭 담아야 할 기업들은 자신이 원하는 만큼은 비중을 담아야 만족이 됩니다. 그래서 어떤 기업을 얼마나 담을 것인가 하는 문제는 기업을 공부한 투자자의 그릇 차이에 따라 달라집니다.

백화점식 투자가 아닌 전문 투자자의 길로

만약 어떤 기업의 주식을 보유하고 있는데 너무 불안하다면 마음이

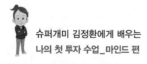

편할 때까지 비중을 줄여야 합니다. 그게 아니라면 흔들리지 않고 마음이 편해질 때까지 더 깊게 공부해서 보유 종목에 대한 확신을 더 가져야 합니다. 자신의 그릇이 아직 안 된다면 기업의 수를 늘리는 것도 방법이며 점점 실력을 키워 확신이 있다면 기업의 수를 줄여 나가야 됩니다. 종목 수를 줄여가는 것이 비로소 가치투자를 넘어 진정한 전문 투자자로 발전해 나가는 과정입니다. 그 다음은 이제 후회를 줄이는 것이 더 나은 고수로 가는 길입니다. 결국은 확실한 종목을 많이 보유하고 있어야 큰 수익을 얻을 수 있습니다.

백화점식 투자로 많은 종목을 조금 조금씩 담고 있다는 것은 그 자체가 아직은 초보자라는 의미입니다. 물론 초보자라면 그런 방식도 나쁘지는 않습니다. 고수가 되기 전까지는 분명 그런 방식의 백화점식 투자가 유리할 수도 있습니다. 왜냐면 너무 모르기 때문입니다. 어떤 뉴스를 접했을 때 ①그 기업이 자신의 투자 종목과 연관이 됐는지 아니면 ②그 기업이 자신의 보유 종목이 가지고 있는 가치를 미래에 반영할 것인지 잘 파악하지 못한다면 여러 가능성을 열어두고 다양한 기업을 보유하는 것도 나쁘지 않습니다. 다만 마구잡이식 보유가 아니라 기업에 대한 기본적 분석이나 투자에 임한 좋은 재료는 파악하고 있어야 합니다.

조금씩 투자 공부를 해나가는 과정에서 정보와 지식도 하나하나 쌓이고 경험도 쌓이면 실력도 복리로 늘어납니다. 주식투자 수익만 복리로 늘어나는 것이 아니라 지식도 복리로 늘어난다는 것을 알아야 합니다. 물론 처음에는 투자와 공부를 병행하는 일이 따라가기 무척 힘들고, 용어도 헷갈리고, 참 막막합니다. 어떻게 공부해야 될지 막연해서 여기저기 기웃거리며 방황하기도 합니다. 그렇지만 꾸준히 하다보면 '어어? 들린다! 이거 뭐지? 내가 이것을 알게 되네?', '어~ 김정환 대표가 하는 강의를 알아들을 수 있을 거 같아! 예전에는 무슨 말인지 잘 이해가 안 갔는데 이제는 쉽게 들려!'라는 수준까지 올라갑니다.

유튜브 구독자 한 명은 이러한 댓글을 달았습니다.

초창기에 슈퍼개미 김정환이라는 사람이 해운주들을 살펴보자면서 실적 시즌에 해운주들의 밸류에이션을 쭉 풀어주었다. 나는 솔직히 '에이씨~' 하고 넘어갔다. 나중에 [대한해운]이 급등한 다음에 아차, 싶은 생각이 들어 다시 그 강의를 찾아보았다. 그랬더니 그때도 해운주들 중에 [대한해운]을 좋게 분석했다는 것을 알게 되었다.

그렇습니다. 제일 좋게 얘기했었습니다. 실적이 워낙 안정적이기 때문이었습니다. 주가가 가치에 맞게 급등하고 나서야 후회하는 그분은 댓글 마무리를 이렇게 했습니다.

아, 그때 좀 더 집중해서 강의를 들었더라면…, 김정환은 정말 미리 봤구나!

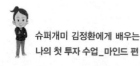

사실 제가 미리 본 것이 아니라 실적 데이터에 있는 것을 그냥 그대로 설명해주었던 것입니다. 실적이 주가에 반영되면서 기업이 제 가치를 받게 된 것이고요. 해운주 외에도 섹터별로 수없이 많은 기업들을 살펴보았습니다. 데이터에 있는 그대로 솔직하게 많이 분석을 했는데 그런 기업들은 어떻게 되었을까요? 3~4개월 후에 신고가(역사상 최고 가격)를 경신하는 모습들을 보였습니다.

제 유튜브 채널의 구독자는 수십만 명입니다. 각 강의의 조회수 모두 수십만 회가 나왔습니다. 그중 몇 분이나 스스로 직접 체크해보고 실제 투자에 임했을까요? 그리 많지는 않았을 것입니다. 왜냐하면 몇 개월 후 실제 주가가 크게 올랐을 때 댓글 중 상당수가 후회의 글이었으니까요. 물론 기업은 스스로 분석해서 찾아야 됩니다. 그리고 스스로 확신을 가져야 됩니다. 저는 미리 경험한, 그리고 조금 더 많이 알고 있는 선배로서 시행착오를 줄여주고 투자하는 방법을 알려주고자 하는 것입니다. 제가 보유하고 있는 기업이라 해서, 제 말만 듣고 무작정 사서는 안 됩니다. 만약 제 말만 듣고 사거나, 제 말만 듣고 판다면 여러분의 실력은 언제까지나 멈추어 있을 뿐입니다. 스스로 선택하고 보유한 종목에 대한 확신을 스스로 갖게 되는 단계까지 부지런히 성장해야 합니다.

투자 공부는 금액에 상관없이 간절함에 비례합니다. 100만 원이든 10억이든 다 소중한 내 돈입니다. 쉽게 생각하지 말고 간절함을 갖고 분석과 공부를 통해 매수하는 습관을 들여야 합니다. 우리는 내일이 기다려지는 투자를 해야 합니다. 내일이 불안하고 후회로 가득하고 스트레스 받는 투자가 아니라 내일이 기다려지는 투자, 미래가 기대되는 투자 말입니다. 자신이 분석하고 공부한 내용이 기업들에 반영되었을 때 그 뿌듯함과 희열을 느끼기 위해 주식투자를 하는 것입니다. 항상 후회하지 않는 투자자가 되기를 바랍니다.

'매일 후회하는 ...' 유튜브 강의보러가기 ▶

아빠의 포인트 레슨

∘• 자신의 투자 그릇이 아직 작다면 기업의 수를 늘리는 것도 방법이며 점점 실력을 키워 확신이 있다면 기업의 수를 줄여 나간다. 종목 수를 줄여가는 것이 비로소 가치투자를 넘어 진정한 전문 투자자로 발전해 나가는 과정이다.

[Q & A] 묻고 답해 보세요!

Q 투자에서 초보자라면 어떤 마인드를 지녀야 할까?

Q 후회는 무엇이라 생각하니?

Q 사고 싶었던 주식이 크게 올라버렸다면 어떤 마음이 들겠니?

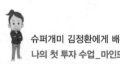

금융시장의 역사와 그림자정부

 이안이는 시간적 자유, 경제적 자유, 관계의 자유 중에 무엇이 가장
중요하다고 생각하니?

시간적 자유.

시간적 자유구나. 그런데 아무리 자유가 좋아도 누구나 약간 긴장하
면서 살아가는 것이 더 좋아. 월요일에서 금요일까지 열심히 일하고
주말에는 가족과 함께 행복한 시간을 보내는 것이지. 우리 가족도 그
러잖아.

응! 나도 그게 좋아.

주말에 아무런 근심 없이 쉬거나 여행을 가거나 취미생활을 하려면
금요일까지는 열심히 일하고 공부해야 해.

알았어.

미국 은행은 미국 정부 것이 아니라고 했지?

응

우리나라의 한국은행처럼 아시아에서는 중앙은행이 정부 소유이고 미국이나 유럽에서는 정부를 대신하는 은행이야. 연방정부은행의 수장들은 대부분 글로벌 IB 출신이지. IB가 뭔지 아니? Invested Bank, 투자은행을 뜻해. 그러니까 투자은행에서 일하던 사람들이 Fed(미국 중앙은행)의 수장을 해. 지금의 제롬 파월 의장도 그렇고 그 전의 재닛 옐런, 벤 버냉키… 다 증권사에서 일하던 사람들이 미국의 은행을 움직여. 그렇게 되면 어떻게 되지? 전 세계를 움직이는 거야. 무섭지?

응.

그 안에 더 무서운 사실이 있어. 대부분이 유대계라는 거야. 유대인들은 경제뿐 아니라 사회, 정치, 예술, 과학 등 모든 분야에서 리드를 하지. 특히 경제 분야에서 뛰어나. 세계 역사를 움직인 유대인들의 이름을 들자면 끝이 없을 정도야. 케네디도 유대인이고, 페이스북의 창업자 주커버그도 그중 하나지. 그들은 어떻게 세계 경제를 이끌까? 인구도 얼마 안 되는데….

그 이유를 정확히 밝혀내기는 어렵지 않아?

그렇지. 세계에서 유명한 가문 중에 로스차일드 가문이 있는데 들어봤니?

아니.

동서양을 통틀어 돈이 가장 많은 가문이야. 세계의 금융시장은 다 잡고 있어. 그 사람들은 와인을 만드는 포도나무를 키워. 와인농장을 가지고 있고 돈놀이를 했어. 돈놀이는 뭐냐면, 돈을 빌려주고 이자를 받는 거야.

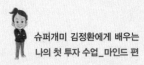

그것으로 부자가 되었다고?

예전부터 지금까지 유대인들이 돈을 많이 벌게 된 것은 돈을 빌려주고 비싼 이자를 받아왔기 때문이야. 아주 악덕 고리대금업자들이었지. 돈에는 피도 눈물도 없는 게 유대인이야. 왜냐면 역사적으로 굉장히 핍박 받았던 민족이거든. 그래서 일찍이 돈의 힘에 눈을 떴어. 돈을 많이 벌기 위해 돈을 빌려주고 높은 이자를 받아 부를 축적해갔지. 돈 버는 데는 천재들이지만 정도 없고 아주 냉정해. 빌려간 사람들이 어려운 처지에 있어도 돈을 다 받아냈어. 로스차일드 가문도 그렇고 록펠러 가문도 다 유대계야. 그리고 우리가 잘 알고 있는 골드만삭스, JP모건, 모건스탠리 같은 글로벌 IB 모두 유대계 자본이야. 세계 오일 머니도 유대인이 쥐고 있어. 유대인의 특징은 하나를 소유하지 않아. 만약 오일을 가지고 있다면 그 반대에 있는 친환경, 전기차, 배터리도 가지고 있어. 왜냐하면 배터리 기술이 많이 발전하면 더 이상 자신들이 가진 오일이 가치가 없어지잖아. 그래서 양쪽을 다 쥐고 있어. 하나가 실패해도 다 망하지 않도록. 그게 투자의 방법이야.

오~ 놀라운 방법인데.

그렇지. 개인에게도 적용해보면 만약 내가 지금 오일회사에 투자하고 있어. 그런데 지금은 기업이 안정적이지만 기술이 발달하거나 시대 환경이 변하면 망할 수도 있잖아. 그래서 반대로 수혜 보는 종목도 가지고 있는 거야. 그러면 위기가 와도 살아남을 수 있지.

사업하는 사람들은 그 방법을 잘 알고 있어야겠네.

그렇지. 세상을 움직이는 3가지 머니가 있어. 유대계 자본, 중국 자본,

아랍 자본. 이들의 특징은 모두 가족으로 연결돼 있다는 점이야. 그런데 비즈니스 방법은 아주 달라. 예를 들어 유대인은 하나를 팔 때 여러 개로 다 쪼개서 다시 하나하나 예쁘게 포장해서 비싸게 파는 스타일이야. 중국 사람들은 하나를 통째로 싸게 팔아. 아랍인들은 하나를 쥐고 아주 오랫동안 팔지. 그래서 유대계는 주로 금융, 투자에 강하고 중국은 직접자산을 좋아해. 땅 사고 집 사는 것을 좋아하는 것이지. 로스차일드와 프리메이슨은 나중에 이안이가 스스로 찾아서 공부해봐.

🧒 응

🧑 프리메이슨에 대해 잠깐 이야기하자면, '세상을 움직이는 것은 프리메이슨입니다.' 이런 말이 있어. 비밀결사조직 같은 거지. 돌을 깨는 석공들이 만들었다고 해서 각도기와 자를 쓰는데 그 사람들이 세상을 만들어 간다는 음모론적 시각이 있어.

🧒 아휴~ 어려운데.

🧑 13살 아이에게는 좀 어려울 수 있는데, 모든 것은 이미 결정되어 있다고 보는 거야. 어떤 일이나 사건이 생기면 그 뒤에 모의가 있다는 거지. 세계는 숨어있는 '그림자 정부'에 의해 돌아간다는 음모론도 있어. Fed는 미국의 정부은행이 아니야. 옛날 케네디 대통령 때 정부은행을 대리하는 은행으로 바꿔버렸어. 그러자 사람들은 Fed 뒤에 더 힘이 센 사람들이 있지 않을까, 의심하는 거지. 그리고 점점 정말 있는 것처럼 생각하게 된 거야. 더욱 재미있는 것은, 옛날에 은행은 고리대금업이었어. 그래서 은행들이 Bank라는 단어를 잘 안 써. 우리가

잘 아는 JP모건, 크레디트스위스 등은 크레딧(Credit)이란 단어를 쓰지. Bank는 사람들에게 사기를 치는 부정적 이미지가 있는 단어이기 때문이지. 물론 미국에도 뱅크오브아메리카(Bank of America, BoA) 등은 Bank를 쓰지만. 여하튼 이게 바로 금융의 역사에 숨어 있는 이야기야.

그러면 왜 동양에서는 뱅크나 크레딧이 아닌 은행이라는 단어를 써?

은행은 은(銀)과 거리 행(行)이 합쳐진 단어야. 옛날 중국에서는 금본위가 아닌 은본위였지. 금이 기준이 아니라 은이 기준인 거야. 그래서 쌀을 은으로 바꾸어주고, 그 은을 빌려주고 그랬는데, 그 일을 하는 사람들이 모여 있는 거리를 '은의 길'이라 부른 거야. 즉 은행이지.

아! 그렇구나. 재미있는데.

맞아, 돈의 역사는 아주 재미있지. 그러한 돈의 숨겨진 이야기와 역사를 알아가는 것도 부자가 되는 지식 중의 하나야. 다음에는 더 재미있는 이야기를 해볼까.

그래~

아빠와 딸의 대화영상 보러가기 ▶

18 | 성공하는 투자자의 습관이 있나요?

앞에서 실패하는 사람의 특징에 대해 이야기했는데요. 그 반대로 성공하는 투자자의 습관이나 특징이 있나요? 그런 것도 소개가 많이 되었을 텐데 성공하지 못하는 이유는 무엇이에요?

• ○ •

성공적인 투자자는 거품 긴 시장에서 조심하고, 공포에 빠진 시장에서 확고한 신념을 가진다.

세스 클라먼

성공과 실패는 종이 한 장 차이

주식에 성공하기 위해서는 여러 기법과 습관(혹은 원칙)이 있습니다. 그중 중요한 습관에 대해 들려드리겠습니다. 여기에 소개하는 습관이 결코 진리는 아니며, 꼭 정확히 들어맞는 것도 아닙니다. 주식투자뿐 아니라 부동산, 비트코인 등 그 어느 분야에도 진리는 없습니다. 자신이 스스로 만들어가는 것이 습관이 되고, 원칙이 됩니다. 중요한 것은 지키는 자세 그리고 실천입니다.

손실을 줄여라

20세기 월스트리트의 천부적 투자자였던 버나드 바루크(Bernard Baruch)는 이렇게 말했습니다.

"발 빠르게 손실을 차단할 수만 있다면 10번 중 3~4번만 성공해도 큰돈을 벌 수 있다."

이 말은 옳습니다. 큰 손실도 작은 손실에서 시작되며 큰 손실을 입으면 영원히 시장을 떠나야 하므로 손실을 최대한 줄이는 것이 중요합니다. 매매 프로그램의 손실제한주문을 설정해 손실 폭을 줄일 수도 있습니다. 거래할 때마다 이 장치를 해두면 매분 매초 상황을 모니터링할 필요가 없습니다. 달리 말하면 주가가 변해도 시장에서 떨어져 나와 평정심을 유지할 수 있습니다. 워렌 버핏의 규칙을 명심하면 도움이 됩니다.

"첫째, 절대 돈을 잃지 마라."

"둘째, 첫 번째 계명을 잊지 마라."

투자 귀재들에게 이 비법을 빌려 언제나 손실을 줄이도록 노력해야 합니다.

수수료를 낮춰라

매달 많은 증권사에서 이런저런 이벤트를 많이 열면서 고객 유치에 열을 올리고 있습니다. 수수료가 높다고 생각되면 한번 체크해 보아야 합니다. 수수료가 높게 부과되는 증권사는 브랜드 인지도 때문입니다. 우리는 증권사 브랜드에 투자하는 것이 아닙니다. 어떤 사업을 하든 경상비를 낮출수록 이익은 늘어납니다. 증권사 브랜드 가치는 중요하지 않습니다. 최대한 수수료가 낮은 증권사를 찾아 계좌를 개설하세요. 요즘은 수수료가 무료인 곳도 있습니다.

개미투자자는 초반에 달리지만 슈퍼개미나 기관투자자는 마지막에 움직인다

자금력이 좋은 슈퍼개미나 기관투자자는 개장 후 시장을 살펴보고 그다지 활력이 넘치지 않으면 안달난 개미투자자들에게 주식을 넘겨준 뒤 조용히 자리를 뜹니다. 그러고 나서 느긋하게 점심을 즐깁니다. 오후 2:30분쯤이면 같은 주식을 더 싼값에 살 수 있으리라는 기대를 안고 자리에 돌아옵니다. 대부분 그 예측대로 됩니다. 달리 슈퍼개미가 아닙니다. 이렇게 일을 제대로 하기 때문에 수익이 클 수밖에 없습니다. 아침에 매매를 하려면 반드시 적은 양만 하세요. 물론 절호의 움직임을 놓칠 수도 있겠지만 결국 손실을 줄이는 습관이 됩니다. 더 좋은 방법은 장 마감 1시간 전부터 매매를 시작하는 것입니다.

시장의 추세를 알고 따르라

추세를 아는 것은 정말 쉽지 않습니다. 그러나 반드시 알아야 합니다. 성공한 투자자가 되기 위해서는 필수조건이기 때문입니다. 매일매일 시장의 추세를 살펴보세요. 매일 보다보면 시장의 움직임, 즉 방향을 예측하는 힘이 길러집니다.

모든 매매를 기록하라

대부분의 사람들은 자기의 지출 내용을 카드명세서든 어딘가에 다 기록하며 모아둡니다. 그런데 과연 주식도 그렇게 할까요? 저는 아니라고 봅니다. 꼭 〈매매일지〉를 작성하세요. 작성 후 매월 말 자신의 매매기록을 분석하세요. 한 가지 매매기법으로 계속 손실을 보았다면 다른 기법을 대입하면서 결과가 어떻게 달라졌을지 예상해 보는 것도 좋습니다. 일지 작성으로 자신의 약점을 보완하고 강점을 부각하면서 주식시장을 공략하세요.

손실을 내고 있을 때 물타기를 하지 말라

주가가 천정부지로 치솟으리라 기대하고 주식을 샀는데 폭락했습니다. 어떻게 해야 할까요? 정답은 가만히 있는 것입니다. 원래 계획을 그대로 고수하면 됩니다. 손실제한가격은 그대로 유지하고 장 마감 시점에 목표가를 낮추고 참을성 있게 기다리면 됩니다. 평단(평균단가)을 낮추어 보겠다고 주가가 내린 틈을 타 더 많은 주식을 매수하면 안 됩니다. 이는 망하는 지름길입니다. 지금도 그 가격에 주식을 보유하고 있지 않습니까? 더 살 이유가 없습니다. 아까운 돈을 무엇 때문에 기우는 종목에 쏟아 붓습니까?

하지만 예외는 있습니다. 내가 산 종목이 확실하고 모든 분석을 마쳤음에도 내가 생각한 밸류에이션을 한참 밑돈다면 물타기를 할 필요는 있습니다. 그러나 물타기는 과하면 독이 됩니다. 주식시장은 상황에 따라 많은 변수가 발생하지만 섣부른 물타기 행위는 좋은 행동이 아닙니다.

아빠의 포인트 레슨

○● 투자에 성공하기 위해서는 올바른 투자 행동을 해야 한다. 손실을 줄이고, 수수료를 낮추고, 시장의 추세를 알고 따라야 한다. 또한 모든 매매를 기록하는 습관을 지녀야 하고, 손실을 내고 있을 때 물타기를 해서는 안 된다.

[Q & A] 묻고 답해 보세요!

Q 삶에서의 성공, 평범함, 실패를 어떻게 규정할 수 있을까?

Q "절대 돈을 잃지 마라"는 워렌 버핏의 말에는 어떤 의미가 담겨 있을까?

Q 투자공부를 하면서 그 과정을 일기처럼 기록할 수 있겠니?

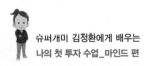

19 | 성공의 투자마인드는 무엇인가요?

 성공하는 사람의 특성에 덧붙여 그 사람들의 마인드가 궁금해요. '비법'이라 부를 수는 없겠지만 특별한 노하우가 있나요?

• ○ •

때때로 투자자는 자기 자신이 가장 큰 적이 된다. 예를 들어 가격이 계속 오를 때 투자자는 탐욕에 이끌려 투기를 하게 되고 낙관적인 전망에 따라 위험천만한 배팅을 할 뿐 아니라 위험을 무시하면서까지 수익을 쫓는다. 반대로 가격이 계속 떨어지면 손실에 대한 공포에 질려 펀더멘털과 상관없이 가격이 계속 폭락할 가능성에만 초점을 맞춘다.

세스 클라먼

본업만큼 열심히 하자

No free Lunch! 공짜로 돈 번다는 생각은 버리세요. 정말 여윳돈으로 본업의 수익을 이기려면 본업만큼 열심히 해야 합니다. 처음에는 힘들지만 지식이 쌓여가면 능력은 무한대로 쌓이게 됩니다.

투자는 속도가 아니라 방향

대부분의 투자자들은 늘 마음이 조급합니다. 하지만 좋은 종목을 들고 있다면 시장이 좋아지면 돈은 저절로 들어옵니다. 잘나가는 종목 이것저것 기웃거리다 보면 애초에 마음먹었던 투자 철학은 온데간데없게 됩니다. 이후 점점 이성을 잃어 도박쟁이가 되어가는 무섭게 변해버린 자신을 보게 됩니다. 스스로 알지 못하면 투자하지 마세요. 노력하지 않을 것이라면 애초에 발을 들이지 말거나 주식시장을 떠나야 합니다. 달리는 말에 올라탈 수도 있지만 떨어질 수도 있습니다. 더디게 가더라도 안전하게 간다면 목표지점은 얼마 차이가 나지 않는다는 점을 명심해야 합니다. 확정된 미래수익이 있는 종목들은 가득 담아 미래의 불빛을 밝혀야 합니다.

투자는 예측이 더 정확해질 수 있도록 끊임없이 보정작업을 하는 것

기업의 발전 단계를 예측하고 실적을 보정해야 합니다. 신사업을 추적하고 그 가치를 예측하고 보정하는 작업을 반복해 나가는 것이 투자입니다. 성공한 사람이 답을 써주길 기대하면 안 됩니다. 저 역시 보정해가는 중입니다. 매도 버튼을 누르는 순간까지도 답을 고쳐가는 것이 투자입니다.

기업의 내부자들만큼 알아라

주식투자를 할 때는 기업의 동반자가 되어야 하고, 내부자들만큼 기

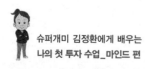

업을 속속들이 알아야 합니다. 작은 것에도 의문을 갖고 끊임없이 질문해야 합니다. 막연히 좋은 종목을 들고 무작정 버티는 것이 가치투자가 아닙니다. 〈사업보고서〉는 한 글자도 빼놓지 않고 꼼꼼하게 읽어야 합니다. 주식을 사기 전에 트래킹하는 것이 아니라 주식을 산 이후에 기업에 대해 더 트래킹해야 합니다.

나아가 투자자는 기업에 대해 세력만큼 알아야 합니다. 내부자와 연계된 작전 세력들은 단기간에 승부를 보려 하지 않습니다. 몇 년간 준비하고 몇 년에 걸쳐 그 주식에서 빠져 나옵니다. 그들은 수백 개의 차명계좌를 이용하기도 하고 IP 추적을 받지 않게 여러 장치를 해놓기도 하며 매일 물량을 체크하면서 수량의 씨를 말려가는 전략을 폅니다. 그리고 미래의 호재거리를 터뜨리고 유유히 빠져 나옵니다. 그들은 모든 것을 다 알고 있기에 급등락을 연출할 수 있습니다.

세력*이 하는 것이 '물량 뺏기'**인지 '물량 털기'***인지는 내부자가 아니면 도저히 알아낼 수 없습니다. 그래서 우리는 예측 가능하고 평가가 가능한 종목에 투자하는 것입니다. 워렌 버핏은 기업을 운영하는 오너의 마음을 갖고 투자하는 것이 최상의 가치투자라 했습니다. 회사에 대해 가장 많이 아는 자들이 가장 큰 수익을 거둘 수 있습니다. 내부자가 아니라면 내부자처럼 생각하고 내부자만큼 정보를 획득하고 노력해야 그들만큼의 수익을 얻습니다. 종목에 대한 막연한 신뢰와 어설픈 정보로는 큰 수익을 낼 수 없습니다.

그 종목을 왜 사야 하는지 한마디로 정의할 수 있어야 한다

살아남기 위해서 우리도 철저해야 합니다. 결국 투자는 수많은 정보를 분석하는 능력입니다. 그리고 어느 정도의 수량을 얼마에 살 것인지 결정하는 것입니다. 노력과 수익률은 비례한다는 사실을 명심하세요. 종목이 선정되면 한 종목을 깊게 파야 합니다. 느려보여도 집중투자는 단 며칠 만에 몇 년 수익을 뽑아냅니다. 꼭 깊이 스스로 종목을 파고 또 파야 합니다. 의문이 해소될 때까지 파야 합니다. 경제적 자유를 얻기에는 10종목이면 충분합니다. 하루하루의 주가를 보는 것이 아니라 긴 호흡에서의 주가를 보는 현명한 투자자가 되어야 합니다.

- **세력** 주식시장에는 주가를 리드하는 세력이 존재한다. 다만 주가의 움직임을 설명하기 어렵다 해서 무조건 세력이라는 이름을 갖다 붙여서는 안 된다. 보통 특정 섹터나 테마주에 많이 존재하며 단기간 주가 급등으로 많은 수익을 취한다. 물론 그러한 단기간의 급등을 일으키기 위해 몇 년이고 긴 준비 기간을 가져왔을 수도 있다. 그들의 움직임이 일반 투자자들에게 드러났을 때는 이미 작전의 마지막 피날레 불꽃을 피우는 순간이며 그들을 추종하는 매매는 큰 손실로 이어지기 쉽다. 따라서 막무가내로 원인도 모르는 상승에 동참하기보다는 이성을 찾아 욕심을 잘 다스려야 한다. 그것이 돈을 지키는 방법이다. 특히 초보자일수록 유혹에 빠지기 쉬우니 조심해야 한다.
- **물량 뺏기** 세력들이 주가를 하락시켜 개미투자자들로 하여금 손절을 유도하게 하는 것. 개미투자자들은 하락 시세가 두려워 낮은 값에 주식을 매도하고, 세력은 싸게 매수하여 충분한 물량을 모은다. 일정 수준 이상 물량이 모이면 그때부터 본격적으로 주가를 상승시킨다.
- **물량 털기** 세력들이 주가를 어느 정도 끌어올린 후 목표가에 도달했다고 판단되면 자신들이 소유한 주식을 쏟아내는 것.

끊임없이 산업과 기업을 봐야 합니다. 그리고 냉정해야 합니다.

　대부분의 투자자는 종목을 선정할 때는 심사숙고하지만 투자를 하고 나서는 눈을 감아버립니다. 장기 가치투자라 하여 종목을 방치해두는 것이 아닙니다. 그 종목을 끝까지 트레이싱하는 과정이 동반되어야 합니다. 인고의 과정일지라도 끝까지 눈뜨고 추적하여야 합니다. 그 과정에서 종목 선정의 기본 철학이 바뀐다면 가차 없이 매도해야 합니다.

싸게 사고 시간으로 버틴다

주식시장은 매우 냉혹합니다. 세력들은 정부, 언론, 애널리스트, 자금력 모두 같은 편으로 플레이하기 때문에 어설픈 개인투자자는 100% 지게 됩니다. 싸게 사고, 시간으로 버티세요. 그러면 세력을 이길 수 있습니다. 큰 시장의 움직임은 거대 세력이 만들지만 종목은 결국 기업이 만듭니다. 개미가 버틸 수 있는 것은 자금이 적기 때문입니다. 적은 자금으로 넣고 빠지기, 그리고 넘치는 시간과 버티기를 잘 활용해야 합니다. 시장을 컨트롤할 수 없다면 순응하고 세력들을 잘 이용해야 합니다. 오늘도 세력들은 당신의 패를 이미 다 보고 있습니다.

다가올 기회를 위해 늘 준비하라

정말 진정으로 가슴 떨리는 투자를 하고 싶다면 그만큼 준비되어 있어야 합니다. 기회가 찾아왔을 때 우왕좌왕하지 않으려면 미리 준비하고 노력해야 합니다. 그러기 위해서는 많은 글을 읽어야 합니다. 뉴스를 보고 반드시 회사의 사업에 대한 주요 정보들을 확인해야 합니다. 작은 이슈라도 놓치지 않아야 합니다. 이슈 이면에는 엄청난 것이 도사리고 있을 수 있기 때문입니다. 관련된 모든 글을 읽고 세상의 변화를 인식하고 투자에 접목시켜야 합니다.

단, 시장을 예측하려 들지 마세요. 주식은 대응의 영역입니다. 누구라도 깨질 수 있습니다. 그러나 위기가 왔을 때 대처하는 것을 보면 그 투자자의 미래가 보입니다. 팔아야 할 땐 이유가 명확해야 합니다. 팔 이유와 대안이 있어야 합니다.

주식투자는 보이지 않는 것을 보려 하는 것이고
만질 수 없는 것을 만지려 하는 것이다

기업이 보인다는 말은 기업이 가지고 있는 사업과 기술력, 마케팅과 기업의 해자(Moat)*를 알게 되는 것입니다. 결국 주식투자는 넓고 깊게 보는 것입니다. Top-Down 방식이든 Button-Up 방식이든 뭐든 보려 하고 만지려 노력해야 합니다. 안 보이는 것보다는 쉽게 볼 수 있는 것을 만져야 합니다. 넓게 보기 위해서는 끊임없이 사업보고

• **해자(垓子 Moat)** 적의 침입을 막기 위해 성 주위에 삥 둘러서 판 웅덩이. 기업에 적용하면, 평균 이상의 이윤을 남기면서 경쟁사보다 저렴한 가격에 공급할 수 있을 때, 그 기업은 해자를 가지고 있다고 말한다.

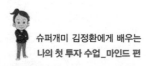

서를 봐야 하고, 깊게 보기 위해서는 산업과 기업의 변화를 봐야 합니다. 나아가 변수가 아닌 상수를 봐야 합니다. 상수가 바뀌지 않는 이상 투자 종목의 변경은 없습니다. 우리는 주식투자를 하면서 상수보다는 변수가 전부인 양 생각하고 투자합니다. 상수는 매출액, 점유율, 자산가치, 해자 등을 말합니다. 투자는 변수가 아닌 상수를 보고 해야 합니다.

매수는 절대 싼 가격에 하는 것이 투자의 기본이다

주식의 가격이 오르면 그제서야 좋아 보입니다. 투자에 성공하려면 쌀 때 좋게 볼 수 있는 능력이 필요합니다. 누구나 다 볼 수 있는 종목은 기대수익이 많이 작아집니다. 무조건 좋은 종목을 싸게 사려면 남들보다 부지런해야 합니다. 그리고 시나리오를 세워야 합니다. 쌀 땐 확신이 없고, 확신이 설 땐 이미 비싸고, 세상 사람들의 50%가 알게 될 때 비로소 나도 알게 되니 비중도 크게 실을 수 없습니다. 그 작은 차이가 고수와 하수의 차이입니다.

- 지금 바닥에 많이 살 수 있는 종목을 알고 있는가?
- 아니면 그런 종목을 보유하고 있는가?
- 고점에 물렸는가?
- 더 사고 싶은 종목이 있는가?

지금 바로 인생을 걸 종목이 있어야 합니다. 내일도 더 빠져달라고 기도할 종목이 있어야 합니다. 그럼 당신은 이미 고수입니다.

당신만의 한 방을 만들어라

시장에서 언급되는 종목마다 조금씩 편입하다 보면 백화점식 주식투자가 됩니다. 주식투자 공부에서 종목 숫자를 줄이는 노력을 해야 합니다. 일단 편입하고 싶은 종목들 중에 1등부터 꼴찌까지 순위를 매겨보세요. 그 순위에 따라 비중을 투입하고 그 순위는 주가 변동에 따라 바뀝니다. 대부분의 투자자는 겉핥기로 기업을 분석하여 이 종목, 저 종목도 믿음이 없습니다. 제대로 알지 못하고 투자하는 경우도 있으며 심지어 제대로 알아보지도 않습니다.

집중 투자하는 이유는 더 좋은 종목을 발견하지 못해서입니다. 더 크고 더 안전하고 더 싼 종목이 있다면 보유하고 있는 종목을 언제든 다 던질 수 있습니다. 기업을 세세히 알게 되기까지는 꽤 오랜 시간이 걸리기 때문에 쉽게 다른 종목으로 옮겨 타기 어렵습니다. 비중이 높은 종목이 올라야 비로소 계좌가 확실히 변신합니다. 그런 경험이 두세 번 반복되어야 진짜 실력입니다. 여기저기 기웃거리지 말고 공부해서 자신의 한 방을 만드세요.

주식시장에는 엄청난 정보의 불균형 속에 1등부터 꼴찌까지 줄을 서 있습니다. 자신이 판단했을 때, 그 정보가 틀리더라도 크게 가치에 훼손이 없다면 버텨야 합니다. 하지만 훼손이 있다면 냉정하게 빠져

나와야 합니다. 스스로 기업에 대해 파악하고 그 정보에 확신이 들었을 때 비중을 늘려가야 합니다. 결국 승부는 얼마나 확신을 가지고 어떤 종목에 비중을 두느냐입니다.

주식투자에서 가장 중요한 것은 초심

주식투자는 배우자를 찾는 것과 같습니다. 투자는 오랫동안 함께 살 동반자를 고르는 것과 같습니다. 하지만 시간이 지나고 익숙해지면 관심과 애정은 점점 줄어들고 외부로 눈을 돌립니다. 초심은 사라지고 단점만 부각되어 보입니다. 많은 투자자들이 "잠깐 외도를 하고 돌아가야지"라고 하지만 주식은 기다려주지 않습니다. 주식투자의 고수가 된다는 것은 어떤 바람이 불어도 흔들리지 않는 것입니다. 내가 원했던 주식의 기본이 바뀌지 않았다면 끊임없이 그 주식의 좋은 점을 보세요.

투자는 마라톤입니다. 투자에서 가장 중요한 덕목은 심리 다스리기입니다. 슈퍼개미들도 다 힘듭니다. 그들도 여러분과 똑같이 깨지면서 버텨나가는 것입니다. 좀 더 나은 것은 버티는 방법을 안다는 점입니다. 초기에 스퍼트를 하여 장기 레이스에서 탈락하는 자가 되지마세요. 선두권 뒤에 서서 바람의 저항도 피한 채 앞 사람의 뒤꿈치만 보고 뛰세요. 가치투자의 최고 덕목은 버티기입니다. 확신과 버티기가 쉽다면 누구나 할 수 있겠지만 혼자로는 버티기 힘듭니다. 특히나 초보투자자일 때는 정말 막막합니다. 그래서 자신보다 나은 사람들의 글이나 생각을 듣고 도움을 받아 마음을 다잡으며 겨우 버텨갑니다. 괜찮습니다. 잘하고 계신 겁니다.

시장에 대한 두려움은 갖되 쫄지 마라

방어는 하되 눈은 상대를 주시합니다. 상대의 더티플레이에 욕을 하되 냉정함은 잃지 마세요. 심판에게 불리한 판정을 받아도 담담히 받아들이되 시합을 포기하지 마세요. 가드를 올리되 언제든 빈 곳을 찾아 주먹을 뻗을 수 있어야 합니다. 일단 먼저 지치면 안 됩니다. 내가 먼저 지치지만 않으면 기회는 옵니다. 결국 정신력입니다. 카운터펀치도 있습니다. 두려움을 이기기 위해서는 보유하고 있는 종목에 대한 철저한 분석이 수반되어야 합니다.

시장에는 스스로 호구가 되어버리는 투자자들이 많습니다. 주식시장에서 호구란 주가가 싸다고, 오른다고, 좋아진다고, 누가 산다고, 차트 좋아졌다고, 호재 공시 나왔다고, 신고가라고, 기관과 외국인 매수가 들어왔다고 그냥 사는 사람입니다.

하락장에서는 과감히 종목을 슬림화해야 합니다. 가장 안전하고 반등이 클 종목으로 마지노선을 정해놓고 과감히 교체매매를 합니다. 시장 전체가 하락한다고 넋 놓고 있을 것이 아니라 팔 종목은 빠르게 자르고. 편입할 종목은 시기를 늦추며 담아가야 합니다.

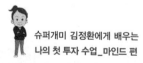

주가의 숫자 움직임에 투자하지 마세요. 기업에 투자해야 합니다. 좋은 기업을 소유하고 기업의 동반자가 되어 그 기업의 이익을 공유하세요.

아빠의 포인트 레슨

○● 주식투자를 할 때는 기업의 동반자가 되어야 하고, 내부자들만큼 기업을 속속들이 알아야 한다. 작은 것에도 의문을 갖고 끊임없이 질문하라. 〈사업보고서〉는 한 글자도 빼놓지 않고 꼼꼼하게 읽어라. 주식을 사기 전에 트래킹하는 것이 아니라 주식을 산 이후에 기업에 대해 더 트래킹해야 한다.

[Q & A] 묻고 답해 보세요!

Q 관심을 갖고 있는 기업이 있니?

Q 그 기업은 어떤 일을 하고 있지?

Q 그 기업은 앞으로 어떻게 성장하고 발전할 것이라 생각하니? 앞으로 그 기업에 대해 계속 관심을 가져볼까?

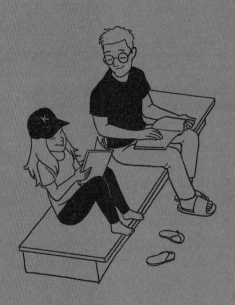

제3부

시장 환경 이해하기

본격적인 시작에 앞서 반드시 알아야 할 기초 개념

20 | 한국 증시만의 특징이 있나요?

우리나라 주식시장만의 특징이 있나요? 회사를 증권시장에 올리고 싶다면 어떤 법적 기준을 따르나요? 상장(등록)이 되었다는 것은 어느 정도 안정된 기업으로 볼 수 있는데, 그러다 정말 망할 수도 있나요?

• ○ •

현재 시장이 갖고 있는 이미지와 실제 사실들 간의 차이를 명확하게 구별할 줄 아는 참을성 있는 투자자가 돈을 번다. **필립 피셔**

한국 증시의 단점

우리나라 증시는 일일 상하한의 제한이 정해져 있습니다. 상한가/하한가라고 부르지요, 상한가는 주식의 상승 제한선입니다. 하루 동안 일정 퍼센트 이상 오를 수 없게 제한합니다. 과거에는 15%였지만 현재는 30%입니다. 예컨대 전날 10,000원에 마감된 주식이라면 오늘은 13,000원까지만 오를 수 있습니다. 하한가도 일정 수준 이상 떨어지지 않도록 제한하고 있습니다. 역시 30%입니다. 전일 10,000원에 마감된 주식은 그 다음 날 최대 7,000원까지 하락할 수 있습니다. 상한가는 투기를 방지하고 하한가는 주주들을 보호하는 역할을 합니다. 반면 미국 주식시장은 제한이 없습니다. 이론적으로는 하루 1,000%* 도 오를 수 있으나 실제 그런 일은 거의 일어나지 않습니다. 또 우리나라는 주식시장 자체가 크지 않고 미국과 중국, 일본 등 관계국의 영향을 많이 받습니다. 코스닥 소형주의 경우에는 작전세력이 많이 존재한다는 것도 문제입니다. 외국인, 기관투자자들의 공매도 그리고 단기 투자자가 상대적으로 많아 종목별 주가가 들쭉날쭉하는 변동성이 크기 때문에 투자자들이 중장기 투자로 수익을 내기 어렵다고 생각하는 경향이 있습니다. 그러나 중장기 투자가 불가능한 시장은 결코 아닙니다.

코스피와 코스닥

우리나라 주식시장은 코스피(KOSPI)와 코스닥(KOSDAQ)으로 나뉩니

• **1,000% 상승** 2020년 3월 25일 나스닥에 상장된 의료서비스 기업 [IMAC Holdings]가 단 하루 만에 최근 저점이었던 0.42부터 장중 최고점 7.21 까지 올랐다가 4.950으로 마감하여 +1000%라는 놀라운 상승으로 마감된 적이 있었다.

다. 주식시장은 증권거래소를 통해 주식을 사고파는 시장입니다. 증권거래소에서 주식을 거래하려면 주식시장에 상장(上場) 되어야 하는데 그 조건이 생각보다 매우 까다롭습니다.

한국 증시의 대표 주가지수이자 유가증권시장의 정식 명칭인 코스피(KOSPI)는 상장 조건이 엄격하기 때문에 대기업 위주로 구성되어 있으며 코스닥 시장에 비해 비교적 안정적입니다. 유가증권시장이란 한국거래소(KRX)가 개설, 운영하는 시장으로써 엄격한 상장 요건을 충족하는 주식이 상장되어 거래되는 시장입니다.

그런데 아무리 유망한 기업이라도 상장조건을 갖추지 못한 기업도 많습니다. 이들 기업의 주식이 거래되는 시장이 코스닥(KOSDAQ)입니다. 한국거래소 코스닥 시장본부가 운영하는 시장으로 유망 중소기업이나 벤처기업을 대상으로 합니다. 첨단 기술주 중심인 미국의 나스닥(NASDAQ) 시장과 유사한 기능을 하는 중소, 벤처기업을 위한 증권시장으로 기업의 자금조달 및 투자를 장려하기 위한 시장입니다. 코스닥에 상장해 안정적으로 규모가 커진 기업은 대부분 코스피로 이전합니다. 코스닥은 시장의 큰 변동성과 기업 리스크 때문에 외국인과 기관투자자는 상대적으로 적은 거래를 보이며 개인 투자자들의 비중이 높다는 특징이 있습니다.

상장의 개념
상장은 주식회사가 발행한 주식이 증권시장에 거래될 수 있도록 하는

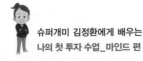

것입니다. 공개된 시장에서 불특정다수의 투자자가 거래할 수 있게 되는 것이지요. 기업이 코스피나 코스닥에 상장하려면 한국거래소의 승인을 받아야 하며 한국거래소는 요건 충족 여부를 까다롭게 심사해서 승인을 해줍니다.

IPO

기업공개(IPO)는 상장 이전에 기업이 일반 대중을 상대로 주식을 공개적으로 매각하는 것을 뜻합니다. 법적 절차와 방법에 따라 주식을 불특정다수의 투자자들에게 팔고자 재무 내용을 공시하는 것을 말합니다. 즉 기업이 최초로 외부 투자자에게 주식을 공개 매도하는 것으로 보통 코스닥이나 나스닥 등 주식시장에 처음 상장하는 것을 말하며 최근 기술 발달 속도가 빨라지며 그에 따른 다양한 벤처기업의 주식공개도 늘어나 시장에 활력 및 주식을 이용한 기업 투자 활성화 문화를 새롭게 형성하고 있습니다.

상장이 주는 장점

기업이 상장을 하는 이유는 상장기업으로서 누릴 수 있는 이점이 많기 때문입니다.

① IPO 단계에서 신주 공모로 대규모 자금을 확보해 신규투자나 인수, 합병 자금, 운용 자금 등으로 활용 가능하다.

② 상장 후 유상증자나 회사채 발행 등으로 증권시장을 통한 지속적인 자금 조달이 쉬워진다.

③ 분할이나 합병, 주식교환과 이전 등을 활용해 경영전략에 부합하는 방향으로 구조조정을 단행하기가 쉬워진다.

④ 기업의 신뢰도 상승, 상장기업으로서 대외 브랜드 인지도가 높아진다.

⑤ 상장 단계에서 우리사주조합에 공모 주식을 우선 배정함으로써 직원들의 사기를 북돋울 수 있다.

⑥ 임직원들에게 주식매수선택권(스톡옵션)을 부여하거나 자기주식을 나눠줌으로써 성과 보상을 통한 성취 동기 유발 효과도 얻을 수 있다.

⑦ 회사 초기 단계에 리스크를 부담하고 투자했던 주주들은 상장으로 자본 이익을 얻을 수 있다.

⑧ 상장기업의 주주들은 주식거래에서 세금 혜택을 본다는 이점이 있다. 비상장기업의 일반주주는 주식 양도차익의 20%를 세금으로 내야 하지만, 상장기업 일반주주가 증권시장에서 주식을 양도하면 양도소득세가 면제된다.

- 코스피 주요 상장 요건
  - 기업규모 : 자기자본 300억 원 이상
  - 설립 3년 이상

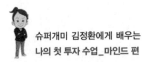

- 3년 평균 매출 700억 원 이상

- 최근 매출액 1,000억 원 이상

- 상장 주식 100만 주 이상

오랜 기간 안정적으로 사업을 지속한 대형 기업들로 등록되어 있어 지수 변동폭이 적은 편이지만 장기적으로 안정적인 성장이 가능한 시장입니다. 반면 코스닥 시장은 중소, 벤처기업들로 구성된 만큼 변동성이 큽니다. 상장 요건 또한 코스피와 비교하여 덜 까다로운 편입니다. 2020년 8월 기준 911개 회사가 등록되어 있으며, 1일 거래량은 14억 4730만 주, 거래금액은 17조 7710억 원 안팎입니다.

- 코스닥 주요 등록 요건
  - 기업규모 : 자기자본 30억 원 이상
  - 설립 후 0~3년 기업
  - 매출액 50~100억 원 이상
  - 시가총액 90억 원 이상
  - 소액주주 500명 이상

코스닥은 1996년 처음 국내 증시에 도입되어 벤처기업과 기술 성장 기업들의 등용문이 되어왔습니다. 코스닥에 상장된 기업들은 비교적 시총이 적어 변동성이 큰 편입니다. 재료나 호재에 따라 소위 대박도

날 수 있지만 반대로 실패도 크게 맞을 수 있다는 점을 명심해야 합니다. 2020년 11월 기준 1,428개 회사가 등록되어 있으며, 1일 거래량은 20억 3726만 주, 거래금액은 10조 7984억 원 안팎입니다.

흔히 말하는 종합주가지수, 즉 코스피(KOSPI)지수는 뉴스에서 주로 다루는 지수입니다. 코스피에 상장되어 있는 모든 기업을 대상으로 산출되며 1980년 1월 4일을 기준 시점으로 합니다. 이날의 종합주가지수를 100으로 정하여 개별종목의 주가에 상장주식수를 가중한 기준시점의 시가총액과 비교시점의 시가총액을 대비하여 산출합니다.

[종합주가지수 = 비교시점의 시가총액 / 기준시점의 시가총액 × 100]

간단히 요약하면 코스피시장에 상장되어 있는 회사들의 전체적인 주식 변동 사항을 기준이 되는 시점과 비교할 수 있는 시점을 서로 비교하여 만든 지표입니다. 종합주가지수(KOSPI)는 주식, 펀드, 예금 등 상품 간의 수익률을 비교하는 기준으로도 이용되며 우리나라의 경제성장 및 발전 가능성을 예측하는 지표로도 이용됩니다.

주식을 빌리는 이유는 공매도를 하기 위해서

가끔 증권시장에서 나오는 소리가 있습니다. 주식시장이 하락 방향으로 이어질 경우 "외국인들의 공매도로 인해 주가가 하락하고 있다. 대차잔고가 늘어나는 것으로 보아 앞으로 공매도는 더 늘어날 것 같다"라는 내용입니다. 공매도와 대차거래, 대차잔고에 대해 꼭 알아두어야 합니다.

우선 대차잔고에 대해 설명하겠습니다. "대차잔고가 늘고 있다"라는 말이 뉴스에 나오면 대부분의 개인투자자들은 무슨 말인지 잘 이해하지 못합니다. 간단히 설명하면 주식을 빌리는 사람이 많다는 것으로 해석할 수 있습니다. 주식을 빌려 다른 사람에게 빌린 것을 갚기도 하고 혹은 공매도와 같은 투자 목적으로 활용할 수도 있습니다.

그러면 대차잔고가 늘었는데 왜 하필 증시는 하락할 가능성이 높다고 예측하는 걸까요? 주식을 빌리는 사람이 많으면 주가는 올라가

[그림 3] 공매도의 매커니즘

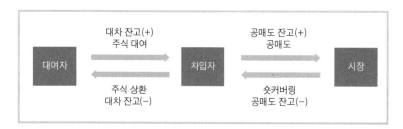

[그림 4] 증시의 대차거래 잔고 추이 그래프

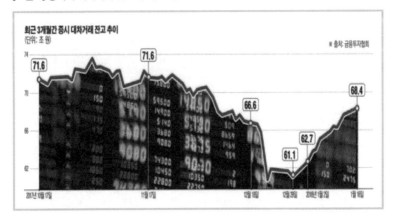

야 정상인데 말입니다. 그 이유는 주식을 빌리는 아주 큰 목적 중의 하나가 공매도를 하려는 것이기 때문입니다. 그럼 공매도가 무엇인지도 반드시 알아야겠죠.

먼저 대차거래는 증권회사가 고객과의 신용거래에 필요로 하는 돈이나 주식을, 주식을 보유하고 있는 금융회사에서 증권을 유상으로 빌려주는 대출 거래입니다. 주식을 살 때는 매입한 그 주식을 담보로 돈을 차입하고, 팔 때는 그 대금을 담보로 주식을 빌려 씁니다. 주식을 빌려 매도한 후 가격이 떨어지면 다시 이를 매수하여 차익을 얻기 위해 활용합니다. 상환기관은 보통 1년이며 대차거래는 신용거래에 따른 결제 외의 목적으로 행할 수 없습니다.

그렇다면 공매도란 무엇일까요? 개인투자자들이 주식투자의 복잡한 규칙까지 세세히 알 필요는 없습니다. 개념과 큰 틀만 알면 됩니다. 공매도는 간단히 말하면 주식을 빌려 파는 것입니다. 이 정도만 파악해도 주식시장의 흐름을 이해하는 데 도움이 됩니다.

예를 들어, 향후 주가가 하락할 것으로 예상하고 현재 10,000원인 주식을 대차거래를 통해 빌려 증시에 팝니다. 그런데 주식을 갚아야 할 날짜가 되니 그 주식이 5,000원으로 떨어졌습니다. 이 경우 다시 5,000원에 주식을 사서 빌린 주식을 갚으면 되고, 남은 5,000원은 공매도자의 수익이 되는 것입니다. 만약 그 반대가 된다면? 당연히 공매도자는 손실을 보게 됩니다. 즉 주가가 오르면 손실을 보는 구조죠. 따라서 대차잔고가 늘어나고 있다는 것은 곧 빌린 주식을 시장에 내다 팔 가능성이 높다는 것을 의미합니다. 그러면 향후 공매도자들은 수익을 내기 위해 주가를 일부러 더 떨어뜨릴 수 있음을 자연스럽게 예상할 수 있는 것이죠. 이 정도의 개념만 알아도 주식 기사를 볼 때 충분히 이해할 수 있습니다.

○● 코스피는 오랜 기간 사업을 지속한 대형 기업들로 등록되어 있어 지수변동폭이 적은 편이지만 장기적으로 안정적 성장이 가능하다. 코스닥은 중소, 벤처기업들로 구성된 만큼 변동성이 크다.

[Q & A] 묻고 답해 보세요!

Q 코스피, 코스닥이라는 말을 들어본 적이 있니?

Q 주식이 왜 오르고 내리는지 그 이유를 아니? 주식으로 돈을 번다는 의미를 알고 있니?

Q 만약 주식투자를 한다면 성공할 수 있을까?

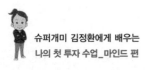

21 | 종합주가지수와 주가는 어떤 관계가 있나요?

매일매일 종합주가지수가 발표되는데, 그것이 각 주식에 영향을 미치나요? 종합주가지수가 오르면 내 주식도 덩달아 오르나요?

● ○ ●

우리는 비관론이 있을 때 투자하고자 한다. 우리가 비관론을 좋아해서가 아니라 비관론 덕분에 주가가 싸지기 때문이다. **워렌 버핏**

주가지수는 두 가지를 더한 것이다

주가지수는 어떻게 끊임없이 상승할까요? 기업은 어떻게 성장할까요? 우선 주가지수에 대해 알아보겠습니다. 주가지수는 경제성장률에 물가상승률을 더한 것입니다.

$$[주가지수 = 경제성장률 + 물가상승률]$$

국가가 가장 두려워하는 것이 무엇일까요? 바로 디플레이션입니다. 디플레이션이란 지속적인 물가 하락을 표현하는 경제 용어입니다. 주가지수가 하락하면 내수 경제의 붕괴를 가져올 수 있고 반대로 경제성장률이 떨어지거나 경제 상황이 안 좋아져도 주가가 하락하기에 주가와 경제는 상호 연쇄 반응이 일어납니다. 따라서 국가는 소비 진작 외에도 물가를 안정시키려는 정책과 동시에 주가를 지속적으로 상승할 수 있는 여력을 만들기 위한 정책들을 끊임없이 연구하고 펼치는 것입니다.

그러한 상관관계에서 기업은 살아 있는 생물처럼 끊임없이 변하고 움직이며 자신의 가치에 따라 주식시장의 평가를 받습니다. 경제성장률과 물가상승률은 계속 복리로 상승하기 때문에 주식 또한 끊임없이 상승합니다. 장기로 보면 주식시장이 결국 우상향하는 이유입니다. 이것이 복리의 마법입니다.

기업은 이익을 항상 유지하려 합니다. 100원에서 5원의 이익을 가지고 간다면 그 5원의 이익에 곱하기 10을 하면 50원이 시가총액이 됩니다. 이를 식으로 정리하면 다음과 같습니다.

$$[시가총액 = 순이익 \times PER(Multiple)]$$

그런데 물가 상승에 의해 가격은 시간이 지날수록 오르게 되어 있습니다. 가격이 100원이었을 때 5%의 마진을 얻는 회사의 시가총액은 5원에 10을 곱해서 50원이 됩니다. 그런데 가격이 1000원으로 오르면 50원 × 10으로 시가총액은 500원이 됩니다. 즉 물가 상승만으로 시가총액이 10배 오를 수 있다는 것입니다. 이렇듯 주가지수는 기업의 개별 실적뿐 아니라 경제성장률과 물가상승률을 반영합니다.

어느 기업이든 한 가지 일만 하지 않습니다. 시장경쟁에서 살아남고자 끊임없이 고민하고 변화하는데 이익 추구를 위해 가격 상승을 꾀하기도 하지만 계속 신제품을 개발하고 출시합니다. 그러면 기업의 이익은 증가하고 이익금으로 더 투자를 하고, 투자를 통해 기업의 밸류에이션이 올라가고 시가총액이 올라갑니다. 이러한 순환이 이어지며 기업은 마치 살아 있는 생물처럼 계속 발전해 나갑니다.

스태그플레이션 : 경기 불황 상태에서도 물가가 계속 오르는 현상

리세션 : 불경기까지는 이르지 않는 일시적인 경기 후퇴

디플레이션 : 재화와 용역의 일반적이고 지속적인 물가의 하락

인플레이션과 디플레이션

인플레이션(Inflation)은 전반적인 물가 상승을 말합니다. 인플레이션

은 주로 수요가 공급보다 많은 경우에 발생하며, 일반적으로 경제가 성장하는 과정에서 잘 생기는 현상입니다. 인플레이션의 종류에는 두 가지가 있습니다.

첫째, 비용인상 인플레이션입니다. 원자재 가격, 임금 등 생산비 상승이 원인이 되어 발생합니다. 물가가 오르면서 GDP(국내총생산)가 떨어지는 경우이기 때문에 경기 침체를 야기합니다. 둘째는 관리가격 인플레이션입니다. 독과점 기업들의 트러스트*나 카르텔**로 인한 관리 가격이 원인이 되어 발생하는 경우입니다.

앞서 이야기했던 디플레이션(Deflation)은 인플레이션과 반대 개념으로 전반적인 물가 하락을 의미합니다. 디플레이션 때는 기업의 도산이 늘고 전체적인 기업 활동은 정체하며, 생산이 축소되어 실업자가 증가합니다. 또 임금 지불연기, 미지불 등 경영 악화가 따르고 중소기업들이 대기업에 흡수되는 일이 발생합니다. 즉 강자만이 겨우 살아남아 위축된 시장을 독식하게 되는 겁니다.

하이퍼인플레이션(Hyperinflation)은 짧은 시간에 발생하는 물가 상승의 폭등 현상입니다. 주로 대규모 자연재해 혹은 전쟁 후에 생산시스템이 무너져 수요를 충족하지 못해 발생합니다.

- 　트러스트(Trust) 독점적 대기업 또는 독점적 대기업을 형성하는 기업의 합동.
- ** 카르텔(Cartel) 기업 간에 상품 또는 용역의 가격이나 생산량, 거래 조건, 거래 상대방, 판매 지역 등을 제한하는 것. 담합이라고 생각하면 된다.

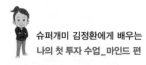

스태그플레이션(Stagflation)은 경기침체라는 뜻의 'stagnation'과 물가상승을 의미하는 'inflation'의 합성어입니다. 경기가 침체하면서도 물가는 오르는 현상을 말합니다. 예를 들어 경기불황인 상황에 석유가격이 급등하면서 원자재 가격들이 함께 올라 물가가 지속적으로 오르는 경우를 들 수 있습니다.

아빠의 포인트 레슨

○● 기업은 살아 있는 생물처럼 끊임없이 변하고 움직이며 자신의 가치에 따라 주식시장의 평가를 받는다. 주식은 경제성장률과 물가상승률이 더해져 상승하기 때문에 장기적으로 결국 우상향한다. 이것이 복리의 마법이다.

[Q & A] 물고 답해 보세요!

Q 인플레이션이 무엇인지 알고 있니? 물가는 왜 오를까?

Q 디플레이션은 좋은 일일까, 나쁜 일일까?

Q 삼성전자는 어떤 어떤 일을 하고 있니? 왜 여러 가지 사업을 하는 걸까?

은행이자가 아닌 투자가 정답

오늘 아빠와 김밥을 함께 만들어보니까 어때?

재미있었어.

이안이는 왜 김밥 싸는 걸 좋아해?

내가 싼 김밥을 다른 사람이 먹는 걸 보면 기뻐.

아~ 정말? 만약 배우 김수현이 싸달라고 하면?

당연히 맛있게 싸주어야지.

김수현을 TV에서만 보고도 믿음이 갔어?

응.

아빠가 강의에서 말한 자산가치, 성장가치, 배당가치 있지? 그 중에 김수현은 어디에 속해?

음… 모든 것.

아하! 김수현은 자산도 있고, 그러면 배당도 있겠네. 자산이 많으니까 당연히 배당도 있겠지. 성장도 있을까?

응

슈퍼개미 김정환에게 배우는
나의 첫 투자 수업_마인드 편

오호! 다 갖춘 사람이네. 그런데 경쟁률이 너무 쎄. 누군가가 김수현을 선택하려 한다면 무엇이 필요하지?

너무 어렵네.

김수현을 선택하려 한다면 그에 맞게 자신의 가치를 올려야 하지.

그 일은 쉽지 않을 것 같아.

맞아. 그러나 불가능하지는 않아. 우리가 지난 대화에서 중요하게 배운 네 가지 원칙이 있었지. 안전마진이 있는 기업을 사는 것, 크게 잃지 않는 것, 싸게 사야 한다는 것. 밸류에이션을 할 수 있어야 한다는 것. 그 네 가지로 자신의 가치를 올릴 수 있지. 그런데 오늘의 주제는 뭐야?

이 책의 주인공이 돈을 벌려면 두 가지 선택이 있다고 말했어. 첫 번째는 돈을 계속 모으는 것이고 두 번째는 매니저, 즉 자산운용 전문가에게 맡기라는 거야.

돈을 계속 모은다는 것은 저축을 말하는 거지. 그런데 저축하면 돈을 벌 수 있을까?

아니.

왜?

왜냐면 그저 쌓이기만 하니까.

그 이유는 왜? 책에 중요한 단어가 나왔을 텐데…

아! 인플레이션.

그렇지. 아빠가 생각하는 건 뭐냐면, 돈은 돌아야 한다는 거야. 돈은 막 돌아다녀야 나라가 좋아져. 국가경제가 성장하지. 지금 코로나 바이러스로 전 세계 경제성장률이 마이너스야. 미국은 32%나 떨어졌어. 우리나라는 3%.

정말?

우리나라는 굉장히 안정적이지. 그래도 돈이 약간씩 돌고 있으니까. 그럼에도 나라에서 돈을 더 풀려고 해. 인플레이션이 뭐냐면, 많은 사람들이 사려고 하기 때문에 물가가, 즉 가격이 올라간다는 거야. 아무도 사려 하지 않으면 가격은 떨어져. 그치?

응

그게 바로 디플레이션이야. 반대말이지. 인플레이션이 일어나야 돈이 돌아. 풍선 안에 뜨거운 바람을 넣으면 팽창하는 것처럼. 그래서 인플레이션이라 하지. 다만 빵 터지면 안 되고 아주 일정하게 천천히 올라가야 경제성장률도 좋아져. 베네수엘라나 브라질은 인플레이션이 너무 높아 돈의 가치가 확 떨어졌어. 그래서 돈을 많이 주고도 살 수 있는 게 별로 없어. 이를 하이퍼인플레이션이라 해. 그런데 지금은 코로나 사태로 디플레이션 상태에 있어. 사람들이 돈을 쥐고 가만히 있는 거야. 이안이도 요즘 집에만 있잖아.

응

그게 바로 디플레이션이야. 시장은 인플레이션이 완만하게 일어나야 경제가 발전해. 이안이는 혹시 경제대공황이라고 들어봤어?

아니.

1929년 미국에 엄청난 경제적 위기가 닥쳤어. 갑자기 주가는 급락했고 1년 만에 성장률이 57%나 떨어졌어. 하이퍼디플레이션이 온 거지. 루

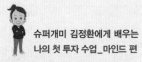

스벨트가 32대 대통령이었는데 '뉴딜정책'을 만들었어. 댐을 건설하고 테네시강 주변을 개발하면서 정부 돈을 엄청나게 쏟아 부었어. 2년 만에 경제를 활성화시켰지. 우리나라도 똑같이 뉴딜정책을 발표했어. 디지털 뉴딜과 그린 뉴딜. 그쪽으로 집중 투자해서 경제를 활성화시키겠다는 거야. 그런데 돈은 쌓아두고 있으면 돌지 못하잖아. 은행이자도 1%가 안 돼. 반면 인플레이션은 1년에 1%가 넘어. 예를 들어 이안이가 갖고 싶은 휴대폰이 100만 원이었어. 그런데 곧 120만원으로 오르지. 내가 은행에 넣어놓은 100만원은 여전히 100만원인데 말이지.

헉!

그러니까 지금은 돈을 그냥 가지고 있으면 마이너스가 되는 시대야. 투자를 통해 불려야 해. 문제는, 내가 직접 할 것인가 아니면 누군가에게 맡길 것인가이지. 이안이는 어떤 선택을 하겠어?

한참 생각해봐야 할 질문이야.

금방 대답하기 어렵지. 책의 주인공 언니처럼 투자에 대해 잘 모르는 사람들이 대부분이야. 공부를 잘했어도 투자에 관해서는 모르니까. 그 언니의 아빠는 돈을 쌓아두지 말고 전문가에게 맡기라고 하지. 반대로 전문가보다 더 벌 수 있다면 직접투자를 할 수 있어. 그 전까지는 간접투자를 이용하라고 권하지. 어쨌든 중요한 것은, 돈은 스노우볼(Snowball Effect)처럼 점점 불려나가야 한다는 거야. 저금만 해서는 안 돼.

"A penny save is a penny earned"라고 벤 플랭클린이 이야기했는데, 지금 이 말을 따라 하면 어떻게 될까?

예전에는 돈을 은행에 맡겨 놓으면 10% 이상의 이자를 벌었어. 그 말은 8년 정도 가만히 놔두면 내 돈이 저절로 2배가 된다는 거야. 그런데 지금은 1%도 안 돼. 요즘 우리나라 '동학개미'라고 들어봤어? 젊은 사람들이 더 이상 은행에 돈을 맡기지 않고 직접 투자를 하려고 해.

응

그것은 맞는 길인데 그러려면 투자 공부를 해야 돼. 이안이도 이렇게 아빠랑 열심히 공부하고 있잖아. 또 질문 있어?

이 책에서 계속 인플레이션을 말하는데 아빠는 인플레이션을 직접적으로 겪어본 적이 있어?

아빠는 인플레이션이 높은 시대에서 낮은 시대로 온 거야. 아빠가 어렸을 때는 우리나라가 매년 10% 정도의 경제성장을 했었거든.

정말?

전 세계적으로도 굉장히 빠르게 성장한 나라였지. 성장에 맞춰 인플레이션도 같이 올랐어. 그렇지만 경제성장도 높았기 때문에 아무 문제가 없었어. 지금 미국 Fed에서… 아, Fed가 뭔지 아니?

음… 들어는 본 것 같아.

Fed는 '미국 연방준비제도'야. 'Board of Governors of the Federal Reserve System'의 약자이지. FED라고 쓰지 않고 Fed라고 표기해. 우리나라로 치면 한국은행 같은 곳이야. 세계의 금리를 조절하고 통화량을 조절하지. 대부분의 사람들은 이곳이 미국 정부기관이라 생각하는데 정부기관이 아니야. 대신할 뿐이지. 그곳의 파월 의장이 앞으로 금리를 낮게 유지하겠다고 발표했어. 그 말은 은행에서 돈을 빌

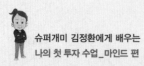

려 다소 위험한 곳에 투자하라는 말이야. 그래서 사람들이 막 다양한 투자를 하고 있어. 돈이 돌아가게 하기 위해 일부러 돈을 막 푸는 거야. 우리도 얼마 전에 재난지원금을 받았잖아, 그걸 마중물이라고 해.

마중물?

펌프 본 적 있니?

응. 학교에서 역사 탐방 갔을 때 봤어.

펌프를 사용하기 위해서는 맨 처음에 약간의 물을 넣은 다음 펌프질을 해야 잘 나와. 그 약간 부어주는 물을 마중물이라 해. 재난지원금을 주는 것은 마중물 정책을 펼치는 거야. 돈이 돌게 하기 위해서.

아하. 그렇구나. 아빠는 돈을 불리려면 어떻게 해야 할 것 같아? 이 책에 나온 방법 외에도.

맨 처음에 공부가 안 되어 있다면 남에게 맡겨야지. 그리고 씨드머니(종잣돈)를 만들어서 천천히 투자하는 거야. 당연히 투자에 대한 공부를 열심히 해야지.

여하튼 공부는 열심히 해야 하는 것이네.

투자뿐 아니라 어떤 분야든 성공하기 위해서는 공부를 열심히 해야 해. 오늘은 이안이가 싸준 맛있는 김밥 먹으며 아빠와 재밌게 공부했는데 이제 투자의 아주 기초는 끝난 것 같아. 다음부터는 더 구체적인 이야기를 나눠볼까.

그래~ 나도 예습을 해야겠어.

아빠와 딸의 대화영상 보러가기

세계 증시는 하나로 연결되어 있나요? 예를 들어 미국 증시가 오르면 전 세계 주식이 영향을 받나요? 우리나라 증시도 덩달아 오르나요?

● ○ ●

주식투자의 성공은 비밀 공식이나 컴퓨터 프로그램, 각 종목과 주식시장의 가격이 보내는 신호에 좌우되지 않는다. 그보다는 주식시장의 전염성 강한 감정에 지배되지 않는 사고방식과 행동방식을 갖추는 것이다. 이와 더불어 훌륭한 판단력을 갖춘 투자자가 성공을 거둔다.

워런 버핏

주가는 경기와 어떤 관계일까

경기 전망은 주가에 어떤 영향을 미칠까요? 흔히 뉴스나 신문을 통해 '경기가 좋다' 아니면 '경기가 악화되었다'는 보도를 접하곤 합니다. 경기는 주로 경제활동의 움직임을 통해 파악되는데, 각 기업들이 생산성 향상을 위해 공장시설을 확대한다든지, 고용을 늘린다든지 하는

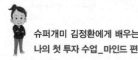

상황에서는 '경기가 좋다'라고 말합니다. 그 반대로 노사분규가 잦아 생산이 중단된다거나 실업률이 높아 취업이 안 된다든지, 생산한 제품의 매출이 저조한 상황에서는 '경기가 악화되었다'고 말합니다.

[그림 5]에서 보는 것처럼 경제활동이 활발하여 경기가 상승하면 마침내 경기 고점에 도달하고, 그 후에 다시 경제활동이 둔화되고 경제가 하강하여 마침내 저점에 이르게 되는데, 이를 경기 순환이라 합니다. 경기의 확장기를 다시 회복기와 활황기로 나누고, 수축기를 후퇴기와 침체기로 나누는 4단계 구분법이 사용되기도 합니다. 또한 경기 회복기의 후반부터 후퇴기까지를 호황기로, 경기 후퇴기의 후반부터 회복기의 전반부까지를 불황기로 구분하기도 합니다.

이러한 시장경기는 주가와 대체로 밀접한 관련을 맺고 있으며 경기가 변동하기 전에 이미 주가가 미리 이러한 시장상황을 반영하여 움직입니다. 일반적으로 증권시장의 움직임은 경기의 움직임보다 앞

[그림 5] 경기 순환 그래프

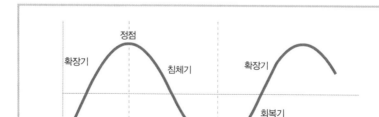

서서 변화합니다. 즉 실물경기가 최고조에 다다르기 전에 주식시장이 먼저 이를 반영하여 주가는 이미 최고조를 보이며, 또한 실물경기 상황이 악화되었다가 조금씩 상승세를 보이면 주가는 이미 상승 국면을 탑니다. 그러나 늘 주가가 시장경기보다 앞서 움직이지는 않습니다. 왜냐하면 주가는 실물경기뿐 아니라 다른 다양한 변수에 의해서도 영향을 받기 때문입니다.

경기상태를 객관적으로 지표화한 경기종합지수*는 경제의 각 부문을 생산, 소비, 고용, 금융, 무역, 투자 등으로 나누고 각 부문의 지표 중에서 경기를 잘 반영하는 개별지표를 선정한 다음, 경기와의 시차 정도에 따라 선행지표, 동행지표, 후행지표로 분류하여 작성됩니다.

추세분석의 주요 이론에는 '다우이론'**이 있습니다. 용어에 겁먹지 마세요. 이해하면 어렵지 않습니다. 잘 따라오세요. 이에 따르면 주가는 매일매일의 움직임을 보여주는 〈단기추세〉, 통상 3주~수개

---

* **경기종합지수(Composite Indexes of Business Indicators: CI)** 국민경제 전체의 경기동향을 쉽게 파악하고 예측하기 위하여 주요 경제지표의 움직임을 가공·종합하여 지수로 나타낸 것. 현재의 경기동향이나 장래의 경기를 예측하기 위하여 사용하는 경기지수의 한 유형이다. 생산·투자·소비·고용·금융·무역 등 경제 각 부문의 지표 중에서 경기에 민감하게 반영하는 주요 경제지표를 선정한 후 이 지표들의 전월대비 증감률을 가중평균하여 작성한다. 지수가 전월에 비하여 증가하면 경기상승을, 감소하면 경기하강을 의미한다.

월 간 지속되는 〈중기추세〉, 1~10년에 걸친 장기적 흐름을 나타내는 〈장기추세〉로 구분됩니다. 그리고 새로운 중기추세의 바닥점이 그 이전의 바닥점보다 높으면 장기추세는 상승 국면으로 들어가고, 새로운 중기추세의 최고점이 장기추세의 최고점을 갱신하지 못하면 장기추세는 하락 국면에 있다고 봅니다. 가치투자를 지향하는 입장에서는 장기추세를 파악하는 것이 가장 중요합니다. 이의 진행과정을 시장상황과 관련하여 구분해보겠습니다.

① 매집국면

강세시장의 초기 단계에서는 전체 경제 및 시장 여건은 물론 기업환경이 회복되지 못하여 장래에 대한 전망이 어둡다는 특징이 있습니다. 이에 실망을 느낀 다수의 투자자들은 오랫동안 지속된 약세시장에 지쳐 매입자만 있으면 매도해 버리고자 합니다. 반면 시장 내외적인 여

●● **다우이론(Dow Theory)** 주가의 움직임과 주식시장의 추세를 기술적으로 분석한 이론. 1882년 다우존스사를 공동 창립하고, 세계적인 주가지수인 다우존스 산업평균지수를 창안한 찰스 다우(Charles H. Dow)로부터 비롯되었다. 주가예측에 있어 기술적 분석의 시초가 된 이론이다. 기본적으로 주가가 일단 어떤 방향을 잡으면 그 추세가 꺾여 반대 방향으로 전환하는 신호가 나타날 때까지는 관성적으로 그 방향을 유지한다는 가설이다. 주식시장은 무작위로 움직이는 것이 아니라 주기적 추세에 의해 영향을 받고, '평균주가 개념은 전체적인 주가추세를 반영한다'는 것이 핵심이다.

건이 호전될 것을 미리 감지한 전문투자자들이 일반투자자들의 실망 매물을 매입하려는 활동이 일어남에 따라 거래량은 점차 증가합니다.

② 상승국면

강세시장의 제2국면에서는 전반적인 경제 여건 및 기업의 영업수익이 호전됨으로써 일반투자자들의 관심이 고조되어 주가가 상승하고 거래량도 증가합니다. 이 국면에서는 기술적 분석에 따라 주식투자를 하는 사람이 가장 많은 투자수익을 올릴 수 있습니다.

③ 과열국면

강세시장의 제3국면에서는 전체 경제 및 기업수익 등이 호조를 보이고 증권시장도 과열 기미를 보입니다. 보통 주식투자에 경험이 없는 사람은 이때 확신을 가지고 적극 매입에 나서는데 이때의 매수자는 흔히 손해를 보기 때문에 조심해야 합니다.

④ 분산국면

강세시장의 제3국면에서 시장이 지나치게 과열된 것을 감지한 전문투자자들이 투자수익을 취한 후 빠져나가는 단계입니다. 주가가 조금만 하락하여도 거래량이 증가하는 양상을 보이므로 이를 분산국면이라 합니다.

⑤ 공포국면

경제 및 기업수익 등이 나빠짐에 따라 주식을 매도하려는 일반투자자들의 마음이 조급해지고, 주식의 매입세력이 상대적으로 크게 위축되어 주가는 거의 수직으로 하락합니다. 거래량도 급격히 감소하는 양상을 보입니다.

⑥ 침체국면

공포국면에서 미처 처분하지 못한 일반투자자들의 실망 매물이 출회됨으로써 투매 양상이 나타나는 것이 특징입니다. 주가는 계속 하락하지만, 시간이 경과할수록 주가의 낙폭이 작아집니다. 이를 [그림 6]으로 나타낼 수 있습니다.

[그림 6] 주식시장의 순환 국면

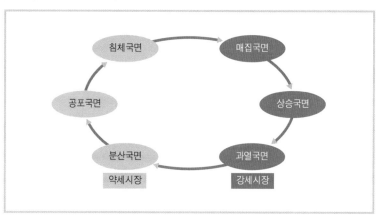

[그림 7] 코스피 지수

KOSPI지수를 보면, [그림 7]처럼 현재 우리나라의 코스피지수는 박스권의 형세를 보여주고 있습니다. 지금은 바닥을 지나 조금씩 올라가려는 추세를 보여줌으로써 침체국면에서 매집국면 사이의 단계로 볼 수 있습니다. 물론 이 지수 자체가 100% 들어맞는 것은 아니지만 단기적인 추세에 흔들리지 않고 장기적인 시각을 갖고 기업의 잠재적인 역량과 실적에 기반한 목표를 기다리는 데는 분명 많은 도움이 됩니다.

다음 글은 2020년 7월 유튜브에 방송했던 내용입니다. 미국과 중국으로 대표되는 세계 무역전쟁은 우리에게 어떤 영향을 끼칠까에 대해 이야기했습니다. 미국의 대통령이 바뀌었습니다. 그러면 그에 따른 앞으로의 국제 정세와 경제 방향이 어떻게 흘러갈지 부지런히 찾아보

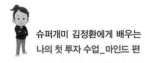

고 공부해야겠죠? 이미 시장은 움직이고 있습니다. 매번 뒤늦게 쫓아 가는 투자자가 되지 마십시오. 항상 미리 예상하고 길목에 먼저 가있 는 투자자가 되세요. 그 기쁨을 꼭 맛보세요!

미중 무역전쟁과 전 세계 금융시장
트럼프가 촉발한 무역전쟁의 서막과 주식시장에 미치는 영향

트럼프가 중간선거를 앞두고 무역전쟁의 트리거를 던졌다. 아메 리칸퍼스트를 줄곧 외치던 트럼프는 결국 자신의 지지세력인 러 스트벨트*의 가난한 백인들의 지지를 얻어내기 위한 FTA 및 철강 관세 등을 내세우며 전면전의 선전포고를 한 것이다. 트럼프의 논 리는 심플하다. 자국의 산업이 지속적으로 적자를 보고 있다면 그 것은 불합리한 것이며 그것을 막기 위해 모든 수단을 강구하겠다 는 것이다. 이미 어마어마한 무역적자를 보고 있는 미국은 무역전 쟁의 전면전으로 잃을 것이 없다는 계산이 선 것이며 중간선거에 서 패하면 탄핵까지 당할 수 있는 위기감에서 나온 패착이라 본다. 정치적 이익을 두고 문제를 일으키는 것이며 미국 산업을 지키기

* **러스트벨트(Rust Belt)** 미국 제조업의 호황을 구가했던 중심지였으나 제조업의 사양화 등으로 불황을 맞은 지역. 오하이오와 펜실베이니아 등 제조업이 발달 한 미 북부와 중서부 지역을 가리킨다.

위해 전쟁을 촉발하는 것은 아니라 본다. 중국을 주요 목표 대상으로 시작한 것이기에 중국의 맞대응이 기대된다. 중국은 미국 농산물 수입에 보복할 것이며 미국 국채의 최대 보유국으로 국채를 내다 팔아 채권시장을 흔들 것이다. 달러 강세를 유도하며 미국과의 전면전을 시도하는 척할 가능성이 매우 높아졌다. 유럽도 공동 대응하려는 움직임이 보인다. 트럼프의 아메리칸퍼스트 전략은 신 핵무기 개발에서도 러시아와 다시 경쟁하며 신냉전시대로 분위기를 끌고 가고 있다. 과거 무역전쟁의 역사는 포르투갈과 스페인의 향신료 패권을 갖기 위한 전쟁부터 바다를 지배하는 자가 세계를 지배한다는 논리로 네덜란드까지 가세하며 무역전쟁이 촉발되었다. 그 패권은 결국 대영제국을 건설한 영국이 가져간다. 그리고 패권이 다시 미국으로 넘어가고 러시아와 냉전시대의 무역전쟁, 미국의 도움으로 흥성하던 일본, 플라자합의*에서의 일본 견제, 1997년 동남아 외환위기, 중국의 위안화 절상과 위안화의 기축통화 지위 구축 등 보호무역주의의 기조는 강해지고 있다. 경제에서 영원한 우방도 영원한 적도 없어졌다. 이번 무역전쟁은 트럼프의 정치적 속셈에 의한 것이지만 무역전쟁의 시작이라고 본다. 쉽게 끝나지 않을 것이며 영국의 패권이 미국으로 넘

---

* **플라자합의(Plaza Agreement)** 1985년 미국 뉴욕에 플라자호텔에서 프랑스, 독일, 일본, 미국, 영국 등 G5의 재무장관들이 외환시장의 개입으로 인하여 발생한 달러화 강세를 시정하기로 결의한 조치.

어갔듯이 미국이 그 패권을 뺏길 때까지 지속될 것이다. 그 지위를 누가 받아갈지는 알 수 없다.

트럼프는 그 전쟁을 수행할 지지 세력도 명분도 없다. 자신과 관련된 이익만 있을 뿐이다. 트럼프는 명분만 얻으면 슬그머니 타협하며 발을 뒤로 뺄 것이며 이미 시작된 무역전쟁의 생채기는 오래가지 않는다. 그러나 전쟁은 이제 시작되었다. 앞으로 더 큰 대전들이 벌어질 것이며 그 전쟁은 미국이 패권을 놓을 때까지 계속될 것이다. 무역전쟁은 아메리칸퍼스트가 아닌 트럼프퍼스트에서 시작된 것이며 트럼프는 중간선거에 영향을 미치기 위한 것으로 보인다.

그러나 본격적인 무역전쟁은 미국의 산업도 위축시킬 것이며 트럼프의 정치적 거취에도 영향을 미칠 것이란 사실을 자신이 더 잘 알고 있다. 유럽의 동맹과 중국의 보복도 시작될 것이지만 서로 전면전을 펼치기에는 준비가 되어있지 않다. 이번에는 봉합되지만 언제든 크게 번질 수 있는 스모킹건•이 되어버렸다. 그러나 지금은 아니다.

2020년 7월 2일

• **스모킹건(Smoking Gun)** 범죄·사건 등을 해결하는 데 있어서의 결정적 단서. 살해 현장의 용의자 총에서 연기가 피어난다면 이는 명백한 범행 증거가 된다. 범죄뿐 아니라 사건에 있어서의 명백한 증거, 또는 어떤 가설을 증명할 수 있는 과학적 증거도 스모킹건이라 한다.

무역전쟁과 돈맥경화

투자자는 매년 시장을 이기고 싶지만 그리 쉽지 않습니다. 시장이 깨지는 것보다 덜 잃고 시장이 오르는 것보다 더 나은 수익을 내고 싶습니다. 다행히 저는 최근 몇 년간 시장을 이기고 있다는 것에 만족합니다. 2020년 7월 기준으로 이제 겨우 코스닥 600 중반밖에 안 되는 상황입니다(물론 2020년 코스닥지수가 968.42포인트에 마무리되었지만요). 10년간 지수는 박스권에 갇혀있어 참 어려운 상황의 반복입니다. 지금은 버블이 아닙니다. 미국만이 버블에 준한다고 보고 있습니다. 완전고용상태에 초호황인 거시경제 상황에서 M1*, M2**는 꾸준히 증가하고 있고 선제적 대응으로 금리인하를 단행하였습니다. 결국 M2, M3***가 크게 증가하여 다시 한번 유동성 장세를 만들고 장렬히 버블로 가는 길을 택한 것이라 봅니다.

- **M1** 협의의 통화로 현금통화, 요구불예금, 수시입출식예금. 화폐의 지급결제수단으로서의 기능을 중시한 지표이다.
- **M2** 광의의 통화로 M1에 정기예적금, 시장형 금융상품, 실적배당형 금융상품, 기타 예금 및 금융채. 유동성이 다소 떨어지지만 약간의 이자소득만 포기하면 현금화가 가능하다.
- **M3** M2 + 큰 액수의 정기예금, 기관의 MMF, 단기 환매가능 자산 및 기타 대규모 유동자산 등이다.

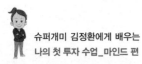

미국 외에 G20과 이머징마켓은 아직 M1, M2의 증가가 보이지 않는 스태그플레이션에 준하는 모습을 보이고 있으며 아직은 양적 완화를 추가적으로 단행해야 하는 상황입니다. 차라리 버블보다는 일본의 '잃어버린 20년'과 같은 유동성 함정에 빠져있다는 입장입니다. 금리는 인하되고 부동자금은 많지만 소비나 투자가 일어나지 않아 함정에서 헤어 나오지 못하는 어려운 상황입니다. 무역전쟁이 빨리 끝나야 하며 일본의 보복도 철회되고 남북경협이 일어나야 타개할 수 있는 상황입니다. 물론 작은 의미에서 추경도 빨리 통과되어야 합니다. '돈맥경화' 상황에서 무조건 돈을 돌게 만들어야 합니다. 막히고 터지면 늦어버려 경제는 뇌졸중에 걸립니다. 그럼 큰 수술이 시작되고 후유증도 만만치 않습니다.

지금 상황에서 볼 때 다행히 미국이 굳건하고 무역전쟁도 완화되어가고 있으며 금리인하를 단행하여 다시 유동성을 공급하고 있으니 극약 처방은 되었습니다. 일단 막힌 곳을 일시적으로 뚫은 것입니다. G20이나 이머징마켓도 다시 한번 랠리를 시작할 것입니다. 그리고 미국은 버블을 향해 다시 갑니다. 유동성 함정에 스태그플레이션이냐 아니면 완만한 U자형 하단에 있는 것이냐 묻는다면 후자라 믿고 싶습니다. 아직은 기회가 있습니다. 이머징마켓도 버블을 향해 달려갈 것입니다. 그리고 시장은 미국과 같이 장렬하게 전사할 것입니다. 그때까지 우리 함께 많이 벌어야 합니다. 머지않았습니다.

최근 들어 M1, M2가 급격히 증가하고 있습니다. M1은 40%, M2는

20%로 이제는 인플레이션을 우려해야 할 시기에 도달해있습니다. 주식시장도 이미 V자형 반등에 이어 유동성 장세로 진입해버렸습니다. 모든 위험자산은 랠리를 지속하고 있고 애그플레이션*, 하이퍼인플레이션** 시대의 진입으로 보이며 현금자산만이 가치를 상실하고 있습니다.

글로벌시대에 투자를 하기 위해서는 단순히 자국 시장만 봐서는 안 됩니다. 이미 전 세계 경제가 유기적으로 연결되어 있기 때문입니다. 따라서 투자에 앞서 세계경제 동향을 살펴보아야 합니다. 주요 국가들의 경제지수 분석을 통해 향후 경제 흐름을 판단할 수 있습니다. 그것을 바탕으로 우리 주식시장도 전망할 수 있습니다. 초급 투자자분들이 세계경제 흐름을 분석한다는 것은 무척 어려운 일입니다. 그럴 경우 기관 전문가의 리포트나 세계경제포럼, 각종 경제 뉴스 등을 통해 전문가의 뷰를 살펴보면 됩니다. 찾아보면 관련 자료는 방대합니다. 의지가 있다면 충분히 파악할 수 있습니다.

- **애그플레이션(agflation)** 농업(agriculture)과 인플레이션(inflation)을 합성한 신조어다. 농산물 가격이 오르면서 일반 물가도 오르는 현상을 말한다.
- ** **하이퍼인플레이션(hyper inflation** 초(超)인플레이션이라고도 하며, 통제상황을 벗어나 1년에 수백 %이상으로 물가상승이 일어나는 경우를 지칭하는 개념이다. 일반적으로 정부나 중앙은행이 과도하게 통화량을 증대시킬 경우에 발생할 수 있다. 하이퍼인플레이션의 발생은 물가상승으로 인한 거래비용을 급격하게 증가시켜 실물경제에 타격을 미친다.

— 출처 : 네이버 지식백과

그렇게 큰 시장의 흐름을 먼저 파악하고 주식시장의 방향을 읽어 낼 수 있어야 투자를 적극적으로 할 것인지, 다소 소극적으로 해야 하는지 적정 포지션을 취할 수 있습니다. 아무리 전방산업이 좋아도, 기업이 좋아도 시장 자체가 좋지 못하면 주가는 힘을 내지 못합니다.

아빠의 포인트 레슨

○● 주식시장은 경기의 움직임보다 앞서 변화한다. 즉 실물경기가 최고 조에 다다르기 전에 주가는 이미 최고조를 보이며, 또한 경기가 악화되었다가 조금씩 상승세를 보이면 주가는 이미 상승 국면을 탄다. 그러나 늘 주가가 시장경기보다 앞서 움직이지는 않는다. 주가는 실물경기뿐 아니라 다른 모든 변수에 의해서도 영향받기 때문이다.

[Q & A] 묻고 답해 보세요!

Q 한국경제는 한국만의 문제일까? 아니면 세계경제와 관련을 맺고 있을까? 그 이유는 무엇이지?

Q 만약 세계경제가 나빠진다면 우리는 어떻게 해야 하지?

23 | 금리와 주가지수는 서로 관계가 있나요?

금리는 언제 오르고 내리나요? 미국 금리가 오르면 세계 경제에 어떤 영향을 미치나요? 우리나라도 직접적으로 영향을 받나요?

· ○ ·

이익이 확실할 때만 움직여라. 이것은 가장 기본적인 법칙이다. 승산을 이해해야 하고, 유리할 때만 배팅하는 훈련을 해야 한다. **찰리 멍거**

금리 - 물가 - 고용의 연관성

미국의 금리인상설이 힘을 받을 때 금리인상을 위한 지표로 많은 전문가들이 고용지표를 바라봅니다. 왜 그럴까요? 금리는 물가와 연결되어 있고 물가는 고용지표와 관련 있기 때문입니다. 물가와 관련하여 어려운 수식과 그래프보다 훨씬 쉽게 이해되는 글을 소개합니다.

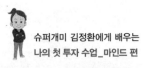

여기 100명의 노동자가 하루 8시간씩 일하며 자동차 부품을 생산하는 공장이 있습니다. 그런데 갑자기 부품 주문량이 2배로 늘었습니다. 주어진 기간 동안 생산량을 2배로 늘려야 하는데 어떤 방법이 있을까요?

첫째는 공장의 기계나 시설은 그대로 둔 채 노동력 투입을 2배로 늘리는 것입니다. 기존 직원들의 작업시간을 2배로 늘리든지 아니면 직원을 새로 채용하든지 하는 방법을 취하는 것입니다. 이를 '가동률을 높인다'라고 합니다. 이 방법은 당장 써먹을 수 있는 장점은 있지만 사람이나 기계에 무리가 가기 때문에 오래 지속하기에는 한계가 있습니다.

둘째는 아예 회사 규모를 2배로 늘리는 것입니다. 공장과 건물, 기계 그리고 노동력까지 모두 다 늘리는 방법입니다. 이처럼 노동과 자본을 동시에 증가시키는 것을 '규모가 커졌다'라고 합니다. 하지만 이 방법은 건물이나 기계와 같은 자본의 양을 변동시켜야 하기 때문에 노동 투입량만을 변동시키는 첫째 방법에 비해 상대적으로 많은 돈과 시간이 필요합니다.

첫 번째처럼 자본투입량이 고정되어 있는 상태를 전제로 하는 기간을 단기라 하고 두 번째처럼 자본투입량이 변할 수 있는 더 긴 기간을 장기라 부릅니다. 자본투입량이 고정되어 있는 단기의 경우 공장 기계들을 늘리지 않은 상태에서 노동자만 계속 투입하면 새로 투입된 노동자가 해내는 작업 성과는 갈수록 줄어듭니다. 이렇게 추가로 투입된 노동력의 생산성이 전에 있던 사람보다 못하면 이들이 들어와 추가로 만든 제품의 비용은 당연히 전보다 더 높아집니다. 비용이 추가로 더 높아지니 제품 가격 역시 당연히 올라갑니다. 이것이 바로 생산량이 증가되어 공급량이 늘어날수록 가격도 올라가는 공급곡선입니다. 이렇게 경제 수요가 크게 증가해 기업들이 적정 노동/장비 수준을 뛰어넘을 정도로 많은 사람을 고용하는 상황이면 물가가 상승할 수밖에 없습니다.

반대로 지금처럼 경제 수요가 줄어들어 설비가 남아도는 상황이라면 생산성이 낮은 사람들을 먼저 줄이므로 기업의 생산비용은 오히려 떨어지고 결국 물가 하락으로 연결될 가능성이 높습니다. 따라서 고

[그림 8] 금리 관련 기사 검색

원·달러 환율 추이 작년과 '판박이'…원화 가치 들었다놨다 美금리인상
포커스뉴스 | 2일 전
원화 가치의 하락의 가장 큰 원인은 미 연준의 금리 인상이다. 4월 미국 고용지표 부진을 이유로 다소 진정됐던 '6월 금리 인상설'이 다시 힘을 받고 있어서다. 18일(현지시각) 연준의 4월 공개시장위원회(FOMC)...

엇갈린 美금리인상 관측…물가는 '흥분' 시장은 '아직' 머니투데이 | 3일 전 | 네이버뉴스
[물가, 뚜렷이 올랐지만 목표치 달성은 아직…5월 고용지표 결과가 좌우] 미국의 추가 기준금리 인상에 대해 물가와 시장의 반응이 엇갈리고 있다. 월스트리트저널(WSJ)은 연방준비제도이사회(FRB)가 금리인상에...

미국, 부진한 고용지표…기준금리 인상 늦춰지나 매일경제TV | 2016.05.13.
【앵커멘트】 최근 미국의 고용지표들이 부진한 모습을 보이는 등 기준금리 인상에 대한 불확실성이 커지고 있습니다. 미국의 마이너스 금리 정책 가능성까지 제기되고 있는데요. 김용갑 기자입니다. 【기자】...

미 경제지표(성장률·실업률·소비지출), 6월 금리인상 받쳐줄까 내일신문 | 2일 전
할 미국의 주요 경제지표와 연준 주요인사의 강연 일정 등을 통해 금리인상 가능성을 진단했다. ▶5월... ▶6월 3일 고용률 지표 이날 발표될 지표는 '노동시장이 지속적으로 강해지고 있다'는 연준의 희망 섞인...

용지표가 높아진다는 것은 물가가 상승할 여지가 충분히 있음을 시사합니다. 인플레이션과도 관련이 있겠지요? 그러므로 고용지표는 주식투자에 영향을 끼치는 요소 중 하나입니다. 주식시장은 지금도 여전히 금리 때문에 웃고 울고 있습니다. 금리 정책은 시장의 유동성을 조절하는 결정적인 장치이기 때문입니다. 금리에 대한 기사를 읽을 때 고용지표에 대한 내용도 확인해 보세요.

기준금리와 증시

미국이 기준금리* 인상 속도를 가속화하면 한국경제에 미치는 영향은 어떨까요? 우선 미국의 금리인상 가속화는 달러가치를 급등시키는 요인입니다. 달러가 강세를 보이면 원화는 약세로 움직이고 외환시장의 원/달러가 상승합니다. 미국의 채권금리 또한 상승하니 신흥국의 투자자본이 이탈하여 안정적인 미국으로 쏠리게 될 것입니다. 그러면 우리나라도 해외투자자의 자본 이탈을 막기 위해 금리인상을 할 수밖에 없습니다.

이제 국내 기준금리 인상에 따른 주식시장의 영향에 대해 분석해 보겠습니다.

기준금리가 증시에 미치는 영향에 대해 분석하기 전에 [그림 9]를 보시면 기준금리는 2004년을 기점으로 2008년까지 상승하다가 금

[그림 9] 한국은행 기준금리 추이

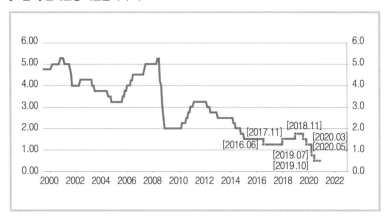

- **기준금리(基準金利 Basemoney Rate)** 한 나라의 금리를 대표하는 정책금리로 각 종 금리의 기준이 된다. 2008년부터 7일물 환매조건부채권(RP)금리를 기준으로 하는 '한은기준금리제'를 시행한다. 한국은행이 1주일에 한 번(매주 목요일) 씩만 시장에서 7일만기 RP를 팔 때 적용한다. RP는 일정 기간 뒤 미리 정해진 가격으로 되사는 조건으로 판매하는 채권으로 금융회사들은 한국은행이 끼어들지 않는 1주일 간 금리변동 위험을 안은 채 RP거래를 한다. 미국은 연방기금 금리(Federal Funds Rate)를, 일본은 콜금리(1일물 Overnight Call Rate)를 기준 금리로 활용한다. 한국은행이 기준금리를 인상하면 채권수익률이 상승해 채권 구입은 늘어나는 반면 주식 수요는 감소해 주가가 하락한다. 아울러 주가 하락 은 민간의 실질 자산 감소로 이어져 민간소비가 줄어든다. 기준금리 인상은 해 외자본의 국내 유입을 확대해 환율이 하락(원화가치 상승)한다. 이는 수출 감소 및 수입 증가로 이어져 순수출이 줄어든다. 기준금리 인상은 시중은행의 대출 금리 상승으로 이어지므로 주택 수요가 감소해 주택가격이 하락한다. 주택가격 하락은 부의 효과를 일으켜 민간소비 위축으로 이어진다. 한국은행이 기준금리 를 인상하면 대규모 자본 유출이 일어날 가능성은 상대적으로 낮아진다.

융위기 이후 지속적인 하향으로 이제는 제도금리 수준에 머물러 있습니다.

국내 기준금리 인상으로 인한 영향은 무엇일까요?

① 은행예금의 이자율이 높아져 주식 수요가 줄어든다.
② 소비보다는 저축을 하려 하기 때문에 물가는 하락한다.

두 가지가 기준금리 인상에 따른 대표적인 영향입니다. 그러면 당연히 KOSPI지수는 반대로 움직여야 됩니다. 하지만 [그림 10]을 보면 2004~2007년까지 기준금리를 상승시키는데 오히려 지수는 급상승하고 있고, 마찬가지로 2010~2012년까지 지수도 오히려 상승입니다. 이유는 매년 성장성과 재무를 겸비한 회사들은 기준금리와 상관없이

[그림 10] 코스피 지수 차트

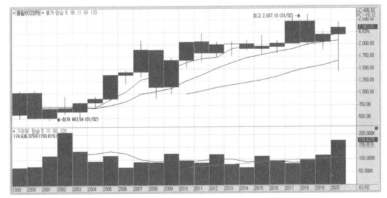

영업이익을 쌓아 올리고 있기 때문입니다. 대부분의 회사들의 BPS는 꾸준히 상승한다는 것을 알 수 있습니다.

경제에는 교과서적인 공식이란 없습니다. 만약 시장이 교과서적으로 돌아간다면 경제학 교수 중에 슈퍼개미가 많아야 합니다. 그러므로 경제와 시장은 그때그때마다 사람 심리로 움직인다는 것을 알 수 있습니다. 지수가 상승한 만큼 1999년부터 우리나라 우량회사들은 꾸준히 우상향 중입니다. 결과적으로 금리인상으로 인한 시장 충격은 일시적일 뿐 장기적으로는 상승합니다.

약 20년 동안의 지수차트를 보면 많은 이슈와 개미들의 눈물, 환희를 담고 있습니다. 도이치뱅크 사태*나 리먼브라더스 사태** 등 많은 일들이 있었으나 이번에도 결론은 우상향입니다. 결국 자신의 소신을

가지고 성장성이 겸비된 가치주를 찾아 투자한다면 시장 영향을 받더라도 반드시 승리할 수 있습니다. 하루하루 주가에 일희일비하지 말고 자신이 산 종목을 차분히 지켜보며 목표가까지 기다리는 자세를 취해야 합니다.

호주의 금리인상에 한국은 하락하고 미국은 상승

호주가 2009년 10월 6일 금리를 인상했습니다. 그런데 호주의 금리인상에 대한 반응이 재미있었습니다. 금리인상을 한 당일인 10월 6일 코스피는 하락했습니다. 장 초반 20포인트 가까이 상승하던 시장이 "호주가 금리를 인상한다"고 발표하자 급락해버렸습니다. 출구전략이 시작됐으니 이제 경기가 움츠러들 것이라는 게 이유였습니다. 그런데 우리나라가 오후 3시에 폐장하고(그 당시에는 3시에 장 마감) 그날 밤부터 개장한 미국과 유럽 주식시장은 우리나라와 반대로 급등했습니다. 이유는 똑같이 호주의 금리인상이었습니다. 해외 증시는 이를 호재로 받아들였습니다. 호주의 금리인상은 본격적인 경기상승의 신호탄이라는 것입니다.

과연 금리상승은 악재일지, 호재일지 판단하기 쉽지 않습니다. 금리를 인상했으니 돈을 다시 거둬들이겠다는 것이 분명하고, 유동성을 회수한 것인데 왜 경기상승의 신호로 봐야 할까요? 금리상승이라는 표면적 사실만 보면 유동성을 거둬들이는 것이니 경기에 좋을 것이 없습니다. 하지만 시점을 봐야 합니다. 금리를 인상한 시점이 언제냐는 것입니다. 경기가 호황이고 금리가 높을 때 금리를 인상하면 분명 경기활성화에 부담을 줍니다. 경기가 계속 좋은 상태에서 연거푸 금리를 올린다면 '이제 곧 꼭지에 도달하겠구나'라고 판단하여 경기 하강을 염려해야 합니다.

하지만 경기가 안 좋고 금리가 낮을 때 금리를 올린다는 것은 이제 바닥을 쳤다는 징후로 봐야 합니다. 호주가 금리를 올린 시기는 언제였을까요? 전 세계가 금융위기를 맞아 더 이상 금리를 낮추려야 낮출 수 없을 만큼 최저인 상황이었습니다. 모든 나라가 몸을 웅크리고 있던 때였습니다. 그러니 '이제 더 이상 바닥은 없고 경기가 본격 상승하겠구나'라고 판단하여 적극적으로 투자에 나선 것입니다.

금리가 안정적으로 오를 때가 상승장입니다. 역사적으로도 금리가 안정적으로 올라갈 때 주가 역시 안정적으로 상승했습니다. 하지만 금리 인상폭과 시기는 면밀히 주시해야 합니다. 그럴 가능성은 없지만 금리가 한 번에 대폭 오른다든지, 조금씩 오르더라도 빠른 시일 안에 계속 올라간다면 유의해야 합니다. 투자자라면 항상 금리 변화에 민감해야 하고 변화의 의미를 해석할 줄 알아야 합니다.

아빠의 포인트 레슨

○● 기준금리가 오르면 은행예금의 이자율이 높아져 주식 수요가 줄
   어들고, 소비보다는 저축을 하려 하기 때문에 물가는 하락한다.
   KOSPI지수는 그 반대로 움직인다. 그러나 기준금리가 올라도 지수
   는 상승하는 일이 빈번하다. 매년 성장성과 재무를 겸비한 회사들은
   기준금리와 상관없이 영업이익을 쌓아올리기 때문이다.

[Q & A] 묻고 답해 보세요!

Q 금리가 무엇인지 알고 있니? 만약 금리가 오르면 무엇이 좋고, 무엇이
   나쁠까? 내리면 또 어떻게 될까?

Q 만약 네게 100만원이 있다면 은행에 맡겨 안전하게 원금을 지키는 것
   이 좋을까? 아니면 잃을 수도 있지만 높은 이익을 낼 수 있는 곳에 투자
   하는 것이 좋을까?

24 | 달러가 오르고 내리면
주가지수는 어떻게 변하나요?

달러가 오르고 내리는 것이 우리나라 경제에 어떤 영향을 미치나요? 또 주가지수에도 영향을 주나요? 환율이 오르거나 내리면 특별히 영향을 받는 주식이 있나요?

• ○ •

엄청난 투자의 오류를 하나 고른다면, 그것은 주가가 오르면 자신이 투자를 잘했다고 믿는 사고방식이다.

피터 린치

환율은 주가에 어떤 영향을 미칠까

환율은 자국통화와 외국통화의 교환비율입니다. 예컨대 원화 대 미화의 비율이 \$1:₩1,000이라면 미화 1달러로 우리나라 돈 1,000원과 바꿀 수 있다는 말입니다. 환율은 외환시장에서 외화의 수요와 공급에 의해 결정됩니다. 국가 간 무역경쟁에서 우위를 결정하는 주요 변수죠. 환율 변동에 따라 국내의 수출주도형 기업들이 영향을 받습니다. 환율이 떨어졌다는 말은 우리나라 원화가치가 상승했으며 미국의 달러가치가 하락했다는 것을 의미합니다. 이렇게 되면 수출이 줄어들고, 수입이 늘어납니다.

예를 들어 환율이 1,000원에서 500원이 되면 10,000원짜리 물건을 사는데 원래는 10달러를 지불하면 됐지만 환율이 떨어져 20달러를 지불해야하는 반면 1달러짜리 물건은 원래 1,000원에서 반값인 500원만 주면 되기 때문입니다. 반대로 환율이 상승하면 수출이 늘어나고 수입이 줄어듭니다.

우리나라처럼 국가경제에서 수출 의존도가 높은 경우에는 환율 변동이 국가경쟁력을 변화시키고 이에 따라 기업의 수익성도 달라집니다. 환율 하락은 수출 감소를 초래하고, 기업 수익성이 낮아져 주가가 하락합니다. 반대로 환율 상승은 수출이 증가하고 기업 수익성도 따라서 높아지므로 주가가 상승합니다.

그러나 현실에서는 환율과 주가와의 관계가 이 정도로 단순하지 않습니다. 실제로는 평가절상(환율하락)과 주가 상승은 같은 추세를 갖게 됩니다. 왜냐하면 환율하락은 한 나라의 경제가 안정되고 수출이 수입보다 많아지면서 경상수지와 종합수지의 흑자폭이 증가할 때 나타나는 것이 일반적이기 때문입니다. 국제수지 흑자의 증가로 인해 해외 부문으로부터의 자금 유입이 증대합니다. 시중 유동성이 풍부해져 주식의 매입수요를 증가시키므로 안정적 환율인하는 주가를 상승

[그림 11] 환율과 주가의 관계

| 환율하락 | 수출↓, 수입↑ | 수익성 악화 | 주가 하락 |
| 환율상승 | 수출↑, 수입↓ | 수익성 향상 | 주가 상승 |

시키는 요인으로 작용합니다.

환율과 주가는 기본적으로 국가의 경제상황이라는 공통 요인에 의해 결정되기 때문에 높은 경제성장률, 국제수지 흑자 등은 환율하락과 더불어 주가상승도 동반합니다. 또한 외환 자본시장이 개방되어 있는 경우에는 환율하락은 환율의 평가차익을 노린 단기 투자자금을 끌어들이고 이 자금이 다시 증시에 유입됨으로써 결과적으로 주가상승 요인으로 작용할 수 있습니다.

일반적으로 환율변동은 주가에 후행하는 경우가 대부분입니다. 환율하락의 누적된 효과는 1~2년 늦게 반영되고, 정책적인 환율하락은 국제수지 흑자 등의 절상 요인이 어느 정도 사라질 때까지 계속되지만 주가는 이를 미리 반영하여 하락세로 돌아서기 때문입니다. 이와 반대로 환율상승은 수출이 부진하여 무역수지가 악화되고, 교역 상대국에 비하여 경제성장이 둔화될 때 나타납니다. 따라서 환율상승은 수출비중이 높은 기업에는 유리하게 작용하나 물가상승의 우려 및 경제성장 둔화 등의 요인으로 증시 전반에 걸쳐 지속적인 주가 상승을 기대하기는 어렵습니다.

환율이 급등/급락하면 수혜를 보는 섹터는 어디일까?

원화가 약세일 경우 외국인의 주식 매도세가 이어진다는 것은 이제 어느 정도 교과서적인 생각이라고 보입니다. 물론 원화 약세로 코스닥이 8% 이상 하락하며 서킷브레이커*가 발동되면서 달러/원화의 하방경직성**을 보인 적도 있습니다. 이제는 원화가 약세임에도 한국

- **서킷브레이커(Circuit Breakers)** 주가가 갑자기 급락하는 경우 시장에 미치는 충격을 완화하기 위하여 주식매매를 일시 정지하는 제도. 1987년 10월 미국에서 사상 최악의 주가 대폭락사태인 블랙먼데이(Black Monday) 이후 주식시장 붕괴를 막기 위해 도입되었다. 한국에서는 1998년 투자자를 보호하기 위해 도입하였다. 코스닥에서는 2001년 현물주식과 선물옵션의 모든 거래를 중단시키는 현물 서킷브레이커와 선물옵션거래만 중단시키는 선물 서킷브레이크로 구분된다. 2015년 6월 가격제한폭이 상하 30%로 확대되면서 서킷브레이커가 3단계로 세분화되었다. 1단계는 종합주가지수가 전일에 비해 8% 이상 하락한 경우 발동된다. 모든 주식거래가 20분 중단되며, 이후 10분간 단일가매매로 거래가 재개된다. 2단계는 전일에 비해 15% 이상 하락하고 1단계 발동지수 대비 1% 이상 추가 하락한 경우에 발동된다. 20분 중단되며, 이후 10분간 단일가매매로 거래가 재개된다. 3단계는 전일에 비해 20% 이상 하락하고 2단계 발동지수 대비 1% 이상 추가 하락한 경우 발동되며, 발동시점을 기준으로 모든 주식거래가 종료된다.
- **하방경직성** 수요공급의 법칙에 의해 수요가 감소하거나 공급이 증가할 경우 하락해야 할 가격이 어떠한 원인에 의해 하락하지 않는 경우. 즉 한번 가격이 결정되고 나면 경제 여건이 변화해도 가격이 쉽게 하락하지 않는 현상을 의미한다. 하방경직성은 외환 · 주식 · 자금 · 부동산 · 원유 등 여러 시장에서 발생할 수 있으며 그 원인도 다양하다.

증시가 잘 버티고 있고 외인의 매도세도 약합니다. 최근 몇 년의 달러 강세 이유는 원유시장의 변동성에 따른 외국인의 매도세가 주 원인이 었습니다. 2016년 코스피/코스닥의 외국인 순매수 금액은 -2.02조원, 이 중 사우디는 -4.98조원 순매도인 반면 미국은 4.76조원의 순매수를 보였습니다.

결국 우선은 유가가 안정되면 외국인의 매도세는 완화되는 양상을 보입니다. 이제는 석유에서 신재생에너지로 시대의 큰 패러다임이 변화하고 있습니다. 그에 따른 시장의 변화도 빠르게 파악해 나가야 합니다. 이전까지의 주요 원자재나 경제 지표의 영향력이 달라지니까요. 투자자라면 누구보다 빠르게 시장의 변화를 알아야 합니다. 투자와 관련된 주요 변수와 지표들의 변화도 부지런히 파악해 나가야 합니다.

원화 약세, 달러 강세일 경우 수혜를 보는 섹터는 어디일까요? 달러/원화 환율 변동에 따라 섹터의 움직임을 볼 수 있는 자료가 있습니다. 어떤 섹터는 상승을 하지만 어떤 섹터는 하락을 하죠. 특정 시점의 자료이기 때문에 상승과 하락의 퍼센테이지(%)를 맹목적으로 믿기보다는 참고만 하는 게 좋습니다.

예를 들어, 2020년 3월 1,285원까지 상승했던 달러당 원화환율은 2020년 12월 15일 1,094원까지 하락했습니다. 3월과 비교하면 달러 대비 원화가치가 약 15% 정도 상승한 거죠. 이러한 원화강세는 수출 위주의 중소기업들에게 큰 타격을 줍니다. 원화가치가 상승한 만큼

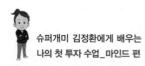

[그림 12] 원화 약세, 달러 강세에 따른 업종별 등락율

내수민감								수출민감			
매크로 가격변수 노출 높음	주간	2주간	4주간		주간	2주간	4주간		주간	2주간	4주간
음식료	-0.1%	-4.0%	-4.3%	에너지	7.5%	-1.8%	3.3%	자동차	3.9%	6.4%	3.8%
철강/비철금속	7.9%	5.9%	17.2%	건설	6.9%	2.0%	12.1%	디스플레이	7.5%	4.4%	4.1%
보험	0.9%	-0.5%	7.7%	유틸리티	2.8%	2.9%	8.5%	조선	8.4%	5.2%	11.6%
은행	6.3%	1.7%	7.0%	미디어	-2.3%	-9.5%	-11.2%	운송	3.3%	-1.6%	1.0%
증권	7.4%	-4.0%	1.3%	제약,바이오	3.8%	-10.9%	-11.3%	화학	5.8%	-1.2%	1.9%
유통	3.8%	-2.3%	-2.8%	생활용품	-2.9%	-12.2%	-8.7%	하드웨어	5.1%	1.9%	1.5%
매크로 가격변수 노출 낮음 통신	4.2%	3.9%	9.7%	소프트웨어	3.9%	-10.2%	-10.2%	반도체	10.4%	3.9%	8.7%

수익성 악화로 이어지기 때문입니다. 일반적으로 외환시장에서 대기업은 1,000원대까지 버틸 수 있지만, 중소기업들은 환율이 1,100원대 아래로 내려가면 손해를 보면서 수출하는 상황에 놓입니다. 단기가 아니라 이러한 원화강세가 지속적으로 이어진다면 수출 중심의 중소기업은 회사가 위험해집니다. 따라서 정부나 관계 기관도 1,100원대를 방어선으로 환율에 대한 정책을 펼치고 있습니다.

대표적인 수출 산업에는 무엇이 있을까요? 자동차와 조선업이 있겠고 반도체 및 전자부품 산업도 있습니다. 이러한 산업군은 원화가 강세면 수익성이 하락하고 반대로 원화가 약세면 수혜를 받습니다. 이와는 반대로 수입 위주의 기업들, 가령 원자재를 해외에서 수입하는 철강, 에너지, 식음료, 물류 산업 등은 원화 강세로 인해 비용 절감이 되면서 기업의 수익성이 상승하는 효과가 나타납니다. 그러니 환율의 움직임에 따라 관련 산업이나 기업들의 움직임도 잘 추적해

[그림 13] 코스피 지수와 환율의 상관관계

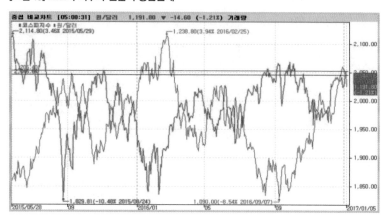

봐야 되겠죠.

환율 상승은 수출기업의 경쟁력 상승으로 인해 주가가 상승한다고 배웠습니다. 하지만 왜 하락할까요? [그림 13]은 코스피지수와 원 달러 환율의 추이입니다. N극과 S극처럼 환율이 상승하면 코스피지수가 하락하고 코스피지수가 하락하면 환율이 상승합니다. 즉 현실은 환율과 주식시장이 반대로 움직인다는 사실입니다. 왜냐하면 한국은 자본집약적 산업의 비중이 높은데 이로 인해 경기변동성은 더욱 커지기 때문입니다. 시설투자 초기에는 생산성이 매우 낮아 큰 손실을 입기 쉽지만, 생산량이 증가할 때마다 단가가 하락하기에 기업은 수요가 줄어들어도 생산량을 늘려 단가를 최대한 떨어뜨리려고 노력합니다.

수요는 적은데 공급이 많아지면 어떻게 될까요? 가격은 낮아지고 공급과잉으로 인해 결국 경쟁력이 없는 기업은 도산합니다. 수출기업 또한 수출이 부진하면 기업실적 악화, 주가하락으로 이어집니다. 수출이 왜 부진해질까요? 글로벌경기가 나빠지면서 수요가 줄어들었기 때문입니다. 우리나라 GDP 중 50% 이상이 수출기업이니 글로벌경기에 영향을 많이 받을 수밖에 없습니다. 이렇게 수출전망이 악화될 때마다 외국인 투자자들은 주식시장에서 매도세로 돌아섭니다. 매도한 자금은 원으로 가져가지 않습니다. 달러로 바꿔가죠. 그렇기 때문에 원화절하로 이어지게 됩니다.

'원화절하 = 환율상승'을 기억하세요.

환율 상승은 외국인들에게 경제가 악화되고 있다는 일종의 신호로 보면 됩니다. 또한 환율급등이 지속된다면 안정시킬 만한 자금이 외환보유고에 충분하지 않다는 신호로 해석되어 코스피, 코스닥 시장을 떠나게 되는 것이죠. 그들의 매도공세로 환율은 더 상승합니다. 이렇듯 글로벌 경기침체, 외국인 투자자의 매도공세 등이 환율상승에도 불구하고 지수가 하락하는 이유로 작용한다고 보면 됩니다.

다음 글은 2020년 9월 방송된 유튜브 강의 내용입니다. 달러의 강세와 약세가 주식에 어떤 영향을 끼치는가에 대해 이야기했습니다. 미국보다는 한국 기업에 투자하는 것이 더 미래가 밝다는 것이 저의 평소 소신입니다.

달러 약세와 캐리트레이드에 따른 안전자산 이동

자산배분 전술과 한국증시의 강세 현상

2020년 9월, 미국 시장이 잘 버티다가 하락했습니다. 갑자기 나스닥이 급락하더니 다우가 따라서 하락했죠. 이 현상을 살펴볼까요?

기술주들이 과도하게 미래를 선 반영해서 올랐기 때문에 조정이 나타난 것도 있지만 가장 주된 이유는 달러 약세입니다. 즉 위험 신호가 왔을 때 안전자산인 달러 자산을 매입하는 현상으로 인해 달러가 강세로 갑니다. 코로나19 사태가 터지자 환율이 1,250원까지 육박하는 모습을 보였습니다. IMF도 아니고 닷컴버블도 아니었는데 말이죠. 물론 전 세계를 덮친 코로나19는 모두를 공포에 떨게 만들었습니다. 그런데 어떻습니까? 안전하다고 믿었던 경제 선진국보다 이머징마켓이 더 빠르게 회복되고 있습니다. 이머징마켓 국가는 브릭스(BRICs: 브라질, 러시아, 인도, 중국), 동남아 등 자본시장 부문에서 새로 급성장하는 국가(시장)를 말합니다. 그런데도 사람들의 전통적인 안전자산 선호 심리에 의해 미국의 달러를 대규모 사재기하면서 이머징마켓에서는 빠져나오는 전략을 취했습니다. 한국을 피해 달러 자산을 매입하고, 여기에 서학개미*들이 동참하고 우리나라의 투자자산들이 대부분 미국으로 옮겨지고 미국 시장에서 활동하는 모습입니다. 그러면서 달러 가치가 급상승했으며 환율은 1,200원을 찍고 내려와 1,160원대에 돌입하며 안정적인 모습을 보이고 있습니다.

최근 달러 캐리트레이드 현상이 나타나고 있습니다. 달러 캐리트레이드는 달러 강세 때 달러 자산으로 더 많은 것을 살 수 있기 때문에 하락을 대비해 더 이상 안전자산이 아닌, 즉 미국의 자산을 팔고 이머징마켓으로 돌아오는 현상입니다. 위안화 강세나 우리나라 원화 가치 강세를 볼 때도 달러 캐리트레이드의 모습이 보여집니다. 지금까지 우리나라 주식시장에서 줄곧 팔던 외국인들이 최근 들어 매입하기 시작했으며 그런 모습을 볼 때 더 이상 미국 주식도 안전자산이 아니라는 심리가 시장에서 일어나고 있다는 것을 알 수 있습니다. 이는 여러 요인에서 기인합니다. 기본적으로 달러를 무제한으로 찍어내고 있기 때문에 가능합니다. 미국이 전 세계에서 가장 부채 비율이 높고 앞으로도 수많은 양적완화를 지속하면서 달러 자산을 계속해서 찍어낼 것입니다.

채권을 발행하고 또 채권을 팔아서 달러를 찍어내고 이렇게 계속해서 반복적으로 달러 자산을 발행하는 모습에서 달러 약세가 기인하는 것이며 더 이상 달러가 안전자산이 될 수 없다는 심리도 기인합니다.

- **서학개미** 국내 주식을 사모으는 '동학개미'에 빗대어 미국 등 해외 주식에 직접 투자하는 개인투자자를 일컫는 말.

서학개미들을 비롯해 많은 투자자들이 미국 시장에 갔다가 강 달러 상태에서 주식을 샀는데 갑자기 달러 가치가 하락하는데다 또 주식까지 빠지니 이중으로 손해 보는 현상이 발생하는 것입니다. 달러 환율에서 손해가 나고 미국 주식까지 빠지면 더욱 손해를 보는 것이죠.

경제에 위험 신호가 떴을 때 안전 선호 심리가 발동하면 반대로 갈 수도 있습니다. 코로나19 바이러스 사태가 터졌을 때는 실제로 반대 현상이 나타났습니다. 미국 주식이 급등하고 또 달러가치까지 상승하니까 주식으로 돈을 벌고 또 달러로도 돈을 버는 이중 돈벌기 구조가 이뤄졌다가 지금은 다시 약간 반대 현상을 보이고 있습니다. 물론 달러가치가 지속적으로 하락하지는 않습니다. 그러나 전체적인 추세를 보면 달러가치는 하락합니다. 저도 달러 자산이 있으면 바로 현금으로, 원화로 바꿉니다. 그 이유는 달러 선호 심리가 과거와는 다르게 이제는 많이 떨어졌다는 것을 의미합니다. IMF 때는 1,200원이 아니라 2,000원까지 가는 환율 급변동을 보인 적이 있습니다.

안전선호 심리가 강한 투자자들은 유독 달러를 매입하기 위해 매우 노력을 합니다. 지금도 달러를 계속 모아가는 사람이 있고, 달러는 기축 통화로서 항상 금과 같은 안전자산이라는 선호심리가 있기 때문에 굉장히 많이 오릅니다. 달러가 떨어지면서 금이나 달러로 결제하는 원유도 다시 조금씩 하락하고 있습니다. 이렇게 달

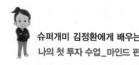

러와 안전자산의 선호심리와 역학관계는 굉장히 복잡하게 이뤄집니다. 외국인들이 우리나라에 들어오는 이유도 강 달러 상태에서 우리나라 주식을 사서 원화 강세가 일어날 때까지 들고 있으면 주식이 오르지 않더라도 환차익만으로도 엄청난 이익을 챙길 수 있기 때문입니다. 지금이 더 이상 이머징마켓이나 글로벌경제가 크게 하락해서 위험한 시기가 아니라는 모습을 대변하고 있습니다. 중국 위안화도 강세를 보이고 있고 원화도 동반해서 강세를 보이고 있습니다. 이렇게 된다면 이머징마켓에 어떤 모습이 나타날까요? 우리나라는 대부분의 채권을 발행해서 달러로 빚을 주기 때문에 우리가 가지고 있던 달러 자산 빚이 줄어드는 효과가 나타납니다. 반면 미국은 다시 늘어나는 효과가 나타납니다. 지금 이 머징마켓의 주식시장이 좋은 것도 외국인들의 자금이 들어오기 때문입니다.

많은 한국의 자산가들이 한국을 떠나 이민을 갑니다. 그리고 많은 사람들이 달러를 매입한다는 얘기들이 많이 들립니다. "한국에서는 더 이상 못 살겠다. 그래서 이민을 준비한다"는 젊은 친구들도 있고, 자산가들도 있고, 달러를 지속적으로 매입해 놓은 사람들도 있고, 미국주식에 투자하는 사람들도 굉장히 많습니다. 서학개미들이 하락장에서 테슬라 주식을 2조나 매입했습니다. 그렇게 달러 자산을 보유하는 것도 일반적인 자산 포트폴리오의 하나이지만 우리나라 시장을 믿지 못하는 심리를 대변하는 현상이기도 합니다.

제 주변의 자산가들도 그런 얘기를 많이 합니다. 우리나라 경제는 끝났다, 희망이 없다, 앞으로는 자산을 다 미국으로 옮기거나 미국으로 이민 가겠다는 분위기 속에서 코로나19 사태를 맞았습니다. 그러나 과연 미국이 정말 더 안전할까요? 아니면 우리나라가 더 안전할까요? 코로나19 사태에서 봤듯이 미국 방역 당국의 대처 그리고 거리의 폭동, 유색인종 갈등…

한국인이 변방인으로 미국 사회에 가서 과연 행복해질 수 있는지 생각해 보셨나요? 미국에 가서 어떤 일을 할 수 있을지, 내가 가지고 있는 지식이나 경력으로 과연 미국에서 행복하게 살 수 있을지 구체적으로 생각해 보셨습니까?

아메리칸드림은 1960년대나 늦어도 80년대 이야기입니다. 저는 실제 미국에서 몇 년 거주했고, 그 외 중국을 비롯한 타국에서도 오랫동안 살아보았습니다. 가장 안전한 나라는 대한민국입니다. 저의 유튜브 댓글에도 해외에 거주하는 분들의 글이 굉장히 많이 달립니다. 미국이나 캐나다를 비롯해 영미권 곳곳에 살고 있습니다. 그분들이 항상 이야기하는 게 "한국에 가고 싶다"는 것입니다. 한국에 대한 애정과 한국에 대한 추억과 그리움이 가득하다는 걸 느낍니다.

여하튼 지금의 달러 캐리트레이드 현상으로 볼 때 서학개미들이 굉장히 불안할 것이라 생각합니다. 그러나 걱정하지 않아도 됩니다. 왜냐면 미국 주식은 미래를 반영해서 오를 만큼 올랐고 우리

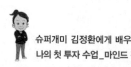

나라는 다시 안정적인 주가지수를 보이고 있습니다. 너무 불안해하지 마십시오. 10년 동안 오르지 않은 박스피에서 아무리 봐도 한국 기업들이 더 싸 보이고 한국 기업들이 더 좋아 보이기 때문입니다.

언제까지 한국 기업은 저평가만 받아야 될까요? 미국 주식은 언제까지 버블을 지속할 수 있을까요? 계속 오르기만 할까요? 물론 미국 기업들은 글로벌해질 수 있기 때문에 멀티플을 더 높게 적용받을 수 있지만 자금 흐름상 무한정 그럴 수 없습니다. 영원히 그럴 수 없다는 것은 무슨 의미냐면 달러 강세에 달러를 가진 사람이라면 어떻게 하겠습니까? 한국의 싼 기업들을 사고 싶을 것입니다. 1달러가 1000원 하다가 1200원이 됐는데 20%를 더 살수 있지 않습니까? 그러면 고평가된 미국 주식을 팔고 어차피 달러 가치도 하락할 것이므로 한국 주식에 들어오지 않겠습니까!

"한국 주식은 아직도 싸네? 내 달러는 꽤 많이 올랐어. 달러 청산하고 원화가치가 올랐으니까 원화를 매입해야겠다. 한국 주식을 사야겠다! 한국 주식을 사고 원화가 급등해서 원화가치가 비싸지고 달러가치가 떨어질 때 다시 달러를 사면 되겠다."

이런 생각을 하지 않겠습니까? 이것이 글로벌 캐리트레이드입니다. 그런데 한국 기업들은 아직도 저평가되어 있고 미국 기업들은 상대적으로 고평가되어 있습니다. 그러면 어떻게 하겠습니까? 당연히 한국 주식을 사는 거죠.

투자의 세계는 냉정합니다. 수익극대화를 위해 더 싼 것을 사는 것입니다. 미국 주식이 좋다, 안 좋다의 문제가 아닙니다. 미국 안전자산의 선호심리가 있었을 때 특히 코로나19 바이러스나 서브프라임 사태, 아니면 대공황, IT 닷컴버블 등 급작스레 시장이 바뀔 때는 당연히 미국 달러를 사서 안전을 지키고 위험을 회피하려는 순간적인 자본의 이동이 있습니다. 그러나 결국은 다시 제자리를 찾아 다양한 투자처로 자금은 돌아옵니다.

달러는 끊임없이 양적 완화를 통해 기축 통화의 자리를 지키고 있습니다. 미국 달러는 소위 말해 그냥 찍어내면 됩니다. 우리나라는 그럴 수 없기 때문에 국채를 발행해서 돈을 빌려야 합니다. 우리나라 부채비율은 겨우 40%가 넘습니다. 우리나라 기업들은 이머징마켓에서 최고의 성장률을 보이고 있으며 계속해서 성장할 것입니다. 앞에서는 삼성이 이끌고 그 뒤를 따라가는 반도체 전·후 공정 장비들 그리고 소재들, 휴대폰 산업들이 뒷받침하고 있습니다. 이렇게 전방산업이 좋아지고 글로벌시장에서 인정받고 있으며 그 저변에는 열심히 사는 한국인들이 있습니다. 우리 국민들은 누구보다 교육도 많이 받았고 근면하고, 열정적입니다. 또 우리는 애국심이 높습니다. 2030~40년에는 한국이 1인당 GNP에서 글로벌 2위의 경제 대국이 될 것입니다.

지금 달러 자산을 가지고 있는 사람들에게 달러를 매각하라는 이야기는 아닙니다. 일반적으로 어느 정도의 포트폴리오로 달러 자산을 가지고 있는 것은 기본적인 포트폴리오 배분 전략입니다. 이를 볼 때 우리나라 기업들은 한국 내에서만 안주하는 경향이 있습니다. [네이버]나 [카카오]도 빨리 글로벌시장에 나가야 됩니다. 저는 현대차그룹을 거의 10년 동안 보지 않았다가 2020년에 들어서부터 다시 보기 시작했습니다. 현대차가 2014년 한전 부지를 10조 원에 매수한 날부터 저는 머릿속에서 지웠습니다.

그러나 이제 현대차그룹이 수소나 전기차에 집중하면서 테슬라를 따라가고 있는 모습을 보면서 다시 매력이 생겼다고 생각합니다. 만일 현대차가 그때 10조짜리 한전 부지를 사지 않고 폭스바겐그룹이나 아니면 매물로 나왔던 다른 글로벌 자동차 회사를 매입했었다면 지금 위상은 훨씬 더 컸을 것입니다. 물론 현대차그룹이 매수한 옛 한전 부지의 부동산 가치가 현재 크게 올라 결과적으로 성공적인 투자였다는 시장의 평가도 있지만 저는 기업의 투자는 업의 본질과 직결되는 선상에서 자사의 미래 경쟁력을 강화하고 준비하는 과정에 집중할 때 더욱 가치 있다고 생각합니다.

지금 우리나라는 달러 강세 상태라 M&A를 통해 공격적인 인수합병에 나서기는 어렵습니다. 원화 강세가 올 때쯤에는 글로벌 기업들을 빠르게 M&A하는 결단이 필요합니다. 제가 삼성전자를 좋게 봤던 경우가 스피커업체 하만카돈(Harman Kardon)을 굉장히 큰돈 주고 매수했을 때였습니다. 이처럼 공격적 글로벌 M&A를 통해 우리 기업들도 세계로 적극적으로 진출해야 됩니다. 많은 자산을 유보금으로 쌓아놓지 말고 공격적인 투자에 나서 세계에서 계속 높은 점유율을 차지해야 합니다.

일본의 잃어버린 20년은 급격한 긴축이 그 원인 중 하나입니다. 긴축 정책을 사용하면서 유동성을 공급하지 않으면 공황은 2~3년, 길게는 6년 동안 일어난다고 보여 집니다. IT버블도 2년 정도 계속해서 나왔고, 그 다음에 일어난 서브프라임 때도 마찬가지였습니다. 이렇게 긴축을 급속히 하면 경기가 갑자기 무너지면서 모든 위기가 왔습니다. 반면 무제한적인 유동성 살포가 시장을 살려왔습니다. 그 유동성의 힘을 우리는 아직 겪어보지 못했습니다. 이제 그때보다 더 큰 유동성이 왔습니다. 통화는 4.5배수로 팽창합니다. 그러다가 뻥~~ 터질 때까지 인플레이션을 용인하는 것입니다.

지금 긴축을 써서 유동성 회수를 하면 과연 어떤 현상이 오겠습니까? 앞에서도 한번 설명했지만 버블을 보자는 겁니다. 그리고 버블이 왔을 때, 오기 전에 정부는 또 다른 대책을 만들어낼 겁니다. 지금의 유동성 장세를 과소평가하지 마십시오. 그리고 지금은 달러 자산을 가지고 있을 때가 아니라 원화에 투자해야 될 때입니다. 한국 기업에 투자해야 될 때입니다. 아직도 싼 기업이 많습니다. 우리나라 주식시장은 근 10년 동안 오르지 않았으니까요. 빠르게 좋은 기업을 스크리닝해서 지금이라도 가득 담아놓고 아무것도 하지 않아도 됩니다. 버블이 닥치면 그때 유유히 빠져나오면 됩니다. 가방을 메고 그때 떠나십시오. 씩 웃으면서!

부디 이 책을 독자들이 읽는 시점에도 유동성 장세가 끝나지 않았길 바랍니다. 끝났다 하더라도 너무 낙담 마세요. 시장이 어떻든 저와 함께 열심히 공부해서 이기는 투자를 할 수 있으니까요! 단 정말 열심히 하셔야 합니다.

▶ 2020년 9월 19일 유튜브 강의

아빠의 포인트 레슨

◦● 지금은 달러 자산을 가지고 있을 때가 아니라 원화에 투자해야 될 때이다. 한국에는 아직도 저평가된 기업이 많으며, 주식시장은 근 10년 동안 오르지 않았기 때문이다. 좋은 기업을 선별해서 가득 담아놓고 기다리면 수익을 올릴 수 있다.

[Q & A] 묻고 답해 보세요!

Q 우리나라에서 환전되는 외화에는 무엇이 있는지 알고 있니?

Q 달러는 왜 오르고, 내릴까? 달러가 오르면 우리 경제에 끼치는 영향은 무엇일까?

Q 우리나라 경제가 나빠질 때 달러를 가지고 있으면 좋을까?

투자의 네 가지 마인드

오늘은 어떤 이야기를 할까. 궁금한 것 있어?

아빠 같은 투자자들은 돈을 잃고 난 후에도 다시 투자하고 싶은 마음이 들어? 나라면 하기 싫어질 것 같아.

주식투자에 대해 워렌 버핏이 이야기했잖아. 첫 번째는 돈을 잃지 않는 것이고 두 번째는 첫 번째를 잊지 말라는 거. 그 말이 맞지만 사실 투자를 하면서 절대 돈을 잃지 않을 수는 없지. 잃지 않기 위해 최선을 다하는 거지. 워렌 버핏도 때로는 큰돈을 잃어. 그러나 안전마진, 기업이 가지고 있는 자산이 기업의 시장가치보다 많다면 혹 기업이 망해도 현금과 부동산 등은 남아 있는 거야. 이처럼 안전마진이 있는 기업에 투자하는 것은 기업이 잘못되어도 투자금을 보상받을 수 있기 때문이야.

이안이 질문을 다시 볼까? 투자에서 돈을 잃는다는 것은 참 가슴 아픈 일이지. 아빠도 마찬가지야. 눈에 보이는 숫자는 어쩌면 사이버머

니일 뿐이야. 아빠는 어떻게 바라보냐면 돈으로 종목을 보지 않아. 투자한 기업의 주식 수를 얼마나 가지고 있느냐가 더 중요해. 그럼에도 안전마진이 있는 기업의 중요성과 잃지 말아야 한다는 것은 맞아. 다만 그 앞에 '크게'라는 말이 붙어야 더 정확해. 크게 잃지 않아야 해. 안전마진이 없는 기업에 크게 투자했다가 만약 실패해서 다 날려버리면 0이 되고, 다시 돈을 벌기 힘들기 때문에 크게 잃으면 안 된다는 거야. 만약 아빠가 돈을 잃는다 해도 아빠는 투자를 다시 하고 싶어. 내가 투자하는 기업의 가치는 변한 게 없기 때문이지. 가격변동만 있을 뿐 기업가치에는 변화가 없는 거야.

증시에 '주인과 강아지'라는 표현이 있어. 우리도 토리(반려견)랑 밖에서 함께 산책 나가잖아. 그러면 우리는 줄을 잡고 토리랑 앞서거니 뒤서거니 하면서 걸어가지. 토리는 신나서 막 돌아다니지만 어때? 방향이 어디든 목줄의 최대 거리를 벗어날 수는 없어.

🧑 맞아.

🧑 네가 기업이고 토리가 가격이야. 즉 기업은 계속 가는 거야. 집으로 돌아올 때까지 쭉 걸어오지. 반면 토리는 일정치 않게 움직여. 계속 왔다갔다하지. 그게 가격인 거야. 그런데 집에 돌아왔을 땐 강아지는 주인 옆에 딱 붙어 있어. 그렇지?

🧑 아!

🧑 이것이 주인과 강아지로 비유하는 유명한 주가 이론이야. 또 새로운 질문은 뭐가 있을까?

🧑 아빠는 투자를 계속해왔는데 아빠 인생에서 투자는 어떤 의미야?

두 번째 인생을 살게 해준 것? 아빠는 잘살지 못했잖아. 그런데 투자를 통해 어느 정도 경제적 자유를 이뤘고 시간적 자유도 얻었어. 투자는 아빠에게 자유를 선사해 준 인생의 선물이야. 지금 이 시간에도 아빠는 여유 있게 우리 딸과 대화를 할 수 있고, 이안이는 엄마아빠와 어렸을 때부터 정말 여행 많이 다녔잖아?

응!

그게 다 세 가지 자유가 있었기 때문이야. 투자는 아빠에게 자유라는 선물을 줬어. 그래서 행복해.

그런데 만약, 투자에 계속 실패하면 그만해야 할까?

투자에 실패하는 이유는 여러 가지가 있는데 반복적으로 실패한다는 것은 아직 준비가 안 되어 있다는 거야. 즉 투자를 잘못하고 있다는 것이지. 잘못하고 있는 사람은 절대 투자에 성공할 수 없어. 계속 실패를 반복할 뿐이지. 이안이는 지금부터 경제공부를 해나가면서 투자에 대한 자신만의 원칙을 잘 정립하면 실패할 수 없어.

그렇게 노력할게. 기업을 평가하려면 분석만으로 가능할까?

그 질문에 대답하기 전에, 이안이는 지금까지 몇 개 기업을 평가해봤지?

두 개. YG 엔터와 키네마스터.

이안이가 기업을 평가하면서 느꼈던 게 뭐야? YG를 평가하면서 SM도 봤잖아. JYP도 봤지?

응

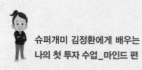

세 개 기업을 이미 봤고 키네마스터 할 때도 경쟁사 어디를 함께 봤지?

빌로(VLLO)라는 곳인데, 그곳은 비상장기업이야.

그렇지. 이미 이안이는 밸류에이션을 할 수 있는 거야. 밸류에이션만 으로 기업평가가 달라지잖아. YG를 실제 분석했더니 시간이 지나고 이안이 평가처럼 주가가 올라갔지? 키네마스터는 평가한 대로 주가 가 내려갔어. 결과적으로 이안이의 뷰가 맞았다는 거야. 그런 경험이 여러 번 반복되면 기업을 평가할 수 있게 되지. 이안이가 보기에 어떤 기업이 좋아지는 기업일까?

매출액과 영업이익이 늘어나는 기업?

그렇지. 그래서 우리가 밸류에이션 할 때 영업이익에 멀티플 몇을 주지?

10.

만약에 어떤 기업의 영업이익이 100만 원이면 시장가치는 얼마가 되 는 거지?

천만 원.

그렇지. 이런 식으로 기본적인 밸류에이션을 해나가잖아. 또 어떤 기 업들이 좋지?

산업이 성장하는 기업.

와~ 그렇지! 전방산업이 좋아지고 있는 기업. 이안이가 분석한 기업 들도 전방산업이 좋아서 본 거잖아. 이유가 뭐였지? 이안이가 관심 있는 분야이기도 하고 K-pop이 글로벌하게 가고 있어서였잖아. 그 게 바로 산업이 성장하고 있다는 거지. 이안이가 좋아하는 웹툰 관련된 기업들도 앞으로 더 성장 가능성이 있겠지? 콘텐츠로 글로벌 진출도 가능하니까.

응

또 어떤 기업들이 있지?

안전마진이 있는 기업?

그래, 안전마진이 있다는 것은 부동산과 현금을 많이 가지고 있다는 거야. 그러니까 사업이 잘 안 되면 보유한 부동산을 팔아서라도 현금 투입을 원활하게 할 수 있지. 우리나라에는 이러한 기업들이 생각보다 엄청 많아. 그리고 또?

마켓셰어(시장점유율)가 늘어나는 기업?

오~ 마켓셰어가 늘어나는 기업? 어떤 게 있을까?

마켓컬리?

그렇지. 또?

롯데마트?

땡, 롯데마트는 마켓셰어가 계속 떨어지고 있어. 온라인 마켓이 아니라 오프라인 기반이기 때문이야. 또?

쿠팡?

그렇지. 또 어떤 기업이 좋을까?

계속해서 투자하는 기업.

맞아. 기업이 계속 발전하기 위해서는 공장을 증설하고 투자를 해야 더 많은 사람을 뽑고 더 많은 상품을 생산해서 매출을 올릴 수 있지. 쿠팡도 마찬가지야. 물류시스템이 계속 늘어나고 배송해주는 쿠팡맨

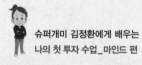

들이 막 늘어나잖아. 그렇지 않으면 어떻게 아침마다 너에게 배송해 줄 수 있겠니? 마켓컬리도 그렇고. 거기에 누가 투자를 할까? 자본 투자가들이 투자하지. 그러면 기업은 투자가들에게 주식을 주고 투입된 자금으로 또 열심히 노력하지. 사람도 고용하고 돈을 더 벌고 그러면 주가는 더 올라가고…. 그렇게 성장하는 거야. 또 가능성 있는 기업에는 어떤 게 있을까?

정부정책에 수혜를 받는 기업.

그래. 정부는 나라 발전을 위해 여러 정책들을 내놓거든. 그 정책에 부응하는 기업들은 성장하게 되지. 오늘 우리가 이야기한 네 가지가 뭐였지? '안전마진이 있는 기업을 사라. 크게 잃지 마라. 싸게 사라. 밸류에이션을 할 수 있어야 한다.' 이것만 잘하면 투자 공부는 끝이야. 좀 어려웠지?

응. 좀 어려웠어.

그래도 이만큼 대화를 했다는 것은 50%에 가까워졌다는 거야. 더 노력하는 우리 이안이가 되기를 아빠는 항상 응원할게.

▶ 아빠와 딸의 대화영상 보러가기

유가가 오르면 세계경제 전반에 어떤 영향을 주나요? 유가 오르면 우리 경제에 나쁜 영향을 끼치는 것 아닌가요? 그리고 또 주가에는 어떤 영향을 미치나요?

• ○ •

주식투자에 뛰어들려면 기꺼이 위험을 감수하겠다는 정신적 준비운동이 필요하다. 확실한 수익을 보장해주는 주식시장은 세상 어느 곳에도 없다.

앙드레 코스톨라니

OPEC 그리고 국제유가의 영향

OPEC(Organization of Petroleum Exporting Countries)은 석유 생산 · 수출국 대표가 모여 결성한 협의체입니다. 1960년 국제 석유자본의 원유 공시가격의 하락에 대항하기 위해 이라크 정부 주관으로 개최된 바그다드회의에서 이라크 · 이란 · 사우디아라비아 · 쿠웨이트 · 베네

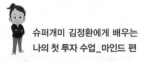

수엘라 5개 나라가 만들었습니다. 결성 당시는 정보 수집 및 교환, 가격 카르텔이 주목적이었으나 1973년 제1차 석유위기를 주도하여 석유가격 상승에 성공한 후부터 생산량을 조절하는 생산 카르텔로 변질되었습니다. 현재는 14개 나라가 회원국입니다.

원유가격은 국제시장에서 가공 단계를 거치지 않은 원유를 거래할 때 정하는 가격을 말합니다. 단위는 배럴이며 1배럴당 158.9L입니다. 두바이산원유, 미서부텍사스유, 영국북해산브렌트유를 세계 3대 유종이라 부르며 국제유가시장에서 가장 큰 영향력을 행사합니다.

유가 상승이 경제에 미치는 영향은 큽니다. 최근처럼 세계경제가 저성장 저물가로 경기침체에 빠져 있는 상황에서 일정 수준의 유가 상승은 호재로 작용합니다. 최대 석유 수출국가인 사우디와 이란을 비롯한 주요 산유국의 원유소득 증가로 수요가 늘어나면 세계경제의 경기 회복에 도움이 되기 때문입니다. 산유국들의 저유가 지속은 극심한 경제난을 야기하고, 이는 세계경제의 부진에도 상당한 영향을 미칩니다.

유가 상승은 수출의존도가 높은 우리 경제에는 특히 긍정적으로 작용할 수 있습니다. 침체되어 있는 정유, 화학산업이 활성화되고 장기적으로 조선업, 건설업에도 긍정적 영향을 미칩니다. 또한 유가 상승은 신흥국 경기 개선을 돕습니다. 석유 수출국가인 러시아와 브라질, 인도 등 주요 신흥국 경제는 유가 흐름에 따라 크게 좌우됩니다. 러시아나 브라질 등 천연자원이 풍부한 나라에게 유가 상승은 경제를 좋아지게 합니다.

경제, 증시에는 양날의 검이 존재합니다. 만약 고 유가가 지속된다면 그에 따라 원자재 수입물가 상승으로 비용 상승 인플레이션을 유발할 수 있습니다. 그렇게 되면 주가는 하락할 가능성이 높습니다. 그러나 유가와 주가의 관계 또한 명확히 규정하기는 어렵습니다. 유가가 상승할 때 자신이 보유한 주식이 동반 상승하는지 하락하는지를 오랫동안 관찰해서 패턴을 파악한 후 매수/매도 타이밍을 결정하는 것이 가장 좋은 방법입니다.

아빠의 포인트 레슨

○● 유가 상승이 경제에 미치는 영향은 크다. 세계경제가 저성장 저물가로 경기침체에 빠져 있는 상황에서 유가 상승은 호재로 작용한다. 만약 고유가가 지속되면 원자재 수입물의 상승으로 비용 상승 인플레이션을 유발할 수 있다. 이로 인해 주가는 하락할 가능성이 높다.

[Q & A] 묻고 답해 보세요!

Q 석유 가격이 오르는 이유는 무엇일까?

Q 만약 우리나라에서 석유가 나온다면 경제에 어떤 영향을 미칠까?

Q 석유가 나오는 모든 나라가 다 잘살까? 그렇지 않은 이유는 무엇일까?

26 | 유동성은 무엇인가요?

'유동성'이라는 단어는 뉴스나 책에도 많이 나오는데 정확한 의미는 무엇인가요? 나라 전체에 돈이 늘어나면 주식시장에 끼치는 영향은 무엇인가요? 주가가 무조건 쭉쭉 올라가나요?

• ○ •

좋은 회사의 가장 기본적인 정의는 지출하는 것보다 더 많은 현금을 창출하는 것이다. 좋은 경영자는 그 현금을 생산적 용도에 투입하는 방법을 지속적으로 찾는다.

벤저민 그레이엄

통화량과 주가의 관계

통화에 대해 알기 쉽게 풀어보겠습니다. [그림 14]는 통화의 종류와 범위입니다. 여기에 대해서는 앞의 22장에서도 설명했지만 다시 한번 간단히 정리하겠습니다.

[그림 14] 통화의 종류와 범위

M1 협의 통화	현금통화+요구불 예금+수시입출식저축성예금(개인 MMF 포함, 법인 MMF 제외)
M2 광의 통화	M1+기간물 예/적금 및 부금+시장형 금융상품+실적배당형 금융상품+금융채+기타
M3 총유동성	M2+한국증권금융 및 생명보험회사의 예수금+만기 2년 이상된 기타 예수금

전문용어나 딱딱한 단어에 너무 겁먹지 마세요. M1은 협의통화라고 부르는데요, 언제든 현금화할 수 있는 예금을 말합니다. M2는 '협의 통화 + 유동성이 좋은 만기 2년 미만의 정기 예적금 및 시장형 금융 상품 등을 포함한 것'입니다. M1, M2는 시중에 유통되는 현금과 예금의 잔고 합을 이야기하며 시중에 돈이 얼마나 풀려있는지를 보여주는 지표입니다. 현금이라도 은행금고에 저장되어 유통되지 않는다면 통화량에서 제외됩니다.

이 중 가장 포괄적인 것은 M3입니다. M3는 은행뿐 아니라 비은행 금융기관까지도 포함하는 모든 금융기관의 유동성 수준을 파악할 목적으로 개발된 지표입니다.

통화량은 시중에 유통되는 화폐의 양을 의미합니다. 통화량은 본원통화의 크기, 민간부문에서의 현금통화의 비율 그리고 금융기관의 지불준비율 3가지로 결정합니다. 본원통화는 국가에서 통용되는 화폐를 말합니다. 총 통화량 M1, M2, M3는 본원통화로부터 파생되고 대출되어 늘어난 통화의 총량을 말합니다.

통화 승수는 최초 본원통화가 몇 배로 증폭되어 시중에 유통되는 지를 뜻합니다. 경기확장 국면에서는 경기가 좋으니 많은 사람들이 레버리지, 즉 빚을 내서 투자합니다. 대출 이자보다 기대되는 수익률이 더 높기 때문입니다. 그렇게 되면 통화승수는 높아지고 반대로 경기하락 국면에서는 소비가 위축되니 당연히 통화승수도 낮아집니다. 버블이란 통화량이 무한대로 늘어나는 것을 말합니다.

한국은행에서 매월 단위로 측정하여 경제성장과 물가, 금리 등을 감안해 신축적으로 통화의 증감량을 통제합니다. 실물 가치는 화폐로 측정되고, 화폐가치는 금리로 측정됩니다. 화폐에 대한 공급보다 수요가 더 증가하면 화폐가치와 이자율이 상승합니다. 따라서 '돈을 푼다, 양적완화를 한다'는 것은 화폐 공급을 늘린다는 것이고, 이는 화폐가치가 하락해 금리가 낮아진다는 말이 됩니다.

통화량은 주가에 어떤 영향을 미칠까?

경제학에서 통화량의 의미는 시중에 돌아다니는 돈의 유통량을 말하며, 통화량을 측정하는 기준이 되는 지표를 통화지표라 합니다. 이러한 통화지표에는 협의통화(M1), 광의통화(M2), 총유동성(M3) 3가지가 있으며 매월 한국은행에서 발표합니다. 우리나라는 현재 통화관리의

[그림 15] 통화량과 주가의 관계

기업 부문	통화량 증가 - 자금 확보 - 시설 투자 - 수익성 향상 - 주가 상승
민간 부문	통화량 증가 - 자금 확보 - 주식 매입 - 증시 활황 - 주가 상승

중심 지표로 M2를 사용하고 있습니다. 이러한 통화량 변동은 주식가격에 큰 영향을 미칩니다.

우선 통화량이 늘어나 자금이 기업으로 흡수되면 기업은 이 자금을 활용하여 각종 설비투자를 확대시켜 수익성을 높일 수 있습니다. 이에 따라 기업 주가가 상승합니다. 또한 늘어난 통화량이 민간부문으로 흡수됩니다. 그러나 통화량이 증가한다 해서 언제나 주식가격이 상승한다고 볼 수는 없습니다. 화폐공급의 증가가 이자율에 미치는 효과에는 시간 흐름에 따라 유동성효과, 소득효과, 피셔효과가 있습니다. 유동성효과란 통화량 증가에 따라 단기적으로 이자율이 하락하는 현상입니다.

그런데 이렇게 이자율이 하락하면 투자가 증가되고 그 결과 국민소득이 증가되는데, 이는 다시 화폐수요의 증가로 나타나 이자율이 상승합니다. 이를 화폐공급의 이자율에 대한 소득효과라 합니다. 여기까지 이해되시나요?

그리고 피셔효과는 화폐공급의 증가로 물가가 상승하는 인플레이션이 발생되면 피셔 방정식에 의해 명목금리가 상승하는 효과입니다.

이상의 설명을 종합하면 통화량 증가는 단기적으로는 주가에 긍정적 영향을 주지만 장기적으로는 이자율을 상승시켜 주가에 부정적 영향을 줍니다.

피셔 방정식(Fisher Equation)

명목이자율을 실질이자율과 인플레이션율의 합으로 나타내는 방정식. 이자에 관한 이론으로 유명한 경제학자 어빙 피셔의 이름을 따서 지었다. 명목이자율을 i, 실질이자율을 r, 인플레이션율을 π라고 할 때, 피셔 방정식은 다음과 같다

$$i \approx r + \pi$$

이를 종종 항등식으로 표현된다.

$$i = r + \pi$$

이 식의 의미는, 은행에 돈을 맡기고 받은 이자는 자본의 운영을 통해 얻은 물질적 수익에 인플레이션을 합친 금액이라는 뜻이다. 예를 들어 은행에서 받은 이자가 6%인데, 인플레이션이 2%였다면 실질이자율은 4%가 된다. 이 식은 또한 사전, 사후 이자율을 분석하는 데도 쓰일 수 있다.

○● 통화량이 늘어나 자금이 기업으로 흡수되면 기업은 이 자금을 활용해 각종 설비투자를 확대시켜 수익성을 높인다. 이에 따라 기업 주가는 상승한다. 또한 늘어난 통화량이 민간부문으로 흡수된다. 그러나 통화량이 증가한다 해서 언제나 주식 가격이 상승하는 것은 아니다.

[Q & A] 묻고 답해 보세요! ●

Q 돈의 종류에는 무엇이 있는지 알고 있니? 통화가 무엇일까?

Q 지금 만원의 가치와 1년 후 만원의 가치는 어떻게 변할까?

Q 나라에 돈이 늘어나면 어떤 현상이 일어날까?

27 | 주식은 한번 사서 보유만 하면 되나요?

주식을 사면 무조건 오래 가지고 있을수록 좋나요? 아니면 빨리 팔고 다른 것을 사야 하나요? 흔히 '단타'라고 하던데, 장타가 좋나요? 단타가 좋나요?

• ○ •

시장의 패닉에 절대 즉각적으로 행동하지 마라. 팔아야 할 시점은 시장이 추락하기 이전이지, 추락한 다음이 아니다. 오히려 숨을 한번 깊게 들이쉬고 조용히 자신의 포트폴리오를 분석하라.

존 템플턴

마지막 순간까지 답을 고치는 과정

실패하는 혹은 크게 성공하지 못하는 개인투자자의 단점 중 하나는 장기 보유를 거의 하지 않는다는 것입니다. 가격이 싼 주식 수십 주, 혹은 수백 주를 들고 단타하기에 바쁜 투자자도 있습니다. 수익을 올리지 못할 뿐만 아니라 증권회사에 수수료만 가져다 바치는 꼴입니다. 물론 장기 보유라고 해서 무조건 오래 들고만 있으라는 의미는 아닙니다.

좋은 주식은 장기간 보유가 맞지만 단순히 방치하는 것이 아니라 항상 관찰하고 조사하고 관리해야 합니다. 추적하는 과정 중에 종목을 선정한 예측(철학)이 바뀐다면 가차 없이 매도해야 합니다. 투자는 예측이 더 정확해질 수 있도록 끊임없이 보정작업을 해나가는 것입니다. 기업의 성장과 발전을 예측하고 실적을 보정해야 합니다. 신사업을 계속 추적하고 새로운 가치를 예측하고 조정하는 작업을 반복해나가는 것이 투자자의 자세입니다.

주식투자는 누군가 답을 써주기를 기대하면 안 됩니다. 매도 버튼을 누르는 순간까지도 답을 고쳐나가는 것이 투자입니다. 투자는, 보다 정확한 답을 써내려가는 과정이자 결국 확률을 스스로 높여가는 훈련의 연속입니다.

○● 좋은 주식은 장기간 보유가 맞지만 단순히 방치하는 것이 아니라 항상 관찰하고 조사하고 관리해야 한다. 단, 추적하는 과정 중에 종목을 선정한 예측(철학)이 바뀐다면 가차없이 매도한다.

[Q & A] 묻고 답해 보세요!

Q 주식은 무조건 오래 가지고 있는 것이 좋을까?

Q 빨리 사고, 빨리 팔아서 수익을 챙기면 어떤 장점과 단점이 있을까?

Q 투자의 가장 좋은 자세는 무엇이라고 생각하니?

PART 3 시장 환경 이해하기
본격적인 시작에 앞서 반드시 알아야 할 기초 개념

286
287

주식을 거래하려면 꼭 증권회사에 가야 하나요? 핸드폰이나 인터넷으로 편하게 할 수 있는 방법이 있나요? 최소한 얼마의 돈이 있어야 주식을 살 수 있어요?

● ○ ●

다른 투자자들이 저지르는 실수를 피하는 일은 성공 투자로 가는 가장 중요한 첫걸음이다. 사실 그것만으로도 성공은 절반 이상 보장된 것이나 다를 바 없다.

세스 클라먼

편리하지만 유혹을 조심하라

1990년대 중반까지만 해도 도시 곳곳에 '객장'이라는 곳이 있었습니다. 증권사 객장이죠. 요즘 MZ세대 ● 투자자들은 모를 겁니다. 적어도 30~40평 이상의 공간 전면에 큰 전광판이 있고, 그 앞에 의자 50여 개가 있습니다. 장이 열리면 투자자들이 들어와 의자에 앉아 전광

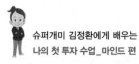

판을 보면서 순차적으로 표기되는 가격으로 주식이 오르내리는 상황을 유심히 지켜보았습니다. 회사명 옆에 금액(숫자)이 표시되어 있는데 오르면 빨간색, 내리면 파란색이었습니다. 딸기밭이 되면 주가지수가 상승한 것이고, 배추밭이 되면 하락한 것이었죠. 수없이 많은 사람들의 운명을 갈라놓았던 그 전광판은 모두 사라지고 이제는 컴퓨터와 스마트폰으로 어디서든 손쉽게 거래하는 시대가 되었습니다.

대표적인 것이 HTS입니다. 홈트레이딩시스템(Home Trading System)은 투자자가 증권회사에 가거나 전화를 이용하지 않고 가정이나 직장에서 컴퓨터를 이용해 주식매매 주문을 내는 시스템입니다. 1980년대 말과 1990년대 초에는 단순히 주식시세를 조회할 수 있는 프로그램이었는데 인터넷 환경이 좋아진 1997년 이후 여러 증권회사에서 도입해 상용화 되었습니다. 초기에는 주식시세 보기와 매매주문 기능 정도밖에 없었으나 2000년대부터는 각종 분석은 물론 매매상담까지 할 수 있게 발전했습니다.

매매수수료가 저렴하고 인터넷이 연결된 곳이면 어느 곳에서나 거래할 수 있다는 장점이 있습니다. 특히 각 종목의 등락에 따라 어떻게 매매할 것인지 세부 조건을 입력하면 매매를 자동으로 진행하는 기능도 첨가되었습니다. 우리나라는 사실상 HTS를 통해 대부분의 주식거

- **MZ세대** 1980년대 초~2000년대 초반 출생한 '밀레니얼 세대'와 1990년대 중반부터 2000년대 초반 출생한 'Z세대'를 아우르는 말.

래가 이루어진다고 할 수 있습니다. 물론 지금도 직접 증권사 창구에 가서 매수/매도하는 투자자가 있습니다.

컴퓨터에 HTS를 설치하는 방법은 어렵지 않습니다.

- 먼저 거래할 증권사를 선택합니다. 수많은 증권사 중에서 자신의 조건에 맞는 증권사를 꼼꼼히 비교하고 선택하세요. 인터넷에서 검색하면 〈각 증권사의 HTS 장단점〉을 비교분석한 글도 많으니 잘 읽어보고 참고하세요.
- 선택했다면 증권사에서 주식계좌를 개설합니다(대면/비대면 가능). 인터넷 홈페이지로 들어가 회원가입을 합니다.
- HTS 프로그램을 다운받으면 자동으로 설치됩니다. 매매를 위한 HTS에 접속하기 위해서는 일반 공인인증서가 아닌 '증권전용 공인인증서'가 필요하므로 꼭 발급 받으세요.
- HTS가 설치된 이후 거래창이 나타나면 자신에 맞게 조정합니다. 은행계좌에서 주식계좌로 금액을 이체합니다. 이제 본격적으로 거래를 시작합니다.

스마트폰이 대세가 되면서 MTS도 폭넓게 확산되고 있습니다. MTS(Mobile Trading System)는 핸드폰으로 주식을 거래하는 시스템입니다. HTS처럼 동일한 순서대로 가입하면 됩니다. 손에 들고 다니면서 볼 수 있기 때문에 HTS보다 더 편리합니다. 두 시스템 모두 기업

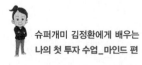

정보를 시작으로 매수/매도 등 주식에 관한 모든 사항을 비롯해 국내외 경제 전반을 파악할 수 있습니다.

HTS와 MTS는 분명 빠르고 편리한 시스템이지만 그만큼 위험도 있습니다. 빠르고 손쉽다는 장점 때문에 단타의 유혹에 빠지는 것입니다. 단타를 자주하면 수익은 잘 올리지 못하면서 수수료만 빠져나갑니다. 장점이 단점으로 변할 수 있다는 점을 잊지 마세요.

아빠의 포인트 레슨

∘• HTS와 MTS는 빠르고 편리한 시스템이지만 그만큼 위험도 있다. 빠르다는 장점 때문에 단타의 유혹에 빠진다. 단타를 자주하면 수익도 올리지 못하면서 수수료만 빠져나간다. 원칙 없이 절제하지 못하면 장점이 단점으로 변할 수 있다는 점을 잊지 마라.

[Q & A] 묻고 답해 보세요!

Q 주식투자를 할 때 증권사에 가서 직접 하는 게 좋을까? 아니면 인터넷으로 하는 게 좋을까?

Q HTS와 MTS의 장단점은 무엇일까?

29 | 주식을 팔고 살 때 세금을 내야 하나요?

 주식을 1000원에 사서 1500원에 팔면 내가 500원을 다 갖나요? 아니면 수수료도 내고 세금도 내야 하나요? 그 반대로 1000원에 사서 800원에 팔면 200원을 손해보는데 그때도 수수료를 내야 하나요?

● ○ ●

주식시장에서 성공한 사람들 역시 주기적으로 손실을 입고, 좌절을 맛보고, 예기치 못한 사건을 맞는다. 그러나 끔찍한 폭락이 일어나도 이들은 투자를 포기하지 않는다. 불운을 받아들이고, 다음 종목 발굴에 착수한다.

피터 린치

수수료와 양도세에 관하여

우선 주식투자에서 수수료와 증권거래세에 대한 개념을 알아야 합니다. 대주주가 아니라면 주식은 양도소득세가 없습니다. 그때그때 매매 시마다 세금을 떼기 때문입니다. 이는 투자 손실과 상관없이 동일합니다. 대주주라 하면 2020년 기준 상장주식의 보유 지분율 1% 또

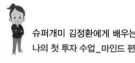

는 시가 10억 원 이상 보유자를 말하며 세율은 20~30%에 달합니다. 2023년부터는 소액주주라도 주식 양도차익에 대해 세금을 내게 됩니다. 코스피와 코스닥은 현재 0.25%의 증권거래세를 걷습니다. 코스피는 0.15%의 농어촌특별세를 포함한 세율입니다.

세금뿐 아니라 증권사 수수료도 내야 합니다. 비율은 각 증권사마다 다릅니다. 매매수수료는 세금과 달리 매수와 매도 모두 내야 합니다. 1회 금액은 적을지라도 매매 횟수가 늘어나면 무시하지 못할 금액입니다. 단타가 쉽지 않은 또 다른 이유입니다. 세금과 수수료까지 포함한 이익률을 내야 진짜 수익을 내는 것이기 때문입니다. 하루에 10번 매매만 해도 꽤 적지 않은 수수료를 냅니다. 수수료는 증권사마다 다르고 최근에는 고객 유치를 위해 무료 이벤트를 하는 곳도 많으니 잘 알아보고 알뜰하게 거래하면 됩니다. 비효율적인 지출을 줄여야 돈이 쌓인다는 것을 잊지 마세요.

매매거래비용 얼마나 들까?

우리는 주식투자를 할 때 매수하자마자 주식계좌가 일단 파랗게 되는 경험을 합니다. 즉 돈이 빠져나갔다는 뜻입니다. 그 이유는 증권사 수수료 때문입니다. 그렇다면 주식을 매매할 때 매매비용이 발생한다는 것인데 매매비용에는 어떤 것들이 있을까요?

[그림 16] 코스피와 코스닥의 매매거래비용

구 분	현행	2021~2022년	2023년
코스피	0.1%	0.08%	0%
코스닥	0.25%	0.23%	0.15%

매매비용은 거래수수료와 주식의 양도로 인한 양도소득세로 나눕니다. 증권 거래수수료는 사거나 팔 때 모두 내야 하고, 세금은 팔 때만 발생합니다. 거래수수료는 증권사마다 다르지만 통상 0.015% 내외입니다. 어떤 증권사들은 고객 유치를 위해 거래수수료 우대 혹은 무료 혜택을 제공합니다. 이때 수수료 무료 이벤트를 하는 곳의 경우 '유관기관제비용은 제외'라는 조건을 건 곳도 있는데 유관기관제비용은 100만 원 매매당 55원입니다. 즉 수수료율은 0.0054438%가 되는 것이죠.

세금은 증권거래세와 농어촌특별세로 구분되고 코스피에만 농어촌특별세가 부과됩니다. 현행은 코스피는 거래액의 0.1%와 0.15%의 농어촌특별세 별도, 코스닥은 0.25%입니다. 그러나 향후 점차적으로 인하될 계획이니 참고하세요.

점진적으로 증권거래세가 인하된다 해도 현재 양도소득에서 규정하고 있는 주식양도소득을 금융투자소득으로 신설 분리해 분리과세될 전망입니다. 금융투자소득은 5천만 원까지는 기본 공제되며 5천만 원 이상의 양도차익이 발생하는 경우 과세됩니다. 결손금이 발생하면 향후 5년간 이월결손금으로 통산할 수 있습니다. 2023년부터 시행되며 만약 2023년 주식투자로 1,000만 원의 손실을 보았다면 2024년부터 2028년까지 금융투자소득에서 결손공제 가능합니다. 그러나 결손공제를 받아서는 안 되겠죠? 잃지 않는, 당당히 세금을 내고도 남는 복리 수익을 얻어야 합니다. 할 수 있습니다!

2023년 1월 1일부터 달라지는 금융투자소득의 소득세율은 과세표준 3억 원 이하는 20%, 3억 원 초과 시 25%를 적용받게 됩니다. 정리하자면 앞으로는 증권거래세는 인하되고 주식양도소득세는 금융투자소득으로 5천만 원 이상일 경우 과세됩니다. 거래세가 인하되었다고 잦은 매매를 하시면 안 됩니다. 원칙을 지키는 매매가 중요합니다.

대주주 양도소득세 강화

대주주 양도소득세가 강화되면 연말 세금 회피를 위한 중소형주 매도가 증가할 것으로 예측됩니다. 이는 우려되는 상황입니다. 상장주식 대주주 요건은 ①지분율 기준으로 유가증권시장은 발행 주식의 1%, 코스닥시장은 2%입니다. ②금액 기준으로 2018년 4월부터 15억 원, 2020년 4월부터 10억 원으로 단계적으로 강화되어 왔습니다.

2021년 4월 이후에는 대주주 요건이 3억 원으로 강화될 방침이었지만 시장의 영향을 고려해 현행 유지로 수정되었습니다. 이러한 세금 부담은 세금 회피를 위한 매도 현상이 심해질 수 있습니다. 우리 주식시장이 저평가를 벗어나 제대로 평가받고 활성화되려면 아직은 장려정책이 나와야 한다고 생각합니다.

주식양도소득세● 강화에 대해 너무 겁먹을 필요는 없습니다. 3억 원으로 바뀐다 해도 사실 증시는 걱정할 것 없습니다. 예전에 10억 원이었을 때, 회피 물량이 나왔어도 결국 증시는 반등했습니다. 좋은 종목을 가지고 있다면 그냥 버티면 됩니다.

다음은 제가 인터뷰했던 주식양도세에 대한 질의와 응답입니다.

Q. 주식양도세에 대해 어떻게 생각하나요?

[삼천리자전거] 투자 시절부터 주식양도세를 매년 신고해오고 있습니다. 굉장히 귀찮고 골치 아픈 일입니다. 선입선출법으로 계산합니다. 재고자산원가배분 방법 중 하나로 물량의 실제흐름과 관계없이 먼저 구입한 상품이 먼저 사용되거나 판매된 것으로 가정

● **주식양도소득세** 주식이나 출자지분 등에 대한 소유권을 다른 사람에게 넘길 때 생기는 양도차익에 대해 부과되는 세금. 2020년 현재 주식양도소득세는 지분율이 코스피 1%, 코스닥 2% 이상이거나 종목별 보유 총액이 10억 원 이상인 대주주에게 부과하고 있다. 2023년부터는 그 대상을 모든 상장주식 투자자로 확대하는 금융투자소득세를 신설할 계획이다. 즉 금융투자소득세는 주식양도소득을 비롯해 금융상품을 통해 얻은 소득을 모두 포함한다. 금융투자소득세는 수익이 5000만 원 이하일 경우 비과세하며, 5000만~3억 원의 수익에 대해서는 20%를, 3억 원 초과분에 대해서는 25%의 세율을 적용한다.

하여 기말재고액을 결정하는 방법입니다. 증권사 모든 계좌잔고 떼서 엑셀로 정리해서 초단위로 계산 후 수익, 비용을 계산해서 세금을 결정하는데, 너무 힘든 일입니다. 유상증자, 배당, 배당락도 있고, 가격이 계속 변동되어 계산이 정확할 수 없기 때문입니다. 게다가 증권사마다 형식이 다 다릅니다.

개인적으로 우리나라에서 주식양도세는 아직 시기상조라고 생각합니다. 박스피를 넘어 미국처럼 전고점을 뚫고 날아 시장이 안정적으로 더 커진 후에 도입해도 됩니다. 모두가 부자되고 싶어 하고, 부동산은 진입장벽이 높아져 들어가기 힘들고 이제는 희망이 주식밖에 없는데 세금으로 진입을 막아버린다니 이해하기 힘든 정책입니다. 박스피 뚫으려던 찰나에 양도세 과세라니! 또 하나, 제대로 세금을 거두려면 증권사마다 제각각인 시스템을 통합시켜야 됩니다. 한 증권사에서는 가능합니다만 여러 증권사 계좌를 이용하는 경우가 많은데 개인이 계산하기 힘들고 세무사에 의뢰하지만 전문 세무사도 다 다른 결과가 나옵니다.

Q. 양도세가 도입되면 국내 주식시장에서 슈퍼개미들이 빠져나가나요?

슈퍼개미들은 괜찮습니다. 이미 내고 있으니까… 낼 수밖에 없습니다. 운용하는 자금이 워낙 크기 때문에 종목을 매수하거나 매도하는 데 생각보다 많은 시간이 소요됩니다. 연말 과세를 피하기 위해 좋은 종목을 특정 시점에서 무조건 매도할 수는 없습니다. 그 시점에서 주가의 흐름이 좋지 않을 수도 있고 매도 후 다시 매수기회가 오지 않을 수도 있기 때문입니다. 굳이 그러한 모험을 하지 않습니다.

정말 좋은 종목이라면 기꺼이 세금을 냅니다. 기대수익이 훨씬 크기 때문입니다. 그리고 짧은 사이에 계좌를 쉽게 비우거나 채우기 힘듭니다. 나중에 여러분들도 슈퍼개미가 되었을 때 경험해 보시면 압니다. 오히려 중간 개미들이 문제이지요.

아빠의 포인트 레슨

∘∘ 주식 투자자는 세금과 수수료까지 포함한 이익률을 내야 진짜 수익을 내는 것이다. 하루에 10번 매매만 해도 꽤 적지 않은 수수료를 낸다. 수수료는 증권사마다 다르므로 꼼꼼이 잘 알아보고 알뜰하게 거래하라. 비효율적인 지출을 줄여야 돈이 쌓인다는 것을 잊지 마라.

[Q & A] 묻고 답해 보세요!

Q 모든 돈에는 세금이 붙는다는 것을 알고 있니?

Q 국가는 왜 세금을 거둘까?

Q 가난한 사람과 부자에게 똑같은 비율로 세금을 거두어야 할까? 아니면 차별을 두어야 할까?

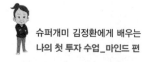

1권을 마치며

자, 이제 올바른 투자를 시작하기 위한 기초공사가 끝났습니다. 수고 하셨습니다. 평생 가져갈 투자 마인드와 자세는 투자에서 가장 중요한 부분입니다. 1권을 몇 번이고 읽어서 내 것으로 만드세요. 이제 마음의 준비가 되셨다면《나의 첫 투자수업 2권-투자편》으로 들어갑니다. 어렵지 않으니 겁먹지 마시고 지금처럼 잘 따라오시면 됩니다. 새로운 세계가 열릴 겁니다. 투자를 하지 않던 때와 투자를 시작한 이후의 세상은 완전 다르니까요. 모든 것이 새롭게 보일 겁니다. 우리가 사는 세상이 다 연결되어 있고 서로 긴밀하게 영향을 주고받고 있다는 것을 더 피부로 느끼실 겁니다. 세상의 정보에 더욱 민감해지고 시대 변화에 예민해지실 것입니다. 이러한 자세는 투자뿐 아니라 자신의 삶과 일에도 도움이 됩니다.

미래를 미리 내다보는 기쁨, 꼭 경험해 보세요! 성공적인 투자로 계속해서 발전하는 자신과 가족의 행복, 나아가 진정한 자유를 누리시길 진심으로 바랍니다. 언제나 여러분의 든든한 투자 멘토로서 곁에 있겠습니다.

우리 함께 당당한 부자됩시다!

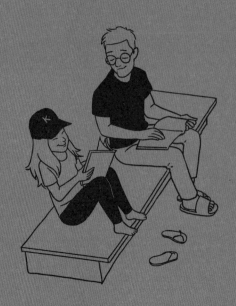

슈퍼개미 김정환이 들려주는
주식투자 깨알 이야기

주식시장에서 24년 동안 계시면서
깨달은 점은 무엇인가요?

투자는 유연해야 됩니다. 일부 투자자는 숫자에 너무 매몰되어 숫자 외에는 보지 않는 사람들이 있습니다. 제일 한심한 투자자는 세상은 빠르게 변해가는 데 산업은 보지 않고 숫자만 보는 것입니다. 그래서 투자는 유연해야 됩니다! 예컨대 2차전지 기업인 [엘앤에프]나 [포스코케미칼] 등은 지금의 숫자로만 볼 수 없습니다. 미래를 보는 능력을 키워야 됩니다. 시장가치나 기업 평가는 내가 하는 것이 아니라 남이 해주는 것입니다! 투자는 시장이 인정해줄 종목에 미리 들어가서 그 평가를 남으로부터 받는 것이라 생각합니다. 무작정 싼 것만 사려고 하는데 싼 것은 계속 쌉니다. 가치가 몰락하는 기업에 매몰되지 마세요.

위험하다는 편견이 있는데도
주식투자를 해야 하나요?

당연히 해야 됩니다. 부를 이루기 위해서는 주식과 부동산 그리고 열심히 노동하는 것, 로또에 당첨되는 것 네 방법밖에 없습니다. 이미 많이 오른 상태인 부동산 투자는 권하지 않습니다. 저평가되어 있고 미래가 있는 우리나라 기업에 투자하면 누구나 부를 이룰 수 있습니다. 우리나라에서 아직도 주식투자가 투기라고 보는 이유는, 가치투자가 정립되어 있지 않은 분위기에서 이전 세대 어른들이 주식에서 돈을 많이 잃었기 때문입니다. 유교적 전통사회에서 주식은 겉으로 보기에 돈 놓고 돈 먹기 하는 느낌이 들어서 싫어하는 사람들도 있습니다. 그런데 진정한 주식투자는 절대로 손쉽게 즐기는 게임이 아닙니다. 치열한 노력과 공부가 바탕이 되어야 하며 자신의 열정을 가족의 행복과 스스로의 발전을 위해 몰두하는 사람들입니다. 돈을 버는 사람이 존경받고 인정받는 세상이 온다면 주식투자를 하는 사람들도 인정받는 시대가 옵니다. 어렸을 때부터 경제, 투자 공부시켜서 자녀들이 스스로 부를 이룰 수 있도록 해야 합니다. 좋은 직장에 가려는 이유는 돈을 벌기 위해서인데 떳떳한 부자를 비난하는 사회문화는 잘못된 것입니다. 대학 가서 지식만 쌓아 평범한 직장인이 된다면 — 앞으로는 그것도 어려워지겠지만 — 꿈을 이루기는 어렵습니다.

**주식투자로 큰돈을 버는 사람들의
특징이 있나요?**

원칙을 지키는 사람들! 기업을 철저히 분석해서 몸으로 뛰는 투자자들입니다. 기업탐방을 하고 주식담당자와 통화하고, 전방 섹터를 잘 보면서 (주식시장에 종목은 2,400개, 섹터는 많기 때문에) 좋은 종목을 찾아내 꾸준히 기다리는 투자를 하는 친구들은 성공합니다. 저에게 배웠던 투자자들 중에는 50억대 자산가들이 많습니다. 그들은 모두 주식 공부를 열심히 한 사람들입니다.

성공한 후 시간은
어떻게 달라졌나요?

지금은 시간을 제 마음대로 사용합니다. 누구든 만나기 싫으면 안 만나도 되고, 혼자 있고 싶으면 혼자 있습니다. 개인적으로 밤 6시~12시까지 혼자 있는 시간이 가장 행복합니다. TV나 넷플릭스로 잠깐 스트레스를 풀고 또 부지런히 주식관련 자료 보다가, 혼술도 하고, 좋아하는 사우나하고, 건강을 위해 운동하고…. 그러다 다시 사무실 와서 하고 싶은 것 합니다. 이런 게 행복이지요! 하루하루 나만의 루틴을 지키되 그 안에서 자유를 만끽합니다.

만나는 사람도 어쩔 수 없이 달라졌습니다. 돈 많은 사람들을 더 많이 만납니다. 미국 스탠포드에서 만난 친구들은 다 부자였고 성공한 사람들이었습니다. 그 친구들의 습관, 사람을 보는 방식, 품위를 보게 된 것도 좋은 경험이었습니다. 부를 이루면 자신에게 경제적, 시간적, 관계적 자유가 찾아온다는 사실을 명심하세요.

흙수저 시절과 지금은
사고방식이 달라졌나요?

흙수저 초기에는 간절함과 열정, 노력과 땀으로 버텼습니다. 어느 정도 부를 이루고 나서는 '스스로 내가 어떤 사람으로 보여지길 바랄까?'가 가장 중요한 관심사가 되었습니다. '내가 우리 사회와 나라, 세계에 어떤 일을 할 수 있을까'를 고민하게 된 것이죠. 삶의 감사함을 보답하고 싶었습니다. 유튜브를 시작한 것도 누군가에게 도움을 주고 싶어서입니다. 제가 아는 지식은 너무 많은데 알릴 곳이 없습니다. 저는 7년 전부터 블로그에 글을 써왔습니다. 아주 열심히 썼는데 뜨지(?) 못했습니다. 블로그 이웃은 12,000명이었습니다. 하루에 View 찍혀봐야 700~1000개. 2020년 여름부터 유튜브를 시작했는데 글에서 영상으로 옮기자 반응이 폭발적입니다. 왜 유튜브를 이제 시작한 건지 후회가 되기도 했는데 사실 지금도 늦은 것은 아니라 생각합니다. 유튜브를 하는 목적은 명확합니다. 제가 알고 있는 지식과 성공비법을 알기 쉽게, 차례차례, 실제 사례를 들어 들려주는 것입니다. 저처럼 모두 성공하고, 행복하게 살기를 진심으로 바랍니다. 또 실제로 누구나 충분히 그렇게 할 수 있습니다. 단, 성공한 사람의 이야기를 100% 믿으면 안 된다는 점을 잊어서는 절대 안 됩니다! 그 사람의 성공이 현재 자신에게도 적용될지는 알 수 없기 때문입니다. 그러니 참고하고 따라가며 자신만의 성공 방식을 꼭 직접 만드세요!

* 슈퍼개미 김정환 블로그 : https://blog.naver.com/jhkim3378
* 슈퍼개미 김정환 유튜브 : Super K-슈퍼개미김정환

사람들이 부자가 되지 못하는 이유가 있나요?

부자 마인드가 없기 때문입니다. '난 안 돼'라는 생각을 지닌 비관적인 사람들, 게으른 사람들, 열정이 없는 사람들, 잘못된 판단을 하는 사람들입니다. 주로 게시판에서 그들을 많이 보는데 "돈이 없어서 투자 못해요"라는 이유가 가장 많습니다. 대부분 다 돈 없이 시작합니다. 또 계속 질문만 하는 사람들. "된다"고 했는데 계속 질문만 합니다. "그럼 어떻게 하면 될까요?"라고 또 묻습니다. 그래서 또 답을 해줘야 됩니다. 언제까지 떠먹여 주기를 바랄까요? 그리고 세상에 그럴 사람이 있을까요?

질문할 시간에 행동을 하세요. 그렇게 어려운 것도 아닌데 해보지도 않고 어려워합니다. 솔직하게 이야기 해볼까요? 가난한 사람들은 판단, 결정을 하는 데 오랜 시간이 걸립니다. 실패할까 두려워 망설이는 것이죠. 빠르게 판단해서 빠르게 움직이세요. 10만 원, 20만 원 해보고 경험을 쌓고, 기법이 맞다고 생각되면 투자금을 조금씩 늘려가면 됩니다.

가난은 무엇이라
생각하나요?

노력에 대한 결핍, 마음의 결핍입니다. 지식을 풍성하게 하고, 노력을 통해 자신의 가치를 풍성하게 해야 됩니다. 가난해도 제대로만 노력하면 부자가 될 수 있는데, 헛된 꿈만 찾고 내실을 다지지 않는 자세로 인해 계속해서 결핍 속에 살아갑니다. 부자들을 바라보며 비난하고, 부자들은 다 사기 쳐서 돈을 번 것처럼 여깁니다. 그런 결핍 있는 생각들이 가난한 사람의 특징입니다.

"근면 성실하라"고 하면 고개를 갸웃하는 사람들이 있습니다. "근면 성실이 예전보다 중요한 시대는 아니지 않습니까?"라고 반문하지요. 그렇지 않습니다. 기본적으로 언제나 근면 성실한 자세를 가져야 합니다. 지금은 자신만의 끼가 중요한 시대입니다. 자기만의 컬러가 있어야 됩니다. 그거 아세요? 끼를 발산하는 것도 근면하고 성실해야 합니다.

우리는 성공한 사람들의 일상을 세세히 보지 못하면서 섣불리 판단합니다. '저 사람은 쉽게 돈을 벌고, 아무것도 안하고 돈을 버네?' 이렇게 생각할 수 있는데 그렇지 않습니다. 특히 젊은 사람들 중에 성공한 사람들은 다 근면 성실합니다.

부를 만드는 라이프스타일과 부를 없애는 라이프스타일이 따로 있나요?

부자들은 굉장히 부지런합니다. 금수저가 아니라 자수성가한 사람들을 보면 부지런하고 자기만의 루틴이 있습니다. 지식과 정보들을 공유하고 배우려는 자세가 있으며 마인드가 열려 있습니다. 새벽부터 운동하고 골프도 열심히 하고 술을 마셔도 치열하게 마시고 바쁜 와중에 책도 열심히 읽습니다. 그런 사람들이 진짜 부자라 생각합니다. 여러분이 막연히 생각하는 부자, 이를테면 대기업 자녀들처럼 재산을 상속받은 사람을 말하는 것이 아닙니다. 그런 사람들을 부자라 생각하지 않습니다. 그들은 부모를 잘 만나서 돈이 많은 것뿐입니다.

부자와 가난한 자의 가장 큰 차이는 마인드입니다. '나는 할 수 있다'와 '나는 하지 못한다'의 차이입니다. 작은 생각의 차이가 행동을 만들고, 행동의 결정이 미래의 부를 바꿉니다. 이 책을 다 읽고난 후에 바로 움직이십시오! 그러면 성공할 수 있습니다. 실제로 행동으로 옮기는 사람은 생각보다 많지 않습니다. 부자는 그 중에 나옵니다.

투자 원동력은 열정 그리고 준비되어 있는 자세입니다. 투자에 성공하는 사람은 항상 열심히 하고, 그저 그런 사람은 항상 그저 그렇게 삽니다. 핑거프린세스(Finger Princess, 쉽게 찾을 수 있는 정보를 직접 찾지 않고 남에게 물어보는 사람)처럼 스스로 공부하지 않고 쉽게 얻으려 하면 절대 자기 것으로 만들 수 없습니다. 스스로 먼저 목표치를 설정하고 시나리오를 가정하여 그에 따른 기업의 멀티플을 변경해가며 끊임없이 추적해 나가는 게 투자입니다. 그 과정은 절대 쉽지 않습니다. 저는 하루 종일 투자만을 생각합니다. 갑작스런 변수에 시장을 욕하고 중국을 욕하고 뜬금없이 미국 대통령을 욕하고 일본 총리를 욕하지만 결국 투자를 집행한 것은 제 자신이기에 항상 저를 채찍질합니다.

결국 자신의 운을 결정하는 것은 사주팔자가 아니라 긍정적 노력입니다. 정부를 비판하고 시장에 비관적이고 올바른 사회적 판단을 못하는 투자자는 성공하지 못합니다. 투자자는 항상 긍정적 시각을 유지해야 합니다. 그리고 합리적 판단을 하고 그에 맞는 노력을 할 때 제대로 된 효과가 나타납니다.

투자는 어렵지만 할 만합니다.
인생은 어렵지만 살 만합니다.
노력은 어렵지만 해볼 만합니다.
수익은 어렵지만 얻을 만합니다.
경제적 자유는 힘들지만 그 끝은 대단합니다.
지치지 마십시오. 시간을 놀리지 마십시오.
노력 없이 여유 있는 삶은 없습니다.
이제 도전하십시오.
미래를 위해.

경제적 한계를 스스로 굿지 마라.
인간의 뇌는 생각하는 순간 사고를 차단한다.
가능성도 차단된다.
활짝 열어둬야 한다.
방법을 찾을 수 있게.
기회는 언제나 열려있다.
당신의 금융 지능을 깨워라!

슈퍼개미 김정환에게 배우는
나의 첫 투자 수업
1_마인드편

1판 1쇄 발행 2021년 03월 25일
1판 11쇄 발행 2022년 10월 01일

지은이 김정환 · 김이안
펴낸이 박현
펴낸곳 트러스트북스

기획총괄 오서현
홍보마케팅 권순민, 오현성, 김솔
디자인 정현옥, 박수인, 한소리
책임편집 최혜영
교정교열 김호경
편집지원 김재홍, 박선율, 이지우
캐리커처 이우건
출판지원 윤장래, 신정순, 김홍화

등록번호 제2014 - 000225호
등록일자 2013년 12월 3일
주소 서울시 마포구 성미산로1길 5 백옥빌딩 202호
전화 (02) 322 - 3409
팩스 (02) 6933 - 6505
이메일 trustbooks@naver.com

값 17,000원
ISBN 979-11-87993-79-7 03320

믿고 보는 책, 트러스트북스는 독자 여러분의 의견을 소중히 여기며,
출판에 뜻이 있는 분들의 원고를 기다리고 있습니다.